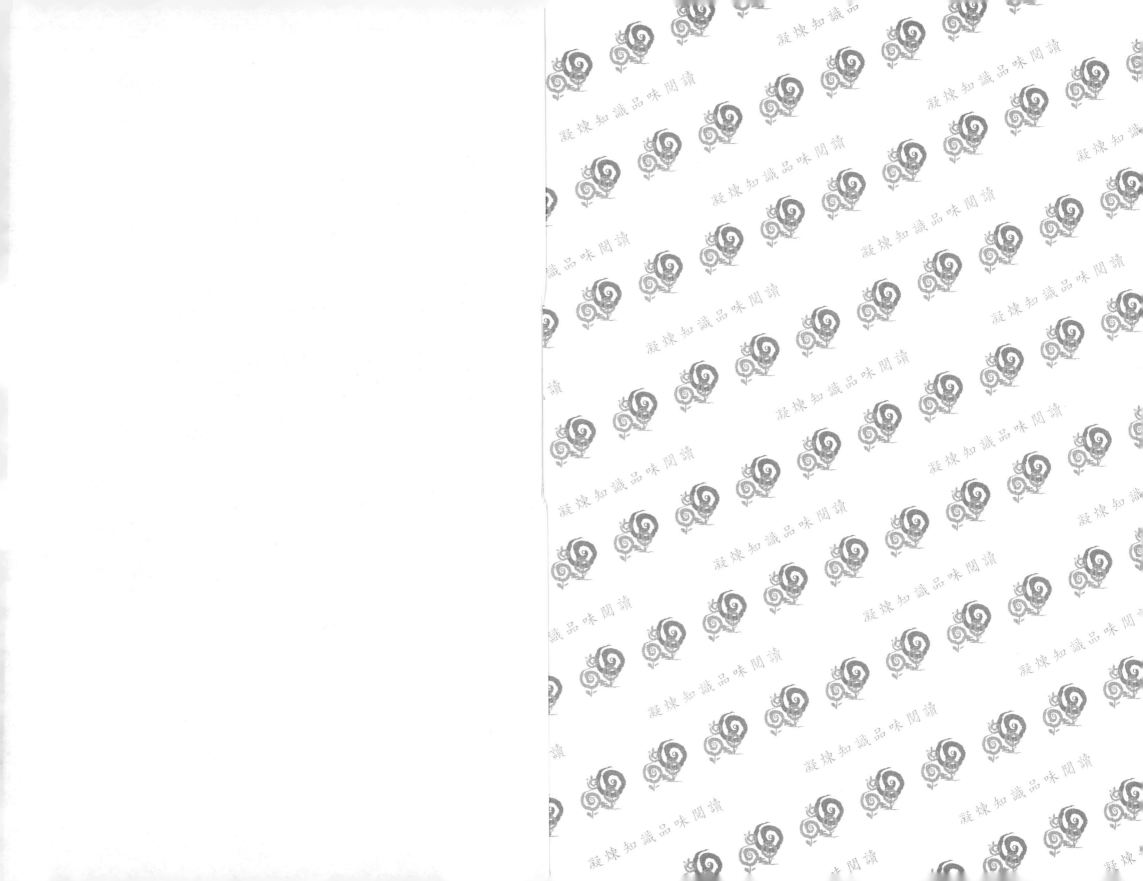

比較憲政工程：
半總統制的次類型
——總統國會制和總理總統制的憲政運作

五南圖書出版公司 印行

蔡榮祥

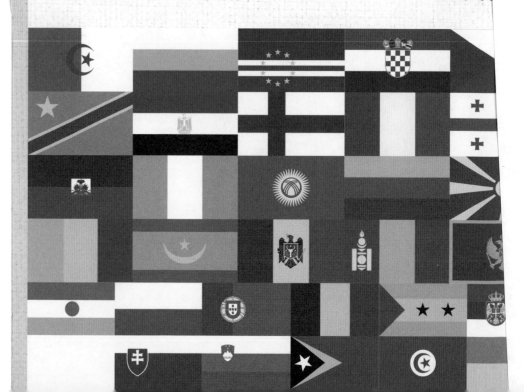

　　從1980年代法國憲政學者Maurice Duverger以英文發表西歐半總統制國家的研究之後，半總統制的研究如雨後春筍一般出現，其中最重要的推手是愛爾蘭Dublin City Univesity大學政府學系任教的英國政治學者Robert Elgie，Elgie教授著作等身，出版非常多的半總統制論文和專書，熟稔量化方法和質化方法，也是將所有半總統制國家進行百科全書式調查的第一人（中央研究院吳玉山院士的評價），常常被國際政治學界尊稱爲半總統制先生或半總統制之王。Elgie教授長期經營兩個重要的學術網站——Semi-presidentialism和Presidential Power，並免費提供給有興趣的研究者當作研究資源，可以突顯其毫不藏私的博愛精神。本書作者的許多觀點和思路受到Elgie教授的影響和啓發，獲益良多。令人惋惜的是，Elgie教授於2019年7月英年早逝，是半總統制學界和比較政治學界的一大損失。本書的目的在於紀念Robert Elgie教授對於半總統制研究的貢獻，更希冀在其研究作品的啓發下，可以繼續發揮他嚴謹的治學態度和敏銳的觀察分析，累積有關半總統制重要的研究知識。筆者負笈留學美國波士頓大學攻讀政治學博士學位時，感謝美國中國通傅士卓教授（Joseph Fewsmith）對於筆者撰寫博士論文的指導。傅士卓教授的學養深厚讓筆者在研究歷程上獲益匪淺。前美國哈佛大學政府學系教授Cindy Skach讓筆者旁聽其在哈佛大學政府學系所開設的比較憲政工程的課程，激發筆者後來從事半總統制、議會制和總統制等相關的研究熱忱，在此對她深感銘謝。本書也借用其課程名稱作爲本書的題名主軸，在此一併致謝。

　　國內半總統制研究的祭酒是中央研究院政治學研究所的吳玉山院士。吳院士從1998年開始在美國政治學會研討會撰文比較分析中華民國半總統制和俄羅斯半總統制的運作（Wu, 1998）。接著2000年在台灣的國際英文期刊Issues and Studies中發表中華民國半總統制的運作和發展（Wu, 2000）。這些理論性的文章讓國際學界關注中華民國憲政體制的運作以及其與半總統制理論的關聯。從2009年起，吳玉山院士統合領導一群國內對於半總統制研究有濃厚興趣的學者成立半總統制研究學群，每年在台灣各大學輪流舉辦半總統制與民主學術研討會，以及每兩年參加國際政治學會（International Political Science Association）在世界各地所舉辦的全球政治學國際研討會。透過國內和國際的頻繁交流，讓世界的學者可以認識中華民國半總統制的運作，同時也經由與其他半總統制國際學者的交流，讓台灣的半總統制研究學群可以邁向國際和放眼世界。筆者有幸參加多次國內和國外的學術饗宴並發表論文，在過程中得到很多的研究啟發，這些都必須歸功於吳玉山院士的擘劃和指導。師長的教導和同儕的切磋是研究生涯中重要的動力和驅策。

首先，筆者由衷感謝東吳大學政治系王晧昱教授，在筆者大學時期，教導筆者有關比較政治制度和法國政治的憲政知識，並鼓勵筆者繼續攻讀政治學博士，在此特別感謝王晧昱老師的諄諄教誨。其次，筆者也衷心感謝中研院社會所吳乃德研究員、東吳大學政治系黃秀端教授、中央研究院政治學研究所林繼文研究員、台大政治系王業立教授、中山大學政治學研究所廖達琪教授等師長的教導，讓筆者有機會一窺學術的堂奧和參與學術的社群。再者，感謝半總統制學群的老師中原大學通識中心陳宏銘教授、東海大學政治系沈有忠教授、東海大學政治系張峻豪副教授、文化大學行政管理系蘇子喬教授、東海大學公行系呂炳寬副教授、台北大學公共行政暨政策學系郝培芝教授、台大政治系李鳳玉副教授的互相砥礪和無私協助。最後，希冀半總統制的研究動能可以繼續成長茁壯，讓本書和半總統制學群的研究成果可以繼續協助台灣在未來的民主發展道路上解決可能產生的憲政衝突和危機，順利完成民主鞏固的重要使命。

目錄
CONTENTS

第一章　比較憲政工程：半總統制的次類型總統國會制和總理總統制的憲政運作

壹、前言

　　半總統制這個名詞最早是由1959年法國世界報（*Le Monde*）的創立者和記者Hubert Beuve Méry所發明（Elgie, 1999: 1）。之後在法國憲政學者Maurice Duverger針對西歐半總統制國家比較研究的推波助瀾下，半總統制漸漸地在世界上嶄露頭角，成為許多先進民主國家和新興民主國家所採用的憲政體制（Duverger, 1980; Elgie, 1999; Elgie, 2007; Elgie, 2008; Elgie, 2016）。目前全球已有60幾個國家以半總統制作為憲法架構，成為憲政體制中的後起之秀，與議會制國家和總統制國家形成鼎足而立的態勢（Elgie, 2011: 29）。在半總統制的類別中，可以分成兩個次類型：一是總統國會制，二是總理總統制（Shugart and Carey, 1992）。總理總統制的特徵：一、總統由普選方式產生；二、總統擁有重要權力；三、總理和內閣執行行政功能並向國會負責（Shugart and Carey, 1992: 23）。總統國會制具有四個特徵：一、總統是普選產生；二、總統任命和免職總理；三、內閣閣員向國會負責；四、總統有權力可以解散國會，或是總統有立法權力，或是兩者都有（Shugart and Carey, 1992: 24）。總統國會制的總統比總理總統制的總統權力更大，他們具有免職總理、單邊立法權和解散國會權。根據一些比較研究指出，總統國會制比總理總統制更容易造成治理困境、民主崩潰或出現政治僵局（Elgie, 2011; Tsai, 2008; Elgie and Schleiter, 2011; Sedelius and Linde, 2018; Shugart and Carey, 1992）。總統國會制和總理總統制的分類架構是以憲法規範作為標準。基本上，根據國家的憲法規範可以提供一個分類的客觀標準，較不容易出現主觀的評價或是個人詮釋的差異（Elgie, 2019: 9-10）。然而實際運作上，相同的半總統制次類型國家也可能會出現不同的政治輪廓，因為不同的國家有不同的制度配套和運作規則。從方法論的角度來看，相同的憲政體制可以成為控制的變數，進而分析和解釋相同類型國家的運作過程中，不同的制度配套或是政治特徵的交互作用如何影響其民主運作的政治結果。本書側重於總統國會制如何促成憲政衝突的形成；總統國會制和民主崩潰的因果機制連結為何；總理總統制與多黨體系的配套是不是會產生一些運作上的困難；總理總統制下，無黨籍總統、黨籍總理以及國會之間可能會產生哪些政治衝突；半總統制下總統、總理和國會的三角關係等重要問題，這些議題攸關於半總統制民主的憲政運作成敗，值得加以深入的研求和探究。

貳、總統國會制和總理總統制的研究

本書第二章闡明總統國會制中總統和國會的權力平衡和憲政衝突的關聯性研究。問題有二：一、為何特定的總統國會制國家之憲政運作，較容易促成總統和國會的權力對抗（或妥協讓步）？二、府會衝突或和解如何影響半總統制民主的運作？本章主要的研究發現為總統國會制國家在少數政府或共治政府時期最容易發生行政和立法機關的衝突。當行政和立法機關之間的衝突發生在強總統和強國會對立的模式中，很容易升高成政權危機或是出現憲政崩潰。因為強總統和強國會彼此之間的憲法權力對等或武器相當，特別是在不同黨派分別控制總統和國會時，很容易促成抗衡結果。當行政和立法的互動模式屬於強總統和次強國會的對應時，總統可以略勝國會一籌，推行自己屬意的政策；而當國會可以聚集足夠的多數時，總統還是會受到國會的阻撓，不能恣意行事。當總統擁有較少的憲政武器——例如總統並無單邊的委任立法權以及國會擁有低門檻的反否決權時，屬於次強總統對上強國會的設想狀況。此時總統可能相對地較為弱勢，因為國會掌握了立法的最後決定權。當總統只擁有否決權以及國會需要高的門檻才能撤銷總統的否決時，則屬於次強總統和次強國會之間的互動模式。這種模式較可能出現均勢的結果，亦即任何一方無法凌駕對方，雙方必須尋求妥協和讓步。個案方面以秘魯、俄羅斯、喬治亞和葡萄牙四個總統國會制國家的運作經驗，來說明四種不同的行政和立法的權力平衡與憲政衝突高低之間的關係。

　　第三章關注總統國會制和民主崩潰之間的因果關係，主要的問題意識是為何有些總統國會制國家的總統在面對多元分歧的國會，較容易逾越憲法的權限而進行單邊的獨裁統治；相反地，為何有些總統國會制國家的總統卻選擇與國會妥協或讓步，透過權力分享來共治。主要的研究問題是總統國會制下，特定政治因素的配套如何促成總統國會制的總統選擇走上獨裁的道路，進而造成民主崩潰；或是特定政治因素的結合如何讓總統國會制的總統之權力行使受到抑制，讓民主持續運作。本章的研究發現如下：當國會存在著固定反對多數和總統仍獲得國會少數支持的配套下會產生民主制衡，如烏克蘭的情形。當國會存在著固定反對多數與國會少數不支持總統兩個因素互動之後，較可能會產生總統去職的結果，如秘魯的情形。國會中浮動的反對多數和總統只獲得少數支持的結合，會產生總統和國會的政策僵局或是勢均力敵的結果，如俄羅斯第二共和的情形。最後，國會中浮動的反對多數和少數不支持總統的連結，最容易產生民主崩潰的可能，如俄羅斯第一共和的瓦解。

　　第四章研究有關總理總統制和多黨體制的配套，主要的問題意識是多黨總理總統制的政府組成主要是由總統主導或是由國會主導以及多黨總理總統制中，不同的政府類型如何產生權力機關之間不同程度的衝突。本章以斯洛維尼亞、斯洛伐克、克羅埃西亞、立陶宛等四個多黨總理總統制民主國家不同的政府類型與憲政衝突作為研究個案。首先，以總統主導或國會主導兩種牽引力的拉扯來看的話，在多黨總理總統制的政府組成經驗中，總統主導的比例遠高於國會主導的比例。這個結果顯示在多黨總理總統制的運作中，大多數的情況下，還是由總統來主導政府組成，總理負責的主要對象是總統，而不是國會。其次，政黨國會席次的分配、總理政黨屬性和總理負責對象的不同，會影響多黨總理總統制中不同政府類型之憲政運作的衝突程度。以發生憲政衝突的程度高低來進行排序，少數政府最容易出現憲政衝突、國會式政府次之、聯盟多數政府再次之、共治政府發生衝突的程度較低。最後，本章並非全面主張多黨總理總統制很難運作，而是分析在什麼條件和情況下，多黨總理總統制可能會面臨運作上的困難和矛盾。

第五章分析無黨籍總統的政治運作，主要聚焦於無黨籍總統選擇介入政府運作時，如何與黨派總理產生政治衝突。哪些情況之下，無黨籍總統可能透過憲法規定的權力來與黨派總理進行權力競逐或產生激烈衝突和政治不穩定。哪些情況之下，無黨籍總統可能退居二線，只能對於黨派總理所提出的政策提出反對意見，但是仍然無法改變政策決定的最後結果。根據立陶宛、保加利亞、羅馬尼亞和烏克蘭四個總理總統制國家的運作經驗可以得出四種模式：一、獨立無黨籍總統、少數總理和國會的三元對立模式下，政治衝突的程度最高；二、非獨立無黨籍總統、共治總統屬於雙元對立，衝突程度次之；三、獨立無黨籍總統和獨立無黨籍總理必須要面臨國會多數的挑戰，相形之下，國會較為優勢，衝突程度再次之；四、非獨立無黨籍、國會式政府的情況下，無黨籍總統相對較為優勢。總理總統制下，無黨籍總統除非國會之中有總統的政黨或派系的多數支持，否則出現政治衝突和政治僵局的機會都很大。因此，無黨籍總統雖然因為民意正當性或是因為傳統政黨失去選民的信任而當選總統後，如果國會中沒有政黨支持，甚至是國會存在著對立政黨時，無黨籍總統很難推動政策和實現競選承諾。特別是當無黨籍總統是以民粹主義方式競選贏得總統選舉時，更可能會出現民主崩潰或是民主倒退的結果。

第六章討論在半總統制獨有的總統、總理和國會的三角關係中，核心的研究問題是為何特定半總統制國家之制度特徵或安排，會形成總統、總理和國會的向心三角關係；以及為何特定半總統制國家之制度特徵或安排，會促成總統、總理和國會的離心三角關係。主要的論點是具有議會制的特徵如同意權的行使和國會議員兼任閣員的半總統制國家，較容易出現強權總理、總統行政權力之行使受到限制以及府會關係較為和諧的現象。相反地，不具議會制特徵如同意權的行使和國會議員不能兼任閣員的半總統制國家，較容易出現弱權總理、總統行政權力之行使較無限制、立法權力較有自主性以及府會關係容易發生衝突的結果。本章以建構類型的比較觀點來分析1997年修憲後的台灣半總統制的運作，並以波蘭半總統制的經驗作為對比，解釋台灣半總統制的制度特徵和運作結果。第七章是結語：過去的成果和未來的展望。

　　本書的方法論主要是運用類型（typology）分析和脈絡化比較方法來進行分析和解釋。本書的類型分析是屬於解釋性的類型（explanatory typology）。表格中的列和欄是自變數，兩個自變數互動產生的假設性結果（Collier, Laporte, and Seawright, 2008: 153），兩兩因素互動之後會產生四種結果。這四種結果可能是相互獨立的類別結果，也可能是次序結果或是不同階段的變化。脈絡化比較方法基本上是比較看似無法比較的國家，透過分析層次的提升，以解釋不同國家發展脈絡中差異結果（Locke and Thelen, 1995）。本書涵蓋的案例國家有秘魯、俄羅斯、喬治亞、葡萄牙、烏克蘭、斯洛維尼亞、斯洛伐克、克羅埃西亞、立陶宛、保加利亞、羅馬尼亞、台灣和波蘭（依照章節的順序排列）等國家。選擇這些國家除了根據兩種半總統制的次類型分類之外，主要的選擇標準是理論性的考量。換言之，本書先採取所謂的理論演繹方式進行推演，再透過歸納和過程追蹤方式鋪陳個案的發展，來解釋半總統制次類型的運作差異。本書所運用的方法論屬於多重比較的方法論，不僅解釋個案，同時也透過個案比較來抽繹出因果關係或因果機制。這樣的方法屬於中間層次的個案比較，可以深入地比較和剖析經典類型的國家。中間層次的比較方法可以避免個案太少、變數太多的問題（Lijphart, 1971: 685），以及統計分析或所謂的大樣本研究見林不見樹的偏差。

　　半總統制國際學界認為總統國會制比總理總統制更難運作，更容易出現民主崩潰的現象。本書從這個論點出發，並進行所謂的反向思考，深入探究為何有些總統國會制國家相對於其他總統國會制國家更容易運作，以及為何有些總理總統制國家比其他的總理總統制國家更難運作，容易出現憲政衝突和政治僵局。換言之，相同憲政制度的類型在不同的制度配套或是黨派競爭的環境下，會出現不同的運作結果。從方法論的角度來看，我們必須觀察一般性命題所無法解釋的異例（deviant cases），同時比較符合理論預期的個案和異例之間的差異，藉此找出不同的因果路徑。政治現象的結果通常是由多重原因路徑所造成的，因此必須細緻地觀察所有可能產生的因果關係或因果機制（George and Bennett, 2005: 161-162）。從資料蒐集的角度來看，對於台灣的學者而言，台灣半總統制的運作通常是研究的起點，因為相關的資料較容易取得。本書的研究策略是把台灣當成比較的基礎，透過總統國會制的概念框架，來橫向比較台灣和其他總統國會制國家在運作上的差異。另外藉由研究總理總統制國家的制度特徵和運作結果，來對比台灣的差異性特徵，因此出現不同的運作結果。換言之，經由比較才能夠把台灣的半總統制運作發展鑲嵌在國際的脈絡上，搜尋可能的因果機制，而不是將台灣的運作特徵或結果視為特殊現象，是其他國家所沒有。本書主要解釋的依變數是半總統制國家的憲政衝突、民主運作以及總統、總理和國會的三角關係。憲政衝突方面是總統和總理之間的衝突、總統和國會之間的衝突；民主運作的結果是民主制衡、政策僵局、民主崩潰和總統去職；總統、總理和國會的三角關係可能是向心或離心的三角關係。解釋為何出現這些依變數的結果可以釐清半總統制的運作機制和模式態樣。本書深信透過這些重要問題的解釋和分析可以揭開半總統制的神祕面紗。

壹、前言

　　半總統制的運作主要是以總統、總理和國會的三角互動關係為經緯。半總統制國家的總統有權提名總理，經由國會明示或默示的同意，來執行行政的功能。半總統制國家的國會可以對於內閣提出不信任案，讓總理去職，迫使總統重新提名總理。總統在國會通過不信任案之後，可以解散國會，重新舉行選舉和提名新的總理。有些半總統制國家的總統甚至可以主動地解散國會。[1]另外，有些半總統制國家的總統可以單獨行使行政命令權或委任立法權來推動政府的政策和執行，而國會可以通過法律來凌駕或超越行政命令。大部分半總統制國家的總統可以對於國會所通過法案行使否決權，而國會必須以絕對多數（二分之一）或是特別多數（三分之二）的決議來撤銷總統的否決，維持原本國會所通過的法案，讓內閣總理來執行。在特定的情況下如總統發生重大違法情事時，國會可以對於總統進行彈劾。在這些交錯縱橫的關係中，總統和國會的互動關係影響內閣的存活、法案的命運以及政策的推動。半總統制與總統制最大的差異在於半總統制的國會並不是完全獨立的，其可能會被總統解散以及半總統制國家的國會可以解職總理及內閣。相對地，總統制的國會是完全獨立的，不會被總統解散以及國會並不具備使整體內閣閣員全部去職的憲法權力。質言之，在半總統制中，總統和國會是屬於

1　例如法國的總統可以直接解散國會，但總統在國會解散後的一年內不得再行解散，相關的規定請參閱法國第五共和憲法條文第12條。當然，並不是每個半總統制國家的總統都可以直接解散國會，有些半總統制國家的總統只有被動解散權，總統只能在國會通過不信任案之後，才可以解散國會，重新舉行選舉，如台灣半總統制的規定；或是完全沒有解散國會的權力，如芬蘭等國家。

相互牽制的平衡關係。總統擁有的主動權為委任立法權、解散國會權以及被動權如否決權；而國會掌握的主動權有立法權、倒閣權和彈劾權，被動權如反否決權。制度設計上，半總統制的總統和國會皆有掣肘對方的憲政武器，使得兩者之間的關係成為不確定的平衡關係。特別是當總統和國會掌握多數的政黨彼此對立競爭的時候，很容易讓行政和立法的關係擱淺。當雙方不願意妥協讓步，甚至會發生嚴重的憲政衝突。因之，半總統制的總統和國會關係存在著相互制衡的可能性，很容易經由黨派的對立深化權力機關之間的鴻溝和分歧，甚至癱瘓民主治理的功能。本文聚焦於半總統制的次類型總統國會制，藉由總統和國會的權力平衡模式來分析憲政衝突或妥協的因果機制。

　　半總統制的政策制定和政權穩定高度依賴總統和國會的關係。首先，當總統和國會的關係水火不容的時候，總統所支持或偏好的政策無法推行。甚至是總統和總理必須執行對立國會所通過的法案，總統受到國會一連串的阻撓後，只能透過行政命令的頒布來反制國會制定法律的優勢。當總統和國會劍拔弩張、僵持不下時，民主體制很容易因為產生嚴重的憲政危機，進而走上崩潰的道路。其次，當總統和國會的關係和諧融洽的時候，國會大體上會通過總統所屬意的法案來配合總統的施政，總統和國會較少發生衝突，民主體制運作較為順暢。以比喻的方式來說，總統和國會的關係就好像大船航海一樣。當氣候惡劣或海象不佳的時候，海上巨大的風浪會讓大船很難航行前進。當氣候平靜或海象極佳的時候，船隻可以乘風破浪，全速前進。質言之，總統或總理進行治理時，需要國會的配合，才能順利推行政策或改革。如果國會是極度不穩定的海域，總統和總理所掌舵的大船將會是左右搖晃，無法前進。

　　半總統制可以分成總統國會制和總理總統制兩種次類型。總統國會制和總理總統制的差別在於，總統國會制下，內閣必須同時向總統和國會負責，且總統可以解職總理；而總理總統制下，內閣只向國會負責以及國會可以經由不信任投票解散內閣和解職總理（Shugart, 2005）。當總統所屬政黨同樣掌握國會多數席次時，內閣的組成不需要與其他政黨協商，總統可以順利地任命總理。當國會出現多黨體系且無任何一個政黨掌握絕對多數席次時，此時總統和國會之間對於內閣組成必須進行協商。如果協商成功，最後會組成多黨內閣，掌握國會過半數席次。如果協商失敗，總統可能選擇組成一黨或是多黨少數政府。換言之，總統國會制與多黨制的配套下，內閣組成、權力運作和府會關係較可能出現複雜的互動關係，甚至是衝突，值得我們進行深入的分析和研究。本文關注的層面是為何有些總統國會制國家較難運作？在什麼情況下，總統國會制國家的總統掌握較多的主動權力優勢？在什麼情況下，總統國會制的國會掌握較多的立法優勢？總統和國會的權力消長如何影響兩個權力機關的互動和可能產生的憲政衝突？本文將透過四個總統國會制國家的憲政運作來說明總統和國會不同的權力平衡模式。

　　總統國會制具有四個特徵：一、總統是普選產生；二、總統任命和免職總理；三、內閣閣員向國會負責；四、總統有權力可以解散國會或是總統有立法權力或是兩者都有（Shugart and Carey, 1992: 24）。根據這樣的憲法特徵，總統國會制的內閣必須同時向總統和內閣負責，且總統具有免職總理的憲法正式權力（Shugart, 2005）。從內閣組成的程序來看，總統國會制的總統提名總理後，會出現兩種不同的規則：一、內閣總理和閣員不需經由國會同意，總統可以單獨決定總理人選以及單獨決定或與總理協商閣員的名單；二、內閣總理和閣員的提名人選須經由國會投票權同意通過之後，總統才能任命。這兩種不同的規則和程序影響總統和國會對於內閣組成不同程度的牽引力。總統可以單獨決定內閣總理和內閣閣員時，總統擁有行政主導權的絕對優勢，而國會並無法參與這些過程。[2] 當總統的任命權需要國會同意時，總統必須考量國會的聲音和意見，來決定兩方都可以接受的人選。從內閣瓦解的程序來看，總統和國會都可以對於內閣的去留表示意見，總統可以直接解職總理，國會可以經由不信任投票來免職總理。綜觀之，當總統擁有內閣提名權和內閣免職權，而國會擁有同意權和倒閣權時，總統和國會對於內閣的存活擁有平衡的權力。當總統擁有提名權和免職權，而國會只擁有倒閣權

2　威瑪共和憲法的總統提名總理不須經由國會行使同意權，使得國會對於政府的組成無法置喙，相關的討論請參閱Shugart與Carey（1992: 68）。

時，總統對於內閣的存活或更替比國會擁有更大的牽引力。[3]然而，憲法上的權力平衡可能會因為國會的政治動態而出現變化。當總統所屬政黨並沒有掌握國會多數時，總統和國會憲法上的權力平衡會投射在實際的內閣組成和維繫上。總統和國會必須協商總理和內閣閣員的人選，總理必須同時取得總統和國會的信任，否則其職位不保。當總統和國會對於總理的任命或是總理的政策提案或政策表現不滿時，總理必須去職。然而，如果總理是國會多數所偏好的人選或是總統黨在國會屬於相對少數的情況下，總統並無法任意地免職總理。即使總統免職了國會支持的總理，提名一個總統屬意的總理，也無法取得國會多數的同意。[4]在特定的政治動態如多黨分立的情況下，國會的同意權形成一種攔阻的作用，讓總統國會制的總統對於內閣的維繫相對地較無法置喙。除非總統選擇與國會直接對抗，否則反對總統的國會多數可以形成一個保護總理職位的重要堡壘，排除總統對於內閣的干預和控制。

總統國會制和多黨體系的配套下，會出現多元型態的政府組成。當國會是多黨林立的情況且總統的政黨並無掌握過半數時，此時總統可能選擇與其他政黨組成聯合政府；當總統的政黨是多黨內閣中的相對多數黨，總統和其政黨需要與內閣其他政黨妥協，以讓多黨內閣得以存活和運作；當總統黨是多黨內閣中的相對少數黨時，此時內閣的運作掌握在多黨內閣中的相對多數黨，總統黨的議價能力降低，只能運用總統的權力和資源來凝聚多黨內閣，以免分崩離析；當國會多黨林立以及無單一政黨或聯盟可以掌握多數，總統可以選擇組成少數政府，但其代價是特定的政策可能面臨國會臨時所組成的多數之對抗和反彈；當反對總統的政黨掌握國會多數時，總統可能提名該政黨領袖擔任總理，形成共治政府。共治政府下，總統的立法影響力大幅衰

---

[3] 半總統制下的兩種類型都會迫使國會多數與總統進行協商，但是總理總統制的總統能夠運用的正式工具比總統國會制的總統之工具相對而言較少（Shugart, 2006: 358）。

[4] 俄羅斯葉爾欽（Boris Yeltsin）總統與對立的國會曾經發生任命總理的政治角力戰，葉爾欽總統連續兩次任命齊諾梅爾金（Viktor Stepanovich Chernomyrdin）為總理，但是遭到國會投票反對，最後只好選擇國會可以接受的人選普里馬科夫（Yevgeny Maksimovich Primakov），然而國會也必須面對一些讓步的壓力，因為如果第三次總理任命案未獲通過，總統可以根據憲法解散國會，相關的討論請參閱吳玉山（2000：100-101）。

退，只能透過否決權或訴諸公投來推翻國會的法案。總括來看，共治政府的總理和國會的立法權力凌駕於總統的立法權力。

　　不同的憲政體制當中，其權力機關之間的互動模式存在著差異。在總統制國家中，國會基本上不能以政治理由解職總統[5]以及總統不能解散國會。而在半總統制國家中，有些總統可以主動地或是被動地解散國會[6]，國會則可以對於總統所提名的內閣提出不信任案，此時總統可以解散國會或是重新提名總理人選，讓國會進行同意權的投票；議會制國家中，首相或總理可以提前解散國會，而國會可以對於內閣提出不信任案。從相互制衡的角度來看，半總統制的總統和議會制的總理相似的地方是，他們都擁有解散國會的權力，但是主要的差異在於半總統制中，國會行使倒閣權的效果只有總理下台，總統不用去職，而在議會制下如果國會行使倒閣權的效果是總理必須下台以及同時國會面臨改選的命運，形成相互毀滅的效果。從存活的制度設計來看，半總統制的總統擁有主動解散國會權時，其是對於國會擁有最大的制約武器，可以決定國會的存續。[7]半總統制中，總統和國會之間的互動除了存活的設計之外，還有涉及立法權力的制衡。多數半總統制國家的總統基本上都擁有所謂的否決權，可以拒絕簽署國會所通過的法律，將該法案退回國會重新審查，而國會可以針對該項法案以所謂的超級多數或是絕對多數再次通過原法案時，則總統必須簽署該項法案，如果國會無法取得絕對多數或是超級多數的投票支持時，則該項法案被總統否決成功。另外，有些半總統制的總統擁有憲法上所規定的行政命令權，可以單邊地進行立法的工作，而國會如果不喜歡總統通過的行政命令，可以通過新的法律來代替總統的行政命

5　然而，如美國總統制的憲法第1條規定，當總統有刑事方面的違法事實時，國會兩院可以對於總統進行彈劾。

6　任何半總統制與總統制的差異在於政府的首長（總理）可能被國會投票而解職；在這種脈絡下，總統解散國會的權力是對於國會倒閣權的制衡，總統制衡國會是一項區別半總統制與總統制和議會制的特徵（Shugart, 2006: 358）。

7　德國威瑪共和半總統制運作的經驗顯示，獨裁總統將原本屬於被動制衡的國會解散權運用成為主動對抗不同意總統緊急命令的國會之武器，相關的討論請參閱蕭國忠（2007：68）。威瑪共和憲法之所以賦予總統解散國會權的立法目的在於當政府與國會出現衝突時，總統可以代表人民，透過解散國會的方式來解決衝突，相關的討論請參閱沈有忠（2010：109）。

令。總結來看，半總統制中總統和國會的存活設計和立法權力呈現相互牽制的結構模式。當總統有主動解散國會權、單邊的行政命令權，以及否決權時，國會所面對的是一個強權總統；當國會可以行使倒閣權、以絕對多數的投票來行使反否決，以及通過法律來反制總統的行政命令時，總統所對應的國會，可能是一個強權的國會。當然，我們不能只從憲政設計的層面來觀察兩者之間的關係，必須要搭配實際的政治動態來分析，才能掌握府會間的競合關係。如果政治動態上，總統所屬政黨同時控制國會多數時，總統和國會發生嚴重衝突的機會相對而言會較少。當總統政黨並沒有掌握國會多數，例如與其他政黨組成聯合內閣或是總統選擇組成少數政府的情形下，有關總統和國會在憲法權力的相關規定變得非常重要，因為政治彼此對立的權力機關會援引憲法所規定的權力範圍來運作或對抗其他的權力機關。換言之，在兩個機關是敵對狀態的情況下，總統和國會的憲法武器的優劣以及如何使用對於行政和立法關係的互動非常重要。透過多黨半總統制國家的研究，可以較為準確地測量府會關係的僵持或合作的程度。另外，兩黨半總統制國家的府會互動經驗，尤其是衝突的經驗，基本上還是可以成為分析的參考點，同時讓推論較為一般化，適用在不同政黨體系的半總統制國家中。本文將同時探索兩種不同政黨體系下行政和立法關係的動態變化，透過這些經驗來說明總統國會制國家的行政和立法關係的權力平衡、互動模式以及可能產生的憲政衝突。

　　研究半總統制的學者指出，半總統制的類別中包含許多異質性的國家如總統權力很強的國家以及總統權力很弱的國家，我們必須關注半總統制國家內部的異質性，而不是將所有半總統制國家當成同質性的類別（Elgie and Moestrup, 2016: 19-20）。甚至有學者指出，半總統制國家中，行政機關和立法機關不僅沒有完全分立，而且究竟是行政機關還是立法機關在運作上擁有相對較大的權力，可能會因國家的不同而有所不同（Blondel, 2012: 13）。依循這樣的研究理路，本文主要的目的在於關注總統國會制國家中，不同的總統和國會的權力平衡和相互競逐如何影響憲政運作的差異。擁有不同權力的總統面對國會的對抗可能會採取不同的攻擊策略，相對地，握有不同反制武器的國會面對總統的單邊行動也可能會採取不同的因應方針。本文主要的研究問題是爲何特定的總統國會制國家之憲政運作較容易促成總統和國會的權力對抗或妥協讓步以及府會之間的衝突或和解如何影響半總統制民主的運作。本文所強調的憲政運作的關注面向是，政治系統中衝突的出現和危機的強度，以及民主政治過程所產生的權力機關對抗。[8]

貳、文獻檢閱

過去的總統國會制研究強調總統和國會對於內閣組成的牽引及拉鋸。研究指出，總統國會制因爲總統和國會都有權力可以解散內閣，總統會偏好組成一個總統內閣，內閣閣員聽命於總統，而不是政黨領袖，如果國會投票解散總統的內閣，國會要承擔政府組成不穩定的責任；而國會也會偏好組成國會內閣，內閣閣員服膺於國會領導，如果總統不接受國會的提議，國會可以重新提名同樣是國會屬意的內閣人選，則總統要肩負政府組成不穩定的失敗（Elgie, 2011: 33-34）。這種觀點是指在總統國會制下，總統和國會對於主導內閣權力爭奪的不合作賽局，最容易發生在當總統政黨只擁有國會少數的支持，同時國會可以組成反對總統的多數的情況。[9]然而，可能產生的結果是總統和國會對於內閣組成達成妥協，特定的閣員如國防外交由總統主導，其他閣員則是國會所屬意的人選。或是總統和國會選擇一個雙方都可以接受的總理人選。如果總統和國會多數涇渭分明的話，內閣提名的爭奪可能只是彼此衝突的序曲，內閣組成之後，針對法律或政策的折衝樽俎過程之觀察較能夠掌握總統和國會權力平衡的消長變化。[10]總統和國會在兩種型態的

8　類似的研究取向請參閱Linz（1997: 2）。

9　實際的例子是烏克蘭總統國會制的運作經驗顯示，總統和國會的雙元民主正當性容易產生衝突以及總統和國會對於內閣會形成輪替控制的情形，輪替控制的不同結果取決於權力結構的改變，而不是受到憲法規則的制約（Sydorchuk, 2014: 126-127）。

10　有關半總統制總統的內閣提名權的分析可以參閱吳玉山（2002；2011）。

政府類型中最容易發生衝突。第一，共治政府。當反對總統的多數控制國會時，通常會組成共治政府。共治政府的內閣人事基本上會由控制國會多數的政黨或聯盟來主導，除非憲法規定特定內閣成員必需由總統選任或取得總統同意。如果總統和共治政府的總理出現衝突時，總統可以選擇行使否決權、委任立法權（行政命令權）或解散國會權來對抗總理及國會。第二，少數政府。總統選擇組成少數政府，但是國會在特定的法案或政策上可以組成反對總統的多數，推翻總統所支持的法案，甚至通過總統所反對的法案。此時，總統可以選擇使用委任立法權（行政命令權）或解散國會權來抗衡不妥協的國會。[11]綜觀之，透過總統和國會對於法案或政策的衝突分析，較能夠釐清總統和國會的權力拉鋸戰的優勝劣敗，以及總統或國會為何使用特定的策略來對抗或防衛對手機關的攻擊。

傳統智慧認為半總統制的強權總統和割裂的多黨體系之組合會讓民主體制變得極端脆弱。首先，強權總統握有總理提名權不須經由國會同意、可以單邊行使立法權、隨時撤換總理或內閣閣員、無限制地行使解散國會的權力使得國會無法透過法律的通過來廢除總統的行政命令（Shugart and Carey, 1992: 68-69）。其次，割裂的多黨體系會讓國會變得無效能，在長期空轉的情形下，強權總統會運用憲法上的提名權來籌組少數政府，不為國會所支持和信任，並且總統會利用憲法上的緊急命令或行政命令來繞過國會的立法程序，單邊地進行治理，形成獨裁總統和反叛國會對立的最糟狀況（Linz, 1994: 48-55；Linz, 1997: 10-11）。最後，少數分立政府會形成立法癱瘓，迫使總統使用緊急命令取代國會多數，政黨放棄對於總統的課責和容忍少數政府，完全無誘因加入聯合政府，讓少數分立的政府持續地存在（Skach, 2005b: 54）。這些對於半總統制困境的診斷主要是汲取於德國威瑪共和的慘痛經驗，作為實施半總統制國家的殷鑑。然而，強權總統摧毀民主體制的肇因，究竟是半總統制憲法賦予總統太多的單邊權力所導致？還是總統個人

---

[11] 有關威瑪共和中強權總統、少數政府和憲政獨裁的因果機制分析請參閱Skach（2005b, chapter 3）。

的威權傾向？如果是制度賦予總統過度的權力容易造成民主體制的瓦解，則類似半總統制制度特徵的國家將會遭遇相同的命運和結果；如果是特定總統的威權傾向或是特定國家的國會中政黨傾向極化競爭，則半總統制與割裂多黨體系的組合不必然會導致崩潰的結果。因為不同國家有不同的脈絡差異，我們必須按照每個半總統制國家個案不同的因果路徑，進行細部分析和橫向比較。其次，強調割裂政黨體系或是無效能國會的觀點，可能會忽略在半總統制國家運作中，國會還是會透過法律訂定來制約總統的權力行使，或是總統面臨國會阻撓後，為何選擇特定的憲政武器來對抗國會等重要面向。總統和國會的抗衡過程可能不是一開始就完全分道揚鑣，而是相互的對戰和衝突。分析特定總統和國會的法律戰爭以及總統和國會使用何種憲政武器來進行對抗，可以更完整地釐清半總統制憲政運作的因果圖像，解釋憲政僵局形成或危機深化的因果機制。

　　過去對於總統和國會互動的研究指出，總統和國會的政策偏好以及制度性的門檻如否決和議事阻撓程序（filibuster）會影響立法僵局的出現與否（Krehbiel, 1998）。Krehbiel論證指出當總統決定提出新的政策改變現狀，而大部分的國會議員對於現狀政策仍具有偏好時，會產生立法僵局。當總統願意修改其政策偏好讓大部分的國會議員可以接受時，則會打破立法僵局，通過新的法案。如果多數的國會議員無法達成反否決或是議事阻撓程序的門檻時，便無法成為立法過程中掌握關鍵的樞紐。質言之，總統和國會的政策距離以及程序性的制度門檻會影響總統和國會的立法互動。另外一項立法研究關注否決者的偏好、現狀的空間位置和議程設定指出，政治體系中出現愈多的否決者，愈容易形成政策穩定，反之政治體系中只存在少數的否決者時，政策會愈不穩定，愈容易出現變遷（Tsebelis, 2002）。這兩種途徑側重政策的偏好或議題的空間立場，但忽略了政黨所扮演的角色和功能。條件式的政黨政府理論主張，當多數黨的國會議員的政策偏好同質性高以及政黨之間的差異性愈大時，多數黨的國會議員會將更多的資源和權力交給政黨領袖來行使，國會政策決定的結果較趨向於多數黨的中間偏好，而不是整體國會的中間偏好（Aldrich and Rohde, 2000）。換言之，國會中多數黨的政黨組織和領袖才是議程的設定者，而不是國會議員自主性的偏好選擇。上述這些研究強調總統和國會的政策偏好、空間位置、多數黨的政黨組織和立法的結果，相對地較無觸及總統的單邊立法權力如行政命令權、國會反制總統的權力大小、總統和國會的權力平衡等面向。本文將透過總統國會制國家的個案分析來呈現總統和國會互動關係如何影響政權的運作。

　　既存的半總統制研究強調總統的憲政權力和決策機制（吳東野，1996；陳宏銘，2016a）、總統和國會對於內閣組成的權力爭奪（Wu, 2005; Schleiter and Morgan-Jones, 2009; Schleiter and Morgan-Jones, 2010；吳玉山，2011：10-12）或是總統和總理之間的二元行政衝突與運作（Protsyk, 2005; Protsyk, 2006；沈有忠，2011）。本文建基於這些研究知識上，繼續延伸和拓展研究的視野。首先，總統的決策是否能夠成功地執行依賴國會的立法配合。觀察兩者之間的互動可以剖析政策制定過程的變化。其次，總統或國會對於內閣組成牽引力大小可以讓我們釐清內閣是總統主導還是國會主導，掌握內閣的政治屬性。如果進一步觀察內閣成立後所發生的立法過程和政治互動，可以讓我們更清楚地定位內閣運作的結果。再者，總統和總理之間二元衝突的機制分析也必須聚焦在法律或政策爭議的細緻變化上才能釐清衝突的原因和具體的爭點。本文主要側重在總統和國會之間的立法僵局，特別關注總統國會制國家中具有委任立法權、解散國會權的強權總統，在面對其國會席次是絕對少數或相對少數時，府會如何發生衝突以及解釋和分析衝突可能的程度。當總統的政黨同時控制國會多數時，總統和總理之間的衝突可能會較為隱性，而不會公開呈現，當兩者發生嚴重衝突時，通常總統可以選擇撤換總理。然而，當總統的政黨並無控制國會多數時，總統和總理之間的衝突就較為顯性，同時會對於重要的法案表達不同的意見。從重要法案的衝突面向進行研究，可以掌握總統和國會的權力平衡以及總統如何應用憲法權力的工具來對抗國會，或是國會如何應用憲法權力的工具來對於獨斷的總統進行反制。透過這樣的分析可以釐清總統國會制發生衝突的原因和機制。另外，過去對於總統國會制失敗經驗的研究，常常歸咎於強權總統，而忽視國會的不妥協性和對抗性。從總統和國會的衝突事件進行分析可以釐清為何有些強權總統在面對國會反制下所可能採取的不同政治行動和影響以及國會對於強權總統的反制和對抗。

　　半總統制下，總統和國會不是相互獨立的，在特定的情況下，總統可以解散國會、國會對於內閣可以行使不信任投票來瓦解內閣、國會議員可以兼任內閣閣員。[12]這種交錯縱橫的結構會使得半總統制的權力分立或制衡的運作充滿不確定性，可能會出現總統優勢、國會優勢或總統和國會的平衡，因為總統和國會握有影響其他機關存活或運作的權力武器。本文的目的在於透過憲政體制、政治制度以及政黨體系的配套來分析總統國會制國家的總統和國會的權力平衡以及為何特定的權力平衡關係較容易產生憲政衝突。研究方法上，成對的比較可以控制住個案的條件，特別適合比較多重個案。比較政治學者Tarrow（2010: 244）指出，成對的比較方法可以分析為何特定的自變數沒有出現，但依變數的結果還是會出現，成對比較方法比單一個案研究更可以增加研究的推論能力。本文的研究策略是屬於最相似個案的比較，共同系統的特徵是控制的變數，系統之間的差異被視為是解釋變數（Przeworski and Teune, 1970: 33）。實際運作上，相同憲政體制作為控制的變數，以總統和國會不同的憲政特徵和政治動態的配套來解釋總統國會制國家運作上的差異和影響。本文的研究序列是經由類型建構的演繹作為分析架構，再透過具體經驗事實的涵攝，來說明理論的因果機制和解釋效度。

參、分析架構：總統和國會的權力平衡

　　美國制憲先賢Madsion（2003: 317-322）對於權力分立和制衡的運作曾經精闢地指出，否決權是總統對於國會的本質性防衛武器，然而，整體來說

12　不是所有的半總統制國家都具有這項特徵，有些半總統制國家的內閣閣員不是由國會議員兼任，如台灣的規定，立法委員不得兼任官吏（憲法第75條）。有些半總統制國家如波蘭的內閣閣員可以由國會議員以及非國會議員組成。

總統否決權的行使不保證可以最終否決法案；在平常的情況下，總統可能
缺乏必要的決心去行使該項權力，而在緊急的狀況下，否決權可能被總統
不當地濫用。申言之，權力制衡是變動的現象，必須視總統和國會之間的權
力武器和策略互動而定。憲法所賦予總統或國會權力武器的不同，可能會對
於總統和國會的互動產生重大的影響。當總統擁有較多的單邊武器時如否決
權和委任立法權（行政命令權）時，總統較可以制衡國會。反之，當總統缺
乏單邊權力時，總統較無法制衡不妥協的國會或是無法改變國會所通過法案
的結果。國會的憲法權力是通過法律和撤銷否決，這兩項權力的行使必須經
由絕對多數的國會議員或是超級多數國會議員的支持才能行使。相對於總統
可以獨自決定行使單邊權力，國會需要多數意志才能展現其機關權力。總統
權力屬於統合性權力，國會權力則屬於聚合性權力。總統和國會之間的權力
競爭或對立取決於總統和國會多數之間的一致和分立。當總統所屬政黨同時
控制國會多數時，總統與國會之間會出現較少的衝突。當總統和國會多數分
屬於不同對立的政黨或政治聯盟時，總統和國會的關係可能會較為緊張或是
意見分歧，需要雙方進行折衝樽俎。總統在國會的黨派力量之大小可以決定
總統立法影響力的強弱。相對而言，當總統擁有國會過半數的支持時，其立
法的影響力較強，較容易推動總統偏好的政策，另外，當總統沒有獲得國會
多數的支持時，立法影響力銳減，總統必須與國會進行協商或談判才能讓屬
意的法案過關，因為國會可能拒絕總統的提案或是通過自己所支持的法案
（Chaisty, 2008）。綜觀之，民主國家憲法中的權力劃定基本上會制約部門
機關如何行使權力以及總統和國會內部政治動態之連結也會影響互動關係的
和諧或緊張的程度。

　　大部分的總統國會制國家都具有強權總統的特徵。[13]所謂的強權總統是

13　然而，少部分的總統國會制國家之總統權力相對較弱，例如台灣的總統只有總理任免權、被動
　　解散國會權和否決權，並沒有行政命令權、公投複決權和釋憲權。相對地，俄羅斯總統除了有
　　總理任免權、被動解散國會權和否決權之外，其還擁有憲法規定的單邊行政命令權，可以主動
　　地頒布新的政策，立法權力較大。相對地，台灣的總統必須透過內閣提案和國會立法來執行新
　　的政策。

指總統有總理任免權、行政命令權、解散國會權、否決權、公投複決權以及釋憲權等。總統國會制國家的國會擁有立法權、總理同意權[14]、倒閣權、反否決權。總統國會制下的總統和國會的權力平衡關係相較於總統制下的總統和國會關係更複雜以及更容易發生部門之間的衝突。總統制下，總統和國會的衝突原因在於法律的制定和執行，而總統國會制下，總統和國會的衝突來源可能是總理的人選、法律的制定和執行兩個層面。因之，總統國會制下的總統和國會的互動較可能產生衝突。俄羅斯總統國會制的運作下，基本上是屬於總統和國會達成權力平衡的模式。總統透過直接頒布行政命令來制定政策，而國會則通過其所偏好的法律（Haspel, Remington, and Smith, 2006: 253）。然而，總統的行政命令的權限並不是毫無限制，總統不能制定一個違反法律的行政命令；特定的政策領域需要通過法律才能執行，法律可以取代總統的行政命令；法律所制定的政策，只有法律可以修改；行政命令可以執行的領域受到法律政策領域的限制（Remington, 2000: 506）。甚至，針對俄羅斯總統權力行使的研究指出，俄羅斯總統雖然擁有單邊的行政命令權可以制定實際的政策，但是俄羅斯總統常常運用行政命令來影響國會的立法，讓國會通過總統偏好的法律內容，主要的原因是法律的位階高於行政命令的位階（Remington, 2014）。換言之，總統的行政命令或委任立法可以讓總統擁有制定政策的單邊性權力，但是國會還是可以透過法律的制定來制衡總統或是國會在特定的領域中有排他性保留權限，即使總統的行政命令也無法超越。強調總統和國會的權力平衡模式可以避免只側重強權總統的權力和角色的缺點以及關注國會權力可能對於總統權力產生制衡的面向。

　　本文關注總統和國會的權力平衡，特別側重總統的制度性權力和國會制度性權力的對比和平衡。總統國會制國家的總統在立法權限方面，如果有行政命令權或否決權時，可以被歸類為強總統。主動性方面，總統依據憲法可以頒布行政命令，推動自己偏好的政策；被動性方面，總統可以否決國會

---

[14] 當然，不是所有的總統國會制國家的國會都有總理同意權，例如台灣總統國會制就無同意權的設計。

所通過的法律，防止國會改變現狀。這兩種制度性權力可以讓總統在面對敵
對國會時，有重要憲政武器可以運用。總統國會制國家的總統在立法權限方
面，如果無行政命令權，只有否決權時，相較於兩樣權力都具有的總統，其
屬於次強總統。[15]次強總統面對不妥協的國會時，基本上並無太多憲政武器
可以凌駕或越過國會。當對立國會通過總統反對的法律時，總統可以選擇行
使否決權加以否決。當法案送回國會之後，國會必須達成憲法所規定的門檻
才能撤銷總統的否決，再次通過原先的議案，讓總統簽署成為法律。如果國
會無法凝聚反否決的門檻，可能會形成靜止不動的現象，總統和國會不分勝
負，相互對峙。研究否決權行使的學者指出，否決權的行使是總統和國會討
價還價的賽局，總統針對國會所通過的法案只能採取接受或是拒絕的行動，
假如總統主張對於國會所通過的法案加以修正，則總統會否決該法案；國會
面對總統的否決有兩種行動選項，一是修改法案內容向總統讓步或是召集足
夠的多數來撤銷總統的否決（Cameron, 2009: 363）。反否決的門檻是總統
和國會權力平衡的關鍵，其高低可以決定總統或國會在立法權力上的相對優
勢。

　　在立法權限上面，總統國會制國家的國會如同其他憲政體制的國會，都
是以二分之一多數作為立法通過的門檻。如果政黨或聯盟取得過半數，可以
決定立法議程的順序和特定法案的通過。當國會通過法案之後，必須送交總
統簽署，如果總統反對該項法案，可以動用否決權，讓該法案退回國會，重
新審議。如果國會以憲法規定的三分之二的多數撤銷總統的否決，並通過原
本的議案之後，總統最後也只能加以簽署成為法律。[16]如果國會無法聚集三
分之二的多數，此時會形成僵局或靜止不動的現象（Cheibub, 2002）。如
果憲法規定國會只需以二分之一的絕對多數來撤銷總統的否決，則國會只需
再次聚集二分之一多數的投票就可以使總統的否決無效。因此相對來說，國

---

15 所謂的強總統和次強總統是指總統國會制國家之間總統權力的相互對比。
16 美國總統制的規定是參、眾兩院都需要三分之二的多數才能使總統的否決無效，因此是一個相
　當高的門檻設計。

會反否決門檻的高低，影響國會自主性的程度。其他條件不變的情形下，當反否決門檻愈低時，國會的自主性程度愈大；當反否決門檻愈高時，國會的自主性愈小。從國會政治動態來觀察，如果總統和其政黨掌握國會多數時，總統的立法影響力最大；如果反對總統的政黨控制國會多數，則總統的立法影響力最小。當國會是由反對總統的多數所控制時，總統又選擇組成共治政府，則總理和國會的自主性程度最大，總統在立法事務方面無法主導或是只能扮演被動反對的角色。[17]當國會並無任何政黨或聯盟掌握國會多數時，總統可能選擇組成少數政府[18]，少數政府會讓立法過程出現高度的不確定性。例如，當國會反對總統的勢力可以凝聚過半數的議員支持時，其可以通過總統所反對的法案。如果國會反對多數並無特定立場，也不願意正面反對時，總統或行政部門所提的法案可能會持續延宕，無法通過。整體來看，共治和少數這兩種類型的政府會讓總統和國會的關係容易出現衝突，使得總統和對立國會有誘因去使用憲法上的制度武器來制衡對方。因為立法和反否決的門檻會與政黨體系具高度關連，所以在分析上，我們選擇政黨體系相對較為碎裂或對立的類型如少數政府或是共治政府作為背景條件，較能掌握憲法規範和實際運作的配套情形。

　　總統和國會在立法權力的面向上，可能出現四種情況。第一，強總統對強國會。具有立法權力的總統面對自主性程度高的強國會可能會形成抗衡的局面。當總統和國會多數分屬對立政黨時，可能會強迫對方接受自己的政策立場，或是透過憲政武器來威脅或嚇阻對方制定自己偏好的政策。總統因為同時擁有行政命令權[19]和否決權，可以對於不妥協的國會加以制衡。例如，總統可以透過憲法所賦予的單邊權力如行政命令的頒布或制定來推動屬意的

17　法國半總統制的共治經驗中，總統即使在共治期間也可以藉由拒絕簽署行政命令和行政條例，發揮立法牽制共治總理的作用，相關的討論請參閱郝培芝（2010：72）。

18　只獲得國會少數支持的總統可能選擇組成一黨少數政府或是聯盟少數政府。兩種型態的政府都沒有掌握國會的過半數。

19　這裡的行政命令權是指憲法賦予總統藉由行政命令的權威來單邊地制定政策，此種行政命令權與國會通過的法律所授權的行政命令是不同的，相關的討論可以參閱Carey與Shugart（1998：13-14）。

政策。行政命令不須經由國會繁複的立法程序，只需經由總統或內閣的決議就可以通過和執行，具有高度的效率性。總統除了主動的行政命令權以外，還可以透過否決權的行使來否決國會所通過的法律。這兩項立法權力可以讓總統在立法事務上有相當程度的行動自由，不只是被動式地執行國會所通過的法律。國會在立法層次上有兩項權力：立法權和反否決權。立法權方面，國會可以經由過半數的同意通過法律，讓總統簽署成為法律，並交由行政部門執行。反否決權方面，國會可以經由憲法所規定的反否決門檻來撤銷總統的否決。當國會可以達成這樣的門檻時，總統所否決的法案可以維持通過的狀態，此時總統必須加以簽署和執行。當國會通過法案的法定人數與否決總統法案的法定人數都是二分之一的多數時，國會的制度權力是屬於強權的國會或是所謂的強國會，因為任何反對總統的多數控制國會時，就可以通過國會屬意的法案或是總統反對或不支持的法案。如果總統選擇否決該法案並退回國會時，國會可以輕易地再次聚集過半數來撤銷總統的否決。當強總統和強國會皆選擇單邊行動而互不退讓時，行政和立法機關的互動會形成抗衡的態勢或局面。總統和國會憲法武器的對等會讓抗衡態勢升高，導致任何一方皆不願意屈服於對方的結局。過去的研究強調憲法的權力分散比憲法權力集中更容易讓政治行動者有誘因去遵守憲政規則（Alberts, 2009），本文則認為權力平衡的不同層次或程度會產生不同的結果。如果權力過度的平衡可能會鼓勵權力機關極化競爭，對於民主體制反而最終會產生反向的效果。

　　第二，強總統對次強國會。當總統同時擁有行政命令權和否決權時，總統擁有對抗國會的立法武器。如果國會多數是由反對總統的政黨或聯盟所掌握的話，該政黨或聯盟掌握立法通過的優勢。然而，因為總統擁有否決權，所以當國會通過總統反對的法案時，可能會遭遇總統的否決，如果憲法規定反否決的門檻是國會三分之二的多數，國會反對總統的政黨或聯盟並無法累積足夠的票數而達成三分之二的高門檻時，則總統可以將國會通過的法案否決成功。特別是總統主張維持政策現狀，而國會主張變更現狀的情況下，總統可以維持相當程度的立法優勢。如果國會選擇維持現狀不通過任何的法律時，總統可以運用其單邊的行政命令權，暫時繞過國會，制定偏好的政策來執行。當然，在這種情況下，國會還是可以進行對於總統的反制，例如國會可以透過法律的制定來凌駕總統的行政命令，但是總統可以再次行使否決權來制衡國會的行動。總統的優勢取決於國會無法凝聚足夠的票數門檻來撤銷總統的否決。當總統政黨掌握超過三分之一的國會席次時，總統就可以確保國會不能撤銷總統的否決。

　　從權力平衡的角度來看，強權總統在立法決定的最後權威上可以略勝國會一籌，除非國會可以集結超過三分之二的多數才能撤銷總統的否決。當總統掌握一定的國會政治結構時，其可以透過憲政權力的武器來反制國會的立法。當國會無法形成超級多數的門檻時，總統可以成為有力的否決者。另外，相對於國會過半數立法的優勢，總統可以透過行政命令權來讓自己所欲推行的政策先馳得點，除非國會通過法律來凌駕總統的行政命令。整體而言，在這種情況下，總統某種程度可以取得優勢凌駕於國會，國會相較之下，可能較為劣勢。

　　第三，次強總統對強國會。當總統沒有行政命令權，只有否決權時，總統面對不妥協的國會較無能為力或是較為弱勢。不妥協的國會因為掌握國會過半數的席次，不僅可以順利通過法案，同時也可以運用相同的過半數來撤銷總統的否決，此時國會的立法權力大於總統的立法權力，形成次強總統對強國會的設想情況。這種情況與傳統對於總統國會制的印象或描繪有相當程度的差異。易言之，總統國會制的總統不必然是強權總統，因為總統如果遭遇國會多數的反對，會使其立法權力大幅萎縮，只能透過總統在國會的少數黨與國會的多數黨進行協商，爭取通過總統所支持的法案。如果協商破裂，國會多數黨依然通過總統反對的法案，則總統只能徒呼奈何，簽署並執行國會的法律。掌握國會多數的政黨可以維持政策現狀，也可以改變政策現狀。總統只能執行國會所通過的法律，對於國會所通過法律的最後結果無法置喙。國會之所以能夠成為強權國會最主要的原因在於立法的門檻與否決的門檻都是二分之一，即使總統行使否決權，國會也可以輕鬆地以同樣二分之一的多數來撤銷總統的否決。因此，總統即使反對國會所通過法案，可能也無任何的誘因來行使否決權，形勢比人強的情況下，總統只能尊重國會所通過的法律，被迫簽署其不喜歡或甚至是討厭的法案。[20]

　　第四，次強總統對次強國會。當總統只擁有否決權，總統只能對國會通過的法律表示反對意見，讓法案退回國會，重新表決。國會如果無法聚集三分之二多數時，總統的否決可以維持其效力，國會的法案等同於未通過。國會中掌握過半數的政黨可以順利通過法案，但是仍然面對總統否決的風險。如果總統反對國會所通過的法案，總統會有誘因行使否決權，特別是國會必須經由更高的門檻才能撤銷總統的否決。總統和國會因為沒有單邊的權力可以繞過對方或是凌駕對方，因此只能選擇與對方協商。當然，如果雙方具有高度的不信任感，也可能會出現靜止不動的現象。當對立的國會通過一些特定的法案，總統可能行使否決權，國會無法撤銷總統的否決，導致立法空轉。靜止不動的情況下，總統和國會的權力平衡達成均勢。

　　換言之，這種情況下，總統無法反制國會，國會也無法凌駕總統，兩個權力機關可能相互對峙，僵持不下，無法利用自身的憲政武器來升高態勢，相互抗衡。次強總統和次強國會之所以會形成僵局，而不必然會升高成憲政衝突的原因在於總統和國會的憲法權力武器都相當有限，只能被動地反制對方的行動，無攻擊性的武器或權力可以凌駕對方。憲政武器的結構限制，決定雙方的戰況結果，同時也讓衝突的態勢不至於升高到相互毀滅的局面。第四種均勢模式與第一種抗衡模式是屬於極端的對比模式，主要的差異原因在於總統的權力與國會制度性權力的不同。在抗衡模式中，特別在總統和國會分屬不同黨派的控制之下，最容易出現憲政危機和民主僵局。有關總統和國會權力平衡的不同互動模式，請參閱圖2-1。另外，這四個國家的個案可能是該國家半總統制運作眾多態樣的其中一種模式，本文只能透過所謂的橫斷面分析和比較來解釋可能的運作模式之間的差異。換言之，一個國家的半總

---

[20] 台灣從2000年到2008年屬於這種國會優勢的類型，陳水扁總統掌握內閣提名權不需經由國會同意而選擇籌組少數政府，但由於反對黨控制國會多數，可以藉由制定法律來控制政府的政策。總統和內閣只能在國會通過的法律框架下執行相關的政策，反對多數的國會成為重要的否決者。憲政學者周育仁指出，當行政院無法掌握立法院過半席次時，其施政方向不是受制於立法院，就是因多數黨（聯盟）強力主導政策，被迫淪為立法院行政局（周育仁，2005：53）；凡是少數政府與在野黨立場不同之法案，最後通過的幾乎都是在野黨的版本，例如廢核四案、工時案、真調會條例、NCC法案和公投法（周育仁，2006：107）。

統制運作模式並不是恆常不變的，可能會受到黨派輪替、領袖特質和政黨競爭之間的影響。跨個案比較的研究設計較無法針對單一國家進行縱斷面變化的深入研究，但是其優點是可以橫向地比較類似國家的差異和變化。

	次強國會 1/2立法和2/3反否決	強國會 1/2立法和1/2反否決
強總統 行政命令權和否決權	總統優勢	抗衡
次強總統 否決權	均勢	國會優勢

圖2-1　總統和國會的權力平衡

資料來源：作者自行繪製。

肆、個案說明

一、抗衡：秘魯總統國會制經驗

　　秘魯是南美洲唯一的半總統制國家。在憲政制度次類型的分類上，秘魯是屬於總統國會制國家（Elgie, 2011: 29）。總統國會制的重要特徵是總統可以免職總理（1979年秘魯憲法第216條）以及總統擁有重要立法權力如單邊的行政命令權（1979年秘魯憲法第211條）。行政命令權可以讓秘魯總統擁有獨立的立法權，不需經由國會的同意來推動政策。秘魯總統除了擁有憲法的行政命令權之外，對於國會所通過的法案還享有全部與部分法案的否決權（Kenny, 2004：81）。然而，秘魯總統的否決權是屬於較弱的否決權，因為國會可以經由絕對多數來推翻總統的否決（憲法第193條）。秘魯國會可以經由國會議員二分之一的多數通過法律，讓總統簽署及執行法案，或是國會可以授權總統制定行政命令來推動國會屬意的政策（憲法第188條）。純粹從憲法條文的規範來看，秘魯總統和國會的立法權力是較為平衡的設計。因爲總統可以單獨行使憲法所授予的立法權來制定行政命令，當國會反對總統的行政命令時，可以通過法律來取代總統的行政命令。當國會通過總統所不喜歡的法律時，總統可以行使否決權，將法案退回國會重新審議後，國會可以再次召集絕對多數的支持，撤銷總統的否決，此時總統必須簽署及執行國會所通過的法律。政治動態上，當總統和國會多數都由同一個政黨控制時，總統和國會的憲法權力不會成爲相互制衡的武器。當總統和國會多數分屬不同且對立的政黨控制時，總統和國會的憲法權力便成爲黨派對立和競爭的彈藥武器。

　　1990年代初期，秘魯民主政治出現劇烈的轉變和震盪。1990年總統大選結果，政治局外人國立農業大學校長藤森謙也（Alberto Fujimori）在第一輪總統選舉落後的情況下，卻令人跌破眼鏡地在第二輪選舉中獲得過半數，擊敗民主陣線（Democratic Front）所提名的總統候選人尤薩（Mario Vargas Llosa），當選秘魯總統。[21]藤森雖然贏得總統大選，但其政黨Cambio 90在眾議院180席中只占32席（17.7%），兩大政黨民主陣線（Democratic Front）和美洲大眾革命聯盟（American Popular Revolutionary Alliance, APRA）分別握有62席（34.4%）和53席（29.4%），超過半數，相關的選舉結果請參閱表2-1。

表2-1　1990年秘魯眾議院選舉席次結果和比例分配

政黨	選舉席次	比例分配
Democratic Front	62	34.44%
APRA	53	29.44%
Cambio 90	32	17.77%
United Left	16	8.88%
Others	17	9.47%
Total	180	100%

資料來源：Nohlen (2005: 454)。

---

[21] 請參閱Peruvian general election, 1990（Wikipedia, 2017），Nohlen（2005: 454）。

1990年秘魯總統和國會大選的結果是藤森總統爲少數總統[22]，必須面對反對黨控制多數的對立國會。1990年底到1991年初國會否決總統和行政部門所提的預算案，甚至國會通過自己的預算案；總統採取史無前例的做法——公布部分1991年的預算案，否決331條條文中的15條（Kenny, 2004: 141）。反對多數控制的國會以157票對上20票撤銷總統對於國會所通過的預算案的否決，再次通過國會原本所提的預算法，經由參議院主席在沒有總統的簽署之下，公布法律（Kenny, 2004: 142）。對於國會的還擊，總統選擇運用憲法的行政命令權來中止國會通過的預算法中的兩個條款（Kenny, 2004: 143）。藤森總統和對立國會之間的衝突模式基本上是援引憲法上的權力機關之保留權限來壓制對方的行動。一方面總統不願意執行國會所通過的法律，否決其中的重要條款。另一方面，反對多數控制的國會也不願意妥協和屈服，集結國會反對總統的力量，撤銷總統的否決，維持國會所設定的現狀。秘魯1979年憲法所規定的國會反否決權門檻只需二分之一的多數，對於控制國會多數的反對陣營來說，可以說輕而易舉就能達成門檻，有時甚至可以超過三分之二的多數。換言之，國會對於總統的獨斷行動，可以進行牽制和制衡。當雙方無信任基礎，一心只想讓對方臣服時，憲政衝突容易成爲常態，而不是偶然。

總統和國會的戰線持續地延長，甚至升高兩者之間的緊張態勢。1991年年底，藤森總統在國會授權總統可以制定行政命令的期間失效之前，制定126項超越國會授權的行政命令，國會將其中的28項行政命令修正或是撤銷來對總統進行反制（McClintock, 1994: 385）。根據1979年秘魯憲法第211條，總統可以單方面制定行政命令。藤森總統積極運用憲法上的授權來推動自己屬意的行政政策，不顧國會的反對聲浪。然而，秘魯國會擁有通過法律案的立法權力，加上國會通過的法律其位階高於行政命令，國會有重要的憲

---

[22] 研究秘魯政治的學者指出，藤森總統的政黨Cambio 90中的部分國會議員反對藤森總統所推行的新自由主義式震盪療法的經濟改革（Levitt, 2012: 65）。換言之，連藤森總統的國會少數支持基礎也不太穩固。

政武器可以反制獨斷的總統。藤森總統和對立國會的緊張態勢持續升高，國會因為預算的問題，與農業部門發生嚴重衝突，國會通過農業部部長的不信任案，藤森總統卻選擇漠視國會的解職，主張憲法並沒有規定部長辭職的時間表，甚至藤森總統選擇慰留農業部部長，言詞侮辱國會議員，國會欲以通過彈劾總統來對於藤森總統進行反擊（McClintock, 1994: 385）。總統和國會之間的激烈衝突，最終促成藤森總統於1992年5月5日自行發動政變（au-togolpe），宣告暫停適用1979年憲法、逮捕反對黨領袖、關閉國會、解散司法機關（McClintock, 1993: 112）。秘魯的民主在總統和國會嚴峻對抗的局面以及強勢總統的鎮壓國會中劃下了最終的句點，接續的威權體制讓藤森總統可以更無阻礙地遂行其獨裁的統治。

　　針對總統和國會策略互動的研究指出，當總統採取單邊的行動，而國會拒絕總統的作為時會形成威權獨斷的總統與不輕易妥協的國會之立法和行政的互動模式（Cox and Morgenstern, 2001: 178）。秘魯總統藤森和對立國會的經驗屬於強總統和強國會的對立模式。秘魯憲法授予總統可以繞過國會單邊制定行政命令來推行政策，然而國會可以透過制定法律來推翻或修正總統的行政命令。當總統認為國會在阻撓其推動改革或解決危機時，總統可能選擇制定單邊的行政命令來凌駕國會所通過的法律，或是運用總統的否決權讓國會重新審議相關的法案或預算。當總統的政黨是國會的少數政黨以及國會中控制多數的政黨與總統嚴重對立時，總統無法與國會進行協商或是對立國會不願意接受總統的強勢作為，導致行政和立法的僵局不斷，最終迫使威權野心的總統推翻民主體制，解決國會阻擾的問題。本文並不是主張特定的憲政結構安排必然導致總統獨裁，而是認為強總統和強國會的權力安排很容易變成敵對勢力之間攻擊對方的有力武器，造成激烈的對抗。換言之，強權總統和強權國會之間很容易升高成抗衡的態勢，無法透過民主的機制來解決，特別是特定的總統和國會的生態讓兩個權力機關漸行漸遠，甚至堅壁清野，相互攻擊。

二、總統優勢：俄羅斯總統國會制經驗

　　根據1993年俄羅斯憲法，俄羅斯總統擁有免職總理的權力（憲法第117條第2項）以及擁有單邊制定行政命令的權力（憲法第90條），完全符合總統國會制的定義。另外，俄羅斯總統針對國會所通過的法律可以行使否決權。俄羅斯憲法第107條規定，聯邦法律必須在通過後的五天內送交總統簽署及公布，總統必須在十四天之內簽署及公布，假如總統拒絕接受聯邦法律，俄羅斯的兩院國會——聯邦議會和杜馬國會必須以三分之二國會議員的投票，才能撤銷總統的否決，通過原本的法案，讓總統在七天內簽署和公布。以否決權的設計來看，國會需要超級多數的門檻才能撤銷總統的否決，這樣的機制對於總統否決權的行使較為有利。總統不喜歡國會所通過的法律時，可以動用否決權來反對，當國會並無法聚集三分之二的多數時，總統可以維持現狀或是透過行政命令來制定政策。然而根據俄羅斯的憲法，俄羅斯國會也不是無牙齒的老虎，國會可以經由過半數的投票，通過新的法律來取代總統的行政命令，或是透過法律的制定具體明確地限縮總統行政命令的適用範圍。甚至，有關稅收、年金和社會福利、土地、聯邦權力架構、聯邦議會的選舉法、檢察機關組織只能經由國會制定法律來規範，以及當有法律條文存在時，不能以行政命令修改法律，只有修改法律才能變更現狀（Remington, 2000: 506）。整體來看，俄羅斯總統屬於強權總統，擁有多項憲法的主動性權力，但是另一方面，俄羅斯國會也擁有一些憲法保留的權力可以對抗總統。

　　不同黨派或是勢力分別控制總統和國會機關時，較容易測試兩者之間的權力平衡的張力。1996年俄羅斯總統大選，選舉結果仍由無黨籍總統葉爾欽（Boris Yeltsin）繼續擔任。新民意所選出的葉爾欽總統必須面對舊國會的政治動態結構。以杜馬國會為例，1995年選舉結果，共產黨（Communist Party）為國會最大黨，控制157席，第二大黨——我們的家園是俄羅斯（Our Home is Russia）掌握55席，第三大黨——自由民主黨（Liberal Democratic Party）得到51席，第四大黨——亞博盧（Yabloko）持有45席，第五大黨——農民黨（Agrarian Party）則分配到20席；特別值得一提的是

無黨籍國會議員高達77席，具體的結果請參閱圖2-2。[23]從政黨體系的角度來看，俄羅斯杜馬國會是多黨制，有效政黨數目高達5個以上。[24]在這些國會政黨中，由前總理齊諾梅爾金（Viktor Stepanovich Chernomyrdin）所領導的政黨──我們的家園是俄羅斯比較傾向支持葉爾欽總統。整體而言，葉爾欽總統屬於少數總統，不僅面對多黨的國會，同時是反對多數控制的國會。

一項針對俄羅斯國會的研究指出，從1996年2月到1998年11月為止，葉爾欽總統總共動用193次的否決權，其中高達153項法律沒有被總統簽署成法案（Troxel, 2003: 98-99, Table 5.2）。[25]換言之，葉爾欽總統否決成功的比例相當高。具體的例子是1997年國會通過一項文化資產保護法，規定二次大戰期間留在俄羅斯的文化和藝術資產不准輸出國外，這個法案牽涉到俄羅斯正與德國簽訂有關戰爭時期被充公財產交換的外交協定，葉爾欽總統否決這個法案，聯邦議會（聯邦院與杜馬國會）則以三分之二的多數推翻總統的否決，最後葉爾欽總統並沒有簽署和執行這項法案，反而再次行使否決權，讓總統和國會的關係陷入僵局，因為國會質疑總統再次行使否決權的合憲性（Chandler, 2001: 503-504）。另外，聯邦國會通過一項憲法法案，管制總統對於否決權的行使，葉爾欽總統認為國會這項法律違憲，國會不能侵犯總統憲法上立法權力的行使，於是否決這項法案，而國會則認為總統不應該否決國會所通過的憲法法案（Chandler, 2001: 504-505）。這兩個例子顯示俄羅斯總統和國會之間的權力拉鋸[26]，以及總統對於否決權的濫用導致國會採取對於總統的反制行動。

---

[23] 請參閱Nohlen與Stöver（2010: 1642）。

[24] 有關有效政黨數的計算，請參閱Laakso與Taagepera（1979）。

[25] 類似的證據顯示，1996年葉爾欽總統否決國會所通過的法律案的16%中，只有0.5%的總統否決被國會所推翻或撤銷，相關的討論請參閱Chandler（2001: 504-505）。

[26] 俄羅斯總統和國會之間的權力拉鋸還包含國會對於政府提出的不信任案。1995年杜馬國會因為葉爾欽總統出兵車臣死傷慘重，通過對於政府的不信任案，葉爾欽總統只好透過撤換副總理、內政部部長和反情報局局長來平息國會的憤怒，國會再次行使不信任案投票，最後未獲通過，相關的討論請參閱李玉珍（1998：58-59）。

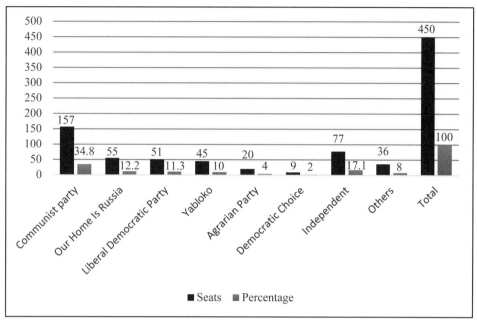

圖2-2　1995年杜馬國會選舉結果

資料來源：Nohlen and Stöver (2010: 1642)。

　　俄羅斯總統除了可以對國會通過的法律被動地行使否決權，其還有另外一項主動性的憲政武器就是行政命令權（憲法第90條）。研究指出，總統葉爾欽從1996年1月到1999年12月之間，總共頒布了約720個行政命令，有時在特定的期間，總統所頒布的行政命令總數甚至超過國會所通過的法律數目（Remington, 2014: 102, 107）。總統想透過單邊行政命令的制定繞過國會立法程序的具體例子是：1998年，葉爾欽總統在遭遇金融危機的情況下提到，他將制定一連串國際貨幣基金組織所要求的因應危機之措施，即便國會未能通過這些提案（Huskey, 2001: 126）。換言之，葉爾欽總統將會運用單邊行政命令來對抗國會可能的阻撓，讓國會不能成為總統施政的絆腳石。俄羅斯總統和國會之間嚴重衝突的高峰是國會欲通過彈劾葉爾欽總統的提案。1998年國會在反對黨（共產黨）的領軍下，提出對於葉爾欽總統的彈劾案，雖然杜馬國會最後無法聚集三分之二的足夠多數通過彈劾案，但是國會對於總統的宣戰，可以顯示總統和國會的關係已經降到了冰點，兩者之間如戰爭態勢一樣，一觸即發（Remington, 2007: 129）。[27]

　　俄羅斯總統國會制的運作經驗顯示，強權總統與次強國會的對立過程中，強權總統還是可以凌駕於國會的權力行使。主要的原因是因為總統在憲政結構擁有較多的立法權力。透過主動性的行政命令和被動性的否決權力之靈活搭配運用，總統可以制衡對立的國會。當然，俄羅斯國會也可以反制總統的權力行使，其有時可以透過三分之二的多數來對抗總統。然而，因為國會中黨派林立，意識形態分歧，國會事實上不太容易聚集超級多數來撤銷總統的否決，另一方面，總統也會洞悉國會的結盟困境，持續動用否決權來迫使國會接受總統的政策或修正意見。即使國會可以聚集足夠的多數來讓總統的否決無效，總統仍可以透過行政命令權的行使，取代國會法律，執行其所偏好的政策。國會因為憲政權力的侷限，無法對於總統權力進行有效的制衡，但是國會還是握有法律制定權，可以透過法律來侷限總統行政命令的範圍（Remington, 2000: 506）。當總統的國會支持基礎薄弱，同時國會反對總統的勢力可以經由過半數來通過法律時，總統和國會的煙硝味會相當的濃厚。俄羅斯第一共和（1990-1993）甚至發生總統砲轟國會的流血政變。[28]俄羅斯第二共和的憲政運作重蹈了第一共和行政和立法關係擱淺的覆轍，只是這次葉爾欽總統選擇越過國會的方式，而不是以解散國會作為解決府會僵局的手段。[29]

---

[27] 總統彈劾案之所以沒通過是因為葉爾欽總統交互運用棍棒和蘿蔔的策略去防止彈劾成功，對於部分的國會議員提供實質回報以交換他們反對彈劾，同時提醒國會議員，他手中仍握有其他的王牌，相關的討論請參閱Remington（2001: 52）。

[28] 研究俄羅斯政治的學者Remington（2000: 503）論述指出，因為第一共和的慘痛經驗讓第二共和時期總統和國會雙方有所節制，避免再次形成憲政崩潰的失序現象。

[29] 2008年俄羅斯的普丁（Vladimir Putin）身兼總理與黨魁，使得原本的總統國會制運作起來像總理總統制。然而，因為從2005年開始，俄羅斯在普丁總統執政之下，已經從部分自由的國家轉變成威權國家（Freedom House, 2005）。所以，不管普丁擔任總統或總理的職位都可以透過政黨來控制和行使權力，憲政體制中的總統和總理的權限劃分已經成為具文，民主體制也因而瓦解。

三、國會優勢：喬治亞總統國會制經驗

　　喬治亞的民主轉型過程，經歷了戲劇性的玫瑰革命（Rose Revolution）[30]，導致政權非常態性的輪替。2003年喬治亞舉行國會選舉，總統謝瓦那澤（Eduard Shevardnadze）和其政黨聯盟（新喬治亞黨和新喬治亞民主聯盟）贏得國會大選，然而反對黨（國家運動黨）領袖薩卡希維利（Mikheil Saakashvili）抗議政府選舉舞弊，發動大規模群眾在國會大廈面前進行示威抗議，甚至最後衝入國會阻斷總統謝瓦那澤對國會的演說，總統謝瓦那澤倉皇逃離，在俄羅斯的介入下，總統謝瓦那澤選擇去職，而反對黨領袖薩卡希維利最終贏得2004年喬治亞總統大選（吳玉山，2007：81-82）。玫瑰革命的爭議在於執政總統的權力濫用，反對黨領袖透過大眾抗議的方式訴諸人民的支持，不僅推翻獨裁的總統，同時也實現自己坐上總統寶座的夢想。民主轉型過程中喬治亞的憲政體制歷經了類型的轉換。1995年到2004年，喬治亞屬於總統制，玫瑰革命之後，修改憲法，變成半總統制，修憲主要的原因是半總統制下有總統和總理職位的設計，可以讓參與玫瑰革命的政治領袖一起分享權力，不像總統制是由總統獨占權力（Nakashidze, 2016: 123-124）。喬治亞半總統制是屬於總統國會制的次類型，而不是總理總統制的次類型（Elgie, 2011: 29）。整體來看，喬治亞是屬於總統國會制的半總統制次類型。

　　2005年，總統薩卡希維利利用其政黨控制國會多數的情況，連續提名四位非黨派的盟友擔任內閣總理，企圖弱化內閣的權力，集中總統的權威；總統薩卡希維利的舉動招致反對勢力強烈的抗議，要求總統薩卡希維利下台，總統薩卡希維利反而強力鎮壓抗議行動以及關閉一家民營的電視台企圖控制情勢，最終總統薩卡希維利仍不敵社會的憤怒選擇提前下台，重新投入2008年總統選舉（Nakashidze, 2016: 130-131）。出人意外地，薩卡希維利反而贏得總統大選，持續掌控內閣人事、獨攬權力。總統薩卡希維利於

---

[30] 喬治亞的玫瑰革命是指抗議行動中，每個人手持紅色玫瑰花，因之稱爲玫瑰革命。

2010年推動修憲，新的修憲內容規定總統不能主動地免職總理以及總統法律上的行爲需要總理的同意和副署；總統薩卡希維利認爲這樣的修憲可以改善半總統制運作的缺點，但是反對黨認爲這樣的修憲眞正的目的是爲了總統薩卡希維利在2013年總統兩任任期之後，想要續任總理繼續握有權力而鋪路（Nakashidze, 2016: 126）。總統薩卡希維利強化總理權限卻讓自己嘗到強權總理與其爭奪行政權的苦果。2012年10月國會大選豬羊變色，反對黨領袖伊萬尼什維利（Bidzina Ivanishvili）所領導的喬治亞夢幻聯盟（Georgian Dream）在國會150議員席次中贏得過半數的85席，總統薩卡希維利的政黨——聯合國家運動黨（United National Movement）只取得65席，改變原本國會多數由總統控制的政治動態，選舉結果請參閱表2-2（Mueller, 2014: 345）。原本執政的聯合國家運動黨在這次國會大選中失去多數，變成少數在野，相對地，反對勢力喬治亞夢幻聯盟取得國會多數，讓國會成爲總統薩卡希維利權力運作的夢魘。

表2-2　2012年10月喬治亞國會選舉結果

政黨	國會席次	比例分配
喬治亞夢幻聯盟（Georgian Dream Coalition, GD）	85	57%
聯合國家運動黨（United National Movement, UNM）	65	43%
總席次	150	100%

資料來源：Mueller (2014: 345)。

　　形勢比人強的情況下，總統薩卡希維利只好任命伊萬尼什維利爲總理，形成共治政府。所謂的共治（cohabitation）是指總統和總理來自不同且對立的政黨以及總統政黨並沒有在內閣之中（Elgie and McMenamin, 2011: 619）。喬治亞總統薩卡希維利屬於聯合國家運動黨，總理伊萬尼什維利則是反對勢力的喬治亞夢幻聯盟，兩人分別擔任總統和總理，開啓喬治亞總統國會制的共治政府運作。研究指出，共治政府較可能出現在總理總統制的半總統制次類型中（Elgie and McMenamin, 2011）。換言之，另一種次類型總統國會制，較少出現共治政府。喬治亞屬於總統國會制，卻形成共治政府，形成少數的異例。主要的原因是在於喬治亞的憲法規定，內閣的組成需要國會多數同意。如果總統薩卡希維利仍執意組成少數政府，在國會由反對黨喬治亞夢幻聯盟占多數的情況下，無法獲得國會過半數的同意，總統只能被迫提名反對黨的領袖伊萬尼什維利為總理，把組閣權交給國會多數。

　　喬治亞總統國會制的共治經驗中，總統與總理所控制的國會可以說是針鋒相對，衝突不斷。總理伊萬尼什維利以國會中優勢的多數通過赦免法，送交總統簽署，總統反對該法案，將之否決，退回國會，國會則再次通過該法律，迫使總統簽署（Fuller, 2012）。喬治亞憲法第68條規定，國會針對一般的法律案只需要二分之一的多數就可以推翻總統的否決，只有憲法相關的修憲案才需要五分之三的多數。根據喬治亞國會立法的研究指出，總統薩卡希維利在共治期間總共否決了13個國會通過的法律，其中只有一個司法審判相關的法案否決成功，其餘的12個法案都由國會維持原案通過，相關的法案請參閱表2-3。除了一般的法律案，總理控制的國會多數也主導著修憲案的通過。總理和國會多數希望能透過修憲來限制總統權力（DFWatch, 2013）。喬治亞憲法第66條規定，修憲案的通過需要五分之三的國會議員支持。最終的結果是，總理伊萬尼什維利控制的國會取得五分之三的多數通過憲法修正案，免除憲法上總統解職總理和任命內閣沒有經由國會的同意之權力（RFE/RL, 2013）。

表2-3　共治期間總統薩卡希維利否決的法案和國會通過情形

總統否決的法案	日期	國會通過情形
1.赦免法	12/28/2012	推翻否決
2.司法會議法案	04/23/2013	推翻否決
3.司法審判相關法案	04/23/2013	否決成功
4.國立大學法律地位修正案	05/10/2013	推翻否決
5.憲法法院判決縮短案	05/10/2013	推翻否決
6.刑事程序修正案	05/28/2013	推翻否決

表2-3　共治期間總統薩卡希維利否決的法案和國會通過情形（續）

總統否決的法案	日期	國會通過情形
7.廣播法修正案	06/25/2013	推翻否決
8.國家能源和水資源供應	07/03/2013	推翻否決
9.標準法修正案	07/16/2013	推翻否決
10.文化遺產法修正案	08/05/2013	推翻否決
11.高等教育修正案	08/15/2013	推翻否決
12.農業土地變遷	08/20/2013	推翻否決
13.法官審判時效法案	10/28/2013	推翻否決

資料來源：Nakashidze (2016: 136)。

綜合來看，喬治亞總統原本擁有行政命令權，但經由修憲，總統發布行政命令須經由總理副署。當總理是由反對總統的人士所擔任，總統的行政命令權較難獲得敵對總理的副署，總統的行政權力大幅地萎縮。另外，國會多數由反對黨控制，其不僅可以順利通過法案，同時也可以運用相同的絕對多數來撤銷總統的否決，此時國會的立法權力大於總統的立法權力，形成次強總統對強國會的模式。喬治亞的國會優勢模式顯示總統國會制的總統在實際的運作上不必然是強權總統，因為當總統遭遇國會多數的反對時，總統的立法影響力銳減，當國會通過特定的一些法案，總統只能行使否決權，將法案退回國會，此時國會可以運用相同優勢的票數來推翻總統的否決，通過原先的法案，迫使總統必須簽署法案。次強總統與強國會的互動結果是由國會取得優勢，擁有最後的立法決定權。

四、均勢：葡萄牙總統國會制運作（1976-1982）

1976年葡萄牙歷經民主轉型，頒布和實施新的憲法。根據1976年葡萄牙的憲法，葡萄牙是屬於總統國會制。第一，葡萄牙總統是由人民普選產生（憲法第172條）。第二，政府向國會（國民議會）提出施政計畫，國會可以用絕對多數來拒絕政府的計畫（憲法第195條）。這是一種反面的同意權的行使，只要國會不表示反對，政府就可以組成（Bergman, 1993）。第三，內閣向總統以及國會負責（憲法第193條）。第四，總統與國會中各黨派協商之後，任命總理，以及總統可以免職總理（憲法第136條）。第五，除了在國會剛舉行選舉六個月內、總統任期的最後半年以及國家緊急狀態的情形外，總統才可以解散國會（憲法第175條）。從這些條文來看，葡萄牙是總統國會制。葡萄牙的民主轉型由於是軍方主導推翻威權政體而開啓，因此過渡時期選擇由直選方式產生的軍方領袖來擔任總統，同時在憲法上賦予總統有擔任軍事革命委員會的主席，對於軍事事務有排他性的立法權、籌組特別的憲法委員會、內閣免職權和解散國會等權力（Amorim Neto and Lobo, 2009: 238-239）。從憲法規範上來看，1976年葡萄牙憲法的總統權力屬於強權總統。

　　葡萄牙總統可以否決內閣所提出的法案，國會不能對之進行反否決，但針對總統對於國會法案的否決則可以進行反否決（Amorim Neto and Lobo, 2009: 239），這項權力讓總統可以反對內閣的提案。總統否決國會的法案之後，除了組織法、國防和外交等法案，國會需要以三分之二多數才能撤銷總統的否決，其他的法案只需要絕對多數（Shugart and Carey, 1992: 155, Table 8.2）。[31]葡萄牙總統沒有單邊的行政命令權（Shugart and Carey, 1992: 155, Table 8.2），換言之，總統只能被動地否決國會所通過的法案或政策，不能單獨地制定政策。總統除了將法案退回國會之外，還可以行使另一種類似否決權的功能，例如將國會通過的法案送交憲法法庭審查是否違憲（憲法第278條）。葡萄牙的國會基本上可以經由不信任案的提出來制衡總統的權力。在四分之一國會議員或是國會團體的提議下，國會可以提出不信任案，不信任通過之後，政府必須辭職下台。國會除了可以提出不信任案以外，還可行使其立法功能，通過法律，讓政府執行。整體來看，葡萄牙總統和國會的權力相當地均衡，總統並沒有單邊的行政權力可以繞過國會，國會可以透過倒閣權和立法權來維繫自己作為權力機關的地位。

---

31 葡萄牙國會的反否決門檻雖然不是全部類型的法案皆需要三分之二的多數，但特定的法案還是需要三分之二多數，因此在分析上還是可以適用本文的框架。

　　1976年葡萄牙總統大選由無黨籍人士埃亞內斯（António Ramalho Eanes）當選總統。同年舉行的國會大選呈現多黨的格局，第一大黨爲社會黨（Socialist Party）控制107席、第二大黨爲社會民主黨（Social Democratic Party）掌握73席，其他席次由三個小黨均分，相關的選舉結果請參閱表2-4。此次國會選舉結果，無任何一個政黨過半，加上總統屬於無黨籍人士，在國會中並無政治支持基礎。總統埃亞內斯可以選擇與國會政黨合作籌組聯合政府或是組成少數政府面對分立的國會。總統埃亞內斯於1976年一開始選擇籌組一黨少數政府，提名社會黨領袖索阿雷斯（Mário Soares）擔任總理，於1978年1月初，轉換成社會黨、民主和社會中心黨（Democratic and Social Center）的聯盟多數政府，聯盟政府只持續了七個月[32]，之後總統埃亞內斯三次選擇籌組總統內閣，提名無黨籍人士擔任總理（Amorim Neto and Lobo, 2009: 242, Table 1）。這些總統內閣相當的短命，因爲主要國會的政黨反對總統內閣，並且認爲這些內閣會破壞政黨和國會對於政府的控制（Amorim Neto and Lobo, 2009: 241）。從總統內閣的短命結果來看，葡萄牙的國會對於內閣的組成和運作保有極大的影響力，總統和其所提名的內閣會受到國會反對多數的杯葛，無法順利推行政策。雖然總統根據1976年憲法可以形成和解散政府，但是實際上總統的權力是隨著政府的穩定程度而消長變化（Bruneau and Macleod, 1986: 128）。政府運作權力的困難反映在總統和國會的雙元正當性的緊張，特別是總統在國會無多數的時候（Lobo, 2005: 270）。當總統無法取得國會多數支持時，即使能夠組成政府，也無法順利運作和持續執政。

---

[32] 主要的原因是聯盟政黨──民主和社會中心黨退出聯盟政府，總統埃亞內斯選擇解職總理，取而代之以無黨籍人士擔任總理，相關的討論請參閱Macleod（2014: 161）。

表2-4　1976年葡萄牙國會選舉結果

政黨	國會席次	比例分配
Socialist Party	107	40.7
Social Democratic Party	73	27.8
Democratic and Social Center	42	16
Portuguese Communist Party	40	15
People's Democratic Union	1	0.03
總席次	263	100

資料來源：https://en.wikipedia.org/wiki/Portuguese_legislative_election,_1976（檢索日期：2017/1/31）。

社會黨領袖索阿雷斯領導的少數政府[33]常常受到國會的掣肘，總統埃亞內斯在政府與國會發生僵局時會選擇介入政府運作，面對這樣的困境，總理索阿雷斯只好選擇與小黨——民主和社會中心黨組成聯盟多數政府，執政一段時間後，小黨認爲聯盟政府沒有其發揮的空間，選擇離開聯盟政府，總統埃亞內斯再次介入，選擇籌組無黨籍的科技官僚政府，國會雖然同意讓政府組成，但是不表示國會支持政府所推行的政策（Manuel, 1996: 25-29）。例如，無黨籍總理達科斯塔（Nobre Da Costa）提出預算縮減的法案，以便配合國際貨幣基金組織的協定，但是國會投票反對政府的預算提案，總理達科斯塔只好黯然下台；接替總理達科斯塔也是無黨籍總理平托（Mota Pinto），平托所領導的政府遭遇相同的命運，國會不支持政府的預算提案，最後也是掛冠求去（Manuel, 1996: 29-31）。國會之所以反對的原因是總統埃亞內斯在組成無黨籍政府之前完全沒有諮詢國會，認爲總統的行動是違憲的（Opello, 1985: 151）。不管是少數政府或是科技官僚政府，其在國會都無過半數的支持，當國會中的主要政黨反對政府的提案時，總理所領導的政府很難運作，只好選擇掛冠求去。葡萄牙總統國會制的運作突顯雙元民主正當

---

[33] 葡萄牙少數政府的經驗與台灣少數政府的經驗類似，陳水扁總統少數政府時期，國會反對多數會通過少數政府所不支持的法案讓其執行，少數政府則企圖建立臨時的立法聯盟來通過法案，但是臨時的立法聯盟不穩定，需視法案的內容和國會反對多數的立場而定，相關的討論請參閱陳宏銘（2007：178）。

性的問題，總統和國會都認為他們具有民主正當性（Linz, 1994: 6-8）。總統埃亞內斯認為總統是超越狹隘黨派利益的中立者，總統的任務是尋求有能力的科技人士來解決國家的問題，國會大黨（社會黨）領袖索阿雷斯則認為國會是最能代表民主體制的安排，也是民主政治中首要的機構（Manuel, 1996: 32）。葡萄牙的總統國會制在總統和國會之間的對抗下，並沒有歷經民主崩潰，但最終導致1982年的修憲，將總統權力縮減，變成總理總統制。葡萄牙1976年的憲法同時賦予總統和國會重要的權力，總統擁有總理提名權和否決權，國會擁有總理同意權和反否決權。葡萄牙總統因為無行政命令權，因此在與國會對抗的過程中，只能選擇重新籌組內閣企圖取得國會的信任，不能透過單邊的行政命令權，完全越過國會來執行政策。國會因為掌握措施性法律（預算）的決定權，讓總統和政府必須向國會妥協。總統和國會的關係雖然衝突不斷，但因為權力較為均勢，任何一方無法有完全凌駕對方的憲政武器可以運用。總統國會制所產生的僵局，不必然會擴大成憲政瓦解，端看其總統和國會的權力抗衡程度。

伍、結論

　　半總統制在新興民主國家制定新憲的推波助瀾下，目前已經是全球普遍採用的憲政體制之一。半總統制的兩種次類型總統國會制和總理總統制中，總統國會制被認為是較不容易運作的，以及是較可能出現民主危機或民主崩潰的類型。過去的研究智慧指出，總統國會制之所以較為脆弱的歸因是強權總統，因為總統國會制下的總統擁有獨立的行政和立法的權力可以組成政府或是權威性地制定政策。然而，將總統國會制國家的所有總統全部界定成強權總統的主張，可能會忽略不同總統國會制國家對於總統權力的界定和授予的差異，以及國會在憲法上制衡總統的權力。透過總統和國會權力的平衡分析，我們可以釐清總統和國會的衝突程度以及對於憲政體制運作的影響。本文主要關注的焦點是憲法上哪一種權力的安排較容易讓總統國會制走上崩潰的道路，或是哪一種權力安排較容易讓總統國會制雖然出現衝突，但是仍然可以運作。

　　整體而言，半總統制國家的總統權力比總統制國家的總統權力更強。當特定的半總統制國家選出民粹主義式的總統時，很可能會利用改革之名行獨裁之實。當國家的其他權力機關如國會無法制衡總統時，野心的總統很可能會獨斷獨行。相對地，國會對於總統的掣肘，一方面是總統獨裁道路的絆腳石，另一方面也可能是誘發總統獨裁的肇因。最後，總統和國會衝突對立時，很容易實際運用憲法上授予的獨享權力來制衡對方，如果雙方都不願意讓步，衝突會愈演愈烈，無法透過民主的機制進行解決。半總統制的總統和國會的互動關係可以說是詭譎多變，端視強權總統和對立國會的盤算和對弈。一個國家的政治運作，可能涉及政黨體系、解決僵局的制度設計、政治文化等關鍵因素的影響。本文因為篇幅的限制，只能針對總統和國會制度性的權力平衡加以分析。

　　本文發現，總統國會制國家在少數政府或共治政府時期最容易發生行政和立法機關的衝突。當行政和立法機關之間的衝突發生在強總統和強國會對立的模式中，很容易升高成政權危機或是出現憲政崩潰。因為強總統和強國會彼此之間的憲法權力對等或武器相當，當不同黨派分別控制總統和國會時，很容易促成抗衡結果。當行政和立法的互動模式屬於強總統和次強國會的對應時，總統可以略勝國會一籌，推行自己屬意的政策，而當國會可以聚集足夠的多數時，總統便會受到國會的阻撓，不能恣意行事。當總統擁有較少憲政武器，例如總統並無單邊的委任立法權以及國會擁有低門檻的反否決權時，屬於次強總統對上強國會的設想狀況，此時總統可能相對地弱勢，因為國會掌握了立法的最後決定權。當總統只擁有否決權以及國會需要高的門檻才能撤銷總統的否決時，則屬於次強總統和次強國會之間的互動模式。這種模式較可能出現均勢的結果，亦即任何一方無法凌駕對方，雙方必須尋求妥協和讓步。總統和國會的關係是半總統制運作的動力機制，不同總統國會制國家中，總統和國會權力平衡的樣態相當的多元，本文希冀透過類型的建構和動態的觀察，最後能夠揭開總統國會制的神祕面紗。

壹、前言

　　相同憲政類型的國家在運作上可能會出現截然不同的命運和結果。有些國家歷經民主轉型的過程，邁向民主鞏固的道路，而另外一些國家則經歷民主衰退的過程，最終墜落崩潰的懸崖。在這些相同憲政類型的國家中，是不是存在著不同的政治因素，因而造成明顯不同的結果是本文主要的問題意識。特定憲政類型的國家，如果其民主較容易維繫，研究這些國家的憲政運作可以讓我們搜尋出促進民主鞏固的動力或因素。特定憲政類型的一些國家，其不穩定的風險較高時，探知這些國家的憲政運作將有助於我們去診斷民主崩潰的可能肇因。憲政體制研究的傳統智慧中，總統制比議會制更容易促成民主崩潰（Linz, 1994; Stepan and Skach, 1994）。半總統制作為第三種憲政類型，呈現二元分歧的結果。分類建構上，半總統制包含兩種次類型，總理總統制（premier-presidentialism）和總統國會制（president-parliamen-tarism）。總理總統制和總統國會制的差別在於總統國會制的總統擁有憲法上正式解職總理的權力，以及擁有解散國會權或行政命令權（Shugart, 2005; Shugart and Carey, 1992）。選擇這種次類型的分類有三個原因。第一，這種分類可以突顯半總統制國家總統權力大小的對比，聚焦於強權總統對民主體系的影響。第二，總統國會制國家的總統可以正式解職總理的情況下，內閣可能較不穩定，較容易產生治理或憲政危機。第三，這種分類方式主要是以憲法的規範為標準，可以避免主觀的判斷或選擇的問題。過去的研究指出，整體民主表現的比較上，總統國會制國家明顯劣於總理總統制國家（Elgie, 2011; Sedelius and Linde, 2018）。總統國會制運作上主要的缺點在於其容易產生擴權總統、少數分立政府或是總統和國會之間的相互掣肘。換言之，總統國會制較容易促成民主崩潰。憲政特徵上，總統國會制的總統權力比總理總統制的總統權力還大，其在憲法上的正式職權可以免職總理、解散國會或擁有單邊的行政命令權（Shugart and Carey, 1992: 23-24）。總統國會制下的國會因為權力平衡的設計，其也擁有不信任投票（倒閣權）的機制可以撤換總理。總統國會制下，內閣同時要向總統和國會雙重負責的憲政設計，讓分立的少數政府很難運作，最終觸發民主的瓦解和威權的崛起（Bernhard, 2005; Skach, 2005b）。

總統國會制中，當總統所屬政黨同時也是國會中掌握多數的政黨時，內閣的組成較不會產生問題，因為總統可以經由政黨機制來協商出內閣的名單和人選。其次，如果國會掌握過半數的政黨與總統和總統黨是截然對立的競爭關係時，在形勢比人強的狀況下，總統只好交出組閣權形成共治政府，由總理掌握行政權力的運作。再者，當內閣是聯合政府且總統黨在內閣中是相對的少數黨時，總統必須要和內閣中相對多數的政黨協商內閣的組成以決定內閣中各政黨的比例分配，這種類型的內閣又被稱為國會式政府（Francesco and Elgie, 2010: 22-24）。最後，當國會沒有明顯的多數或是穩定的多數時，多黨總統國會制下的總統還是可以選擇籌組少數政府。少數內閣最大的脆弱性在於國會中反對總統的政黨勢力可以聯合起來，推動倒閣。或是少數內閣的總理因為無法取得過半數的國會支持，使得總統偏好的重要法案無法通過，於是總理可能成為總統施政不力的避雷針或是擋箭牌，最後被總統撤換下台。

德國威瑪共和（1919-1933）是憲法發展史上第一次運作半總統制的國家，然而其命運乖違，最後以失敗收場。[1]比較憲政學者Cindy Skach分析指出，威瑪共和第二任的無黨籍總統興登堡（Paul von Hindenburg）具有反政黨的傾向，偏好籌組總統的內閣，提名多位科技官僚擔任閣員，不願意與國會中的政黨合作組成多數黨政府，另一方面，國會席次中相對多數的政黨

---

[1] 有關威瑪共和運作半總統制的興衰始末，請參閱沈有忠（2009）和蕭國忠（2007）。

如社會民主黨（Sozialdemokratische Partei Deutschlands, SPD），雖然容忍少數政府的存在，但不願意與政府合作，主要原因是避免承擔解決危機的責任，以保護自己的選舉利益（Skach, 2005b: 49-53）。當國會出現立法癱瘓的情況下，興登堡總統只好透過緊急命令的方式來取代國會多數的立法，於是分立少數政府所造成的憲政危機，最終導致威瑪共和半總統制民主的崩潰（Skach, 2005b: 53-63; Bernhard, 2005: 63-72）。

其他針對威瑪共和的研究之近似觀點則強調總統和國會的相互疏離。威瑪共和時期，因為總統是獨立國會而存在，導致國會的政黨不願意與其他政黨協商彼此可以接受的政策以及重要內閣部會逃避政黨控制，同時國會的政黨逃避責任不願意與不受歡迎的政策連結在一起，政黨一方面享受民主運作下的自主性，一方面國會允許總統以頒布行政命令的方式慢慢滑向準獨裁的狀態來進行統治（Hanson and Kopstein, 1997: 262）。強權總統和僵局國會的離心競爭，導致脆弱的威瑪民主共和（1919-1933）在運作十四年之後就遭遇了崩潰的命運。威瑪共和運作失敗的經驗可以說是「冰凍三尺非一日之寒」或是一開始運作就危機四伏。事實上，早在威瑪共和第一任社會民主黨總統艾伯特（Friedrich Ebert）[2]的任期最後一年時已經出現分立少數政府，且國會中最大政黨社會民主黨並沒有參加總統所提名的內閣（Skach, 2005b: 51, Table 3.1）。換言之，連總統所屬政黨——社會民主黨都不願意參加總統內閣，使得總統的少數政府腹背受敵，必須同時面對國會不穩定多數和黨內多數的雙重挑戰，在國會阻撓立法的情況下，總統毅然決然選擇以行政命令來代替國會的法律。然而有研究指出，社會民主黨總統艾伯特深信民主政府的形式，從來沒有想要為了改變立法和行政的關係而濫用緊急權力（Lepsius, 1978: 47）。這個原因可以部分解釋為何威瑪共和在第一任總統艾伯特任內並未經歷民主崩潰，而在繼任者興登堡總統任期中最終導致了民主悲劇。

---

[2]　威瑪共和第一任總統艾伯特在其任內廣泛使用緊急命令權高達130次，建立憲政慣例讓興登堡總統可以援引，相關的討論請參閱Skach（2005b: 49-52）。

　　威瑪共和運作失敗的經驗開啓了強權總統是半總統制民主政權崩潰的關鍵因素之命題。威瑪共和憲法的總統可以越過國會，自行任命總理，讓總理單獨向總統負責；同時威瑪共和國的總統可以解散國會，在新的國會多數產生之前，以行政命令來運作政府（Needler, 1959: 692-698）。質言之，總統國會制下的威瑪共和總統，擁有廣泛的權力如任免總理權力、緊急命令權（或稱之委任立法權）和解散國會權（Shugart and Carey, 1992: 155）。實際運作上，威瑪共和的興登堡總統於1930年在沒有與國會中政黨諮商的情況下，任命總理布魯寧（Heinrich Brüning）成爲一個聽命總統的內閣，而不是國會支持的內閣（Lepsius, 1978: 47-48）。興登堡總統欲以緊急命令通過預算，而國會多數反對總統以緊急命令的方式通過預算，迫使總統毅然決然解散國會重新改選；在尚未改選之前，屬於國會無法抵抗總統合法性的空窗期，在這段期間，興登堡總統以直接頒布緊急命令的方式來執行預算（Lepsius, 1978: 47-48）。再則，興登堡總統的權威不僅凌駕於國會，甚至其對於總理布魯寧支持議會制政權的想法感到不滿，興登堡總統於是下令免職總理布魯寧的職務，另外提名巴本（Franz Von Papen）擔任總理；在國會可能行使不信任投票前，興登堡總統先發制人以緊急命令提前解散國會（Lepsius, 1978: 48-49）。在國會改選之後，最終讓國家社會主義工人黨以及其政黨領袖希特勒（Adolf Hitler）透過選舉手段掌握國會多數，走上軍事獨裁之路。綜觀之，有關威瑪共和的相關研究主張強權總統對於民主體制之運作是高風險性的，因爲無其他的權力機關具有相同的正當性可以挑戰總統的權威或制衡總統的權力，這項制度特徵也容易讓總統合理化其單邊的統治行爲。然而，每個強權總統所處的政治脈絡都不同，爲何有些強權總統較容易遂行獨裁，而有些強權總統即使想遂行獨裁，但卻受到其他機關或政治勢力的阻撓。換言之，強權總統不保證其可以完全恣意地行使總統權力，政治體系中的其他勢力還是可能會集結起來對抗強權總統的行動。

　　本文主要的研究問題是總統國會制下，特定政治因素的配套如何促成總統國會制的總統選擇走上獨裁的道路，進而造成民主崩潰，或是特定政治因素的結合如何讓總統國會制的總統之權力行使受到抑制，讓民主持續運作。

本文的關注焦點是總統的選擇以及在國會的作爲，如何影響民主體制的存續或是民主制衡的運作。主要的推論基礎是當強權總統面臨反對多數控制的國會較容易抑制總統的獨裁，當國會政黨體系極度割裂，無法組成穩定的反對總統之聯盟時，總統較容易越過國會單獨統治。反對勢力的強弱影響著制衡總統權力的力道。與總統同黨的國會議員如何反叛總統加入反對勢力，或是總統如何削弱、鎮壓反對勢力來逐行獨裁是本文觀察的重點。主要的研究取向是觀察總統和國會的權力行使、總統的支持基礎和民主體制運作的結果，所採用的研究方法是過程追蹤（process-tracing）[3]，透過對於總統國會制國家民主崩潰前的過程分析來抽繹出關鍵的因果機制（Beach and Pederson, 2013）。本文所選取的幾個總統國會制國家個案之間存在著憲政體制規範和政治動態的差異，運用控制比較方法抽繹出總統和支持政黨的關係以及反對勢力的凝聚或割裂兩項變數來進行分析，同時透過類型建構來分析變數和變數之間的互動對應變化。小樣本（small-N）的研究可能面臨自由度不足的問題，但是其優點可以針對少數的個案進行因果機制的分析以及透過脈絡化的事實來檢證分析架構的效度（Goertz, 2017）。本文主要的焦點在於強調民主存活的制度因素和非制度性因素之間的交互作用，分析強權總統在失去黨內和國會的支持下可能形成的威權路徑和反向回饋。

貳、文獻檢閱

一、強權總統、政黨體系和政府類型

　　憲政制度的研究指出，具有重要憲法權力的總統可能選擇單邊行動，如行政命令權、宣布特定法案爲緊急法案或是任命黨派的內閣閣員來尋求立法的多數支持；總統的策略選擇不僅依賴形式上的權力，同時也視國會內部

3　所謂的過程追蹤法是指分析一個個案內有關過程、發生先後順序和不同事件同時發生的時刻，發展或檢驗個案的因果機制（Bennett and Checkel, 2015: 7）。

隨著時間和空間改變的政治情勢而定（Carroll and Shugart, 2007: 63）。因之，強權總統所處的政治脈絡因素必須要加以考量，才能完整解釋崩潰的歷程和結果。另外，比較政治學者Linz（1997: 11）強調政黨體系對於半總統制運作的重要性，當國會中的政黨體系是相當割裂的或是沒有多數時，會出現總統沒有政黨或聯盟的支持，如興登堡總統轉而以非國會的領袖來組成內閣或是尋求一些與總統較爲親近的人士來組閣，企圖越過國會進行單邊統治或是透過國會改選，尋求一個新的國會多數或是違憲解散國會，發動政變。因之，多黨割裂的國會動態較容易出現立法僵局或是政策僵局的現象。也就是說，國會無法凝聚過半數的支持來通過任何的法案。

結合來看，強權總統和割裂的多黨體系較容易讓半總統制民主產生危機，甚至是較難化解僵局。然而，這些特徵也涉及到爲何具有權力和資源的強權總統無法透過說服或交換來吸納其他政黨加入總統聯盟的問題，以及是不是總統採取一些可能孤立他自己的政策和行動，均是本文想要釐清的困惑。解答這些困惑較能夠解釋爲何有些總統在面對多元分歧的國會較容易逾越憲法的權限而進行單邊統治，有些總統卻選擇與國會妥協或讓步，透過權力分享來共同治理的兩種南轅北轍的現象。正式的總統權力和國會的政治現實仍舊無法解釋總統或國會的權變行動和民主崩潰的可能連結，本文想透過多黨總統國會制下少數政府的運作進行過程的追蹤分析，以便於釐清相關的因果機制或脈絡連結。

比較憲政學者Cindy Skach指出半總統制下會出現鞏固多數政府（consolidated majority government）、分立多數政府（divided majority government）、分立少數政府（divided minority government）三種類型，分立少數政府最容易產生行政和立法僵局以及憲政獨裁（Skach, 2005b: 7）。例如，總統國會制國家俄羅斯民主轉型之初，總統和國會之間發生嚴重的衝突和對立。無黨籍的總統葉爾欽（Boris Yeltsin），在國會中只有少數政黨支持，同時國會存在著反對總統的多數政黨和勢力，葉爾欽總統只好透過行政命令的頒布來繞過國會冗長的立法程序（Colton and Skach, 2005: 499-520）。少數支持的總統以及政黨林立的國會容易產生行政和立法的僵局，當任何一方都不願意妥協和讓步的情況下，很可能會產生憲政獨裁或是民主崩潰。半總統制下，少數總統也可能面對完全無多數的國會以及反對多數的國會。無多數的國會與反對多數的國會的差別，在於無多數國會較容易產生立法僵局的現象；反對多數所掌握的國會基本上會通過屬意的法案，讓對立的總統和行政部門執行。當然，有反對多數的國會還是可能會出現立法僵局，例如反對多數的國會不願意進行爭議性法案的立法，同時無法通過反否決的門檻來推翻總統行使的否決。基本上，總統制下少數總統和半總統制下少數總統所面臨的國會情勢相當類似。與其他總統制國家進行橫向比較可以幫助我們更全面的掌握總統權力運作和民主崩潰之間的關係。總統制下的政府型態有三種：一、一致政府：單一政黨控制總統和國會的多數；二、分立政府[4]：不同政黨控制總統和國會多數；三、無過半數的政府：沒有一個政黨控制多數：總統政黨與其他政黨常常形成立法聯盟（Shugart, 1995: 327）。總統制的無過半數的政府或是少數政府通常是搭配比例代表制和多黨體系的結果。相對來說，比例代表制較容易促成多黨體系（Duverger, 1969: 245-255）。當多數政黨瓜分席次之後，很容易形成無單一政黨取得國會多數的情況。對於只掌握國會少數的總統，首要任務是建立穩固的立法聯盟。原則上總統有兩種擴大支持基礎的策略。第一，總統可以透過組成聯合內閣的方式，讓聯盟政黨分享行政資源，交換聯盟政黨在國會的立法支持（Amorim Neto, 2002: 48-78）。第二，總統選擇組成少數政府，對於立法策略採取權變的方式，如不同的立法提案尋求不同的政黨的合作或支持。

　　上述第二種設想情況對於總統和國會的互動充滿不確定性，國會反對勢力對於總統政策的反對強度會影響僵局的出現與否。[5]當反對勢力的強度愈強時，總統愈難取得妥協或共識。如果只是特定法案出現僵局，總統和國會

4　本文認為，因為總統制國家的政府是屬於權力分立，所以當總統和國會多數分屬不同政黨時，稱之為分立政府。但是半總統制下，當總統和國會多數不同政黨時，因為政府權力是來自於國會的同意，且國會不是政府的一部分，因此在半總統制中不同政黨控制總統和國會時，稱之為少數政府比分立政府較為合適。

5　有關總統國會制國家中，總統和國會的權力平衡與憲政衝突的分析，請參閱蔡榮祥（2018）。

還是有其他合作的可能，但如果是重大和爭議的法案，反對黨不僅不支持，甚至通過總統反對的法案，這時僵局擴大，容易讓總統心生挫折，選擇用單邊的行動如制定行政命令來執行其偏好的政策。對於半總統制國家來說，少數政府也會出現類似的情境。當國會有反對多數時，總統和總理必須執行國會反對多數所通過的法案或政策，縱使這些法案或政策不是總統和總理所屬意支持，甚至是反對的。國會中並沒有明顯的反對多數，總統和總理必須進行細部協商，針對每個法案結合多數的國會議員的意志。後面這種情境，很容易形成所謂的僵局國會（hung parliament），出現法案協商沒有產生任何結果的立法僵局或是法案協商過程造成政黨間離心的競爭和疏離的現象。

　　整體來看，最不穩定的政治動態或設想狀況就是多黨體系下的少數政府。如果總統國會制國家的少數政府出現頻率很高，或是總統和國會的權力競逐使得少數政府較為短命時，我們可以得出內閣組成和運作的困難是總統國會制的阿基里斯腱之結論。另一方面，在總統國會制的國家中，少數政府如果只是少數例外時，其成為總統國會制不穩定的肇因的可能性就變得較小。或者其只是出現在特定的總統國會制國家之脈絡中，則我們必須再進一步去探究真正影響總統國會制國家運作不穩定的因果機制。有些總統國會制國家雖然出現少數政府，但卻沒有歷經民主崩潰。或是有些總統國會制國家是多數政府反而出現民主崩潰的結果。這些現象是不是指涉著總統國會制的民主運作可能有不同的路徑，以及少數政府不是造成總統國會制民主崩潰的唯一必要且充分之原因，可能還會有其他的配套原因觸動總統國會制國家少數政府所伴隨而來的民主崩潰。憲政制度與其他政治動態的配套如何讓民主更容易運作或是讓民主相形脆弱，是值得我們探索的重要議題。

二、總統國會制和政治不穩定的因果機制

　　比較政治學者Elgie（2011: 33-34）指出，在總統國會制下，總統和國會都有解散政府的權力，因此總統會傾向選擇多數閣員是無黨籍人士而組成總統內閣，國會如果選擇持續以不信任投票方式瓦解總統內閣時，會被指責是政府無法組成的究責原因；另一方面，國會也會試圖形成自己所支持的

國會內閣，如果總統不支持國會內閣的話，則總統也會被指責是政府無法組成的始作俑者；假如雙方都不願意讓步的話，將會形成不穩定的均衡，甚至是產生總統解散國會支持的內閣，或是國會對於總統內閣進行不信任投票的政治不穩定現象。Elgie對於總統國會制的弱點所描繪的圖像，基本上不可能出現在一黨多數政府或共治政府，因爲這兩種政府類型，不是由總統或其政黨主導，就是由國會的多數政黨或聯盟所駕馭。當國會沒有清楚的多數，同時國會沒有同意權時，則總統可以完全主導內閣組成。這種情況下，總統不需要與國會進行內閣組成的協商。當然，如果國會可以行使同意權，總統必須要與國會進一步協商內閣的總理人選以及內閣所包含的政黨。例如總統國會制國家亞美尼亞、喬治亞、俄羅斯和烏克蘭等國家的憲政制度中有國會同意權的設計，總統有誘因與國會協商政府的組成（Shugart, 2006: 358）。換言之，不管是少數政府或是與國會其他政黨組成聯合政府，總統和國會對於政府組成的協商，會達成最後的結果，不會出現不穩定的均衡。因此，我們應該將焦點放在少數政府與國會的行政和立法互動過程中所發生的具體衝突，而不是一開始的政府組成，這樣比較能夠掌握總統和其少數政府所面臨的國會結構、立法困境，以及國會反對總統的多數如何集結、如何推翻總統的行政命令以及制定新的法律來限制總統的權力行使。

　　半總統制和總統制的相似點是兩種制度下都有總統的職位。雖然半總統制和總統制的政府組成方式不同，但是兩者都具有總統和國會之間的平衡關係。分析總統制民主失敗的經驗，可以作爲半總統制民主運作的借鏡。過去針對總統制民主的運作經驗發現，少數政府的出現可能是民主崩潰的前兆（Linz, 1994）。例如，智利總統阿葉德（Salvador Allende）上台後，因其所屬的左派社會黨（Socialist Party）在國會中是少數黨地位，其只能仰賴與控制國會多數席次的中間政黨（centrist parties）結盟和妥協，來通過法案，但是這個立法聯盟相當的不穩定，中間政黨有時會轉而與反對總統勢力的右派政黨合作，杯葛少數政府的提案，同時，左派社會黨黨內的鷹派人士過度自信社會黨所推動的改革可以贏得下次國會大選的多數，拒絕與目前掌握國會多數的中間勢力妥協，因此總統阿葉德面臨進退失據之困境，其只能透過單邊的行政命令來推行其偏好的政策，與國會發生嚴重的衝突和僵局，最終引發軍事政變，推翻民主政權（Valenzuela, 1994: 204-211）。

　　從智利總統制運作失敗的經驗來看，政黨的國會席次分布與意識形態的位置，以及總統政黨內部的分歧是影響崩潰的關鍵原因。智利民主崩潰前的政黨體系是屬於三個政黨分享立法權力，總統是左派政黨只握有少數國會席次37席，而中間政黨擁有過半數席次74席，另外右派政黨擁有32席（Valenzuela, 1994: 175），左派和右派的意識形態分屬極端立場，不可能合作。左派與中間勢力雖然意識形態較為相近，有合作的可能，但是中間勢力與右派的距離幾乎和中間勢力與左派的距離接近。換言之，中間勢力也可能轉而與右派合作，讓左派成為少數，使得國會政治動態變得極度的不穩定。其次，與總統同黨的國會議員之支持立場的反叛，是壓垮智利民主政權的最後一根稻草。少數總統推動改革左支右絀、腹背受敵，特別是失去黨內的支持，讓其正當性的基礎變得更加薄弱。這與先前威瑪共和時期興登堡總統失去其國會支持基礎的經驗可以說是相互呼應。總統制民主崩潰的原因涉及國會內部的政黨結構以及總統和同黨國會議員的政策分歧。智利的經驗不是總統制國家的單一異例，其他總統制國家也出現類似的運作困境。在一項針對拉丁美洲總統制國家從1978年到2003年間所有的少數政府案例的研究發現，當總統政黨只獲得國會少數支持的情況下，如果總統政黨的政策位置位於光譜的中間、國會的反對多數並無法推翻總統對於特定法案的否決、總統組成聯盟多數政府時，行政和立法的衝突會減少或減弱；反面來看的話，如果國會反對多數的政策位置位於光譜中間以及國會反對多數足以推翻總統的否決時，行政和立法的衝突會增加或增強，容易導致少數總統提前下台（Negretto, 2006）。這種觀點強調總統和反對多數控制的國會之間的互動，較容易促成政權不穩定以及總統政黨如果沒有占據中間立場時，較難建立多數的立法聯盟。

　　研究拉丁美洲總統制國家總統被彈劾的經驗指出，有三種情形會導致總統在彈劾的過程失去了立法盾牌的保護，最終得黯然辭職下台：第一，當總統的政黨是國會的小黨，而總統卻拒絕與國會協商，選擇以公布行政命令來孤立國會；第二，總統不能說服其他政黨加入支持總統的聯盟，反而以公開對抗的方式來惡化與國會反對勢力的關係；第三，總統雖有大黨支持，但採取漠視政黨的行為，不迎合黨內的需求，導致政黨內部的國會議員倒戈（Pérez-Liñán, 2007: 132-175, chapter 6）。總統制國家的總統推動改革時，如果結合執政黨黨內的意見，改革較容易成功，如果總統和政府推動改革時，忽略了執政黨的意見，而特立獨行時，改革很容易遭遇失敗（Corrales, 2002）。從總統制的經驗我們可以發現，總統的支持基礎可能因為總統權力的行使方式不同而膨脹或是萎縮。總統選擇睥睨國會或是輕忽黨內的反對聲音時，可能會腐蝕自己的支持基礎，讓其他權力機關運用憲法的程序來解除總統的職務。

　　憲政體制的穩定或不穩定與政黨體系息息相關。總統制或半總統制無法在高度割裂的政黨體系或極端多黨體系下運作，因為當總統的政黨在國會只取得少數支持時，容易出現立法僵局、意識形態的極化以及總統和國會的嚴重對抗，最終導致政權的危機（Linz, 1994, 1997; Mainwaring, 1993）。然而，一些實證研究指出，總統在國會沒有多數的時候通常會組成聯盟政府、相對而言少數政府的立法成功比例並沒有特別的低、少數政府並不是總統制民主崩潰的主要原因（Cheibub, 2007; Cheibub, Przeworski, and Saiegh, 2004; Saiegh, 2015）。聯盟政府之所以可以運作成功的原因是總統具有強的憲法權力可以改變現狀、總統提供職位和肉桶政策給國會議員以交換立法支持、多黨共享權力可以形成對於強權總統的制衡（Pereira and Melo, 2012）。在國會多黨林立的情況下，總統為了贏得國會多數的支持，會選擇改變自己原本的立場來迎合中間政黨的主張以便獲得多數支持，通過法律（Negretto, 2006; Arnold, Doyle, and Wiesehomeier, 2017）。當少數總統願意與國會其他政黨妥協，甚至分享權力時，即使是多黨制，還是可以成功地運作民主。整體來看，這兩種不同陣營的觀點基本上都是從總統的國會少數支持的困境，或是總統透過聯盟政黨解決少數支持所可能產生之僵局的單一面向來進行分析和論證，較少討論總統與國會中政黨組成、政黨內部權力的互動連結。不管是國會的少數或是聯盟的多數，通常會假定他們是團結一致的權力聚合，事實上，少數的政黨和多數的政黨聯盟還是可能會出現不同的態樣或是可能出現分裂。其次，有些國家的強權總統並沒有選擇向國會妥協的路徑，反而選擇走單邊主義的路線，繞過國會，實行憲政獨裁。再者，國會對於總統的制衡，除了權力共享之外，還是有其他憲法的手段可以使用，例如以彈劾逼使總統提前去職。最後，總統和其政黨不必然是命運共同體，部分總統黨的國會議員可能會選擇與總統斷然切割。本文認為憲政體制的穩定與否涉及到政黨勢力的平衡以及內部支持基礎的穩固程度。唯有考量總統和國會互動的動態平衡，才能解釋憲政運作良莠的不同態樣。

參、分析架構

　　少數政府常常發生在多黨體系的國家中，因為多黨同時參與選舉，瓜分選票的結果，沒有單一政黨獲得過半數且政黨之間不願意合作組成聯盟政府。本文的目的在於探究半總統制民主在少數政府的情況下，如何產生民主崩潰，或是有些半總統制民主即使變得較為脆弱，但卻沒有崩潰的現象。圖3-1是總統國會制權力行使、支持基礎與民主結果的因果機制連結。以少數支持總統與否和國會有固定反對多數或是浮動反對多數兩個指標結合互動後，可以產生權力行使、支持基礎和民主運作的四種不同結果。本文認為，政治結果或現象的發生通常是多重原因性或是複雜因果機制的連結。[6]影響政黨支持總統的因素可能有選舉制度、社會分歧、民主化時間長短以及總統的政治手段運作等因素。首先，強調政黨因素的選舉制度比強調個人因素較容易促成國會議員支持同黨總統的立法提案（Carey and Shugart, 1995）。其次，社會分歧較不割裂的國家，較容易產生穩固性的支持基礎。再者，民主化時間較長的社會，政黨競爭較為制度化，國會的支持基礎比較具可預測性。最後，總統靈活的政治手段較能夠促成同黨國會議員的立法忠誠。

6　有關多重原因性的討論，請參閱George與Bennett（2005: 161-162）。

　　圖3-1中的箭頭表示總統國會制的憲政運作可能出現負面的發展，如民主崩潰或政策僵局，或是出現總統去職、民主制衡的正向發展。[7]所謂的少數支持是指總統雖然沒有掌握國會多數，但是總統所屬政黨還是團結一致地支持總統。[8]少數不支持是指總統所屬政黨中的多數國會議員選擇與總統切割，總統幾乎變成沒有軍隊的將軍，無法對於國會議員發號施令。[9]國會有固定的反對多數，是指國會可以自主性的通過相關法律。固定的多數不是指組成多數的政黨不會改變，而是國會中反對總統的政黨可以形成相對穩定的多數立法聯盟，相反地，支持總統的政黨無法形成多數。[10]換言之，國會中有固定反對總統的政黨多數，但有些時候可能出現多數中的個別政黨在一些議題上與總統合作或是交換。國會有浮動的多數是指國會的多數並不穩固，大部分的時候無法通過任何法律，形成政策僵局。例如，俄羅斯第一共和時期（1990-1993）的國會因為政黨或政黨內部派系林立，使得國會立法過程常常出現空轉現象，無法通過任何的法律（Andrews, 2002: 10）。本文主要以法案的通過率或提案者來作為固定或浮動多數的測量指標，以及總統所屬政黨在國會內的投票紀錄來測量少數是否支持，輔以其他如內閣的同意權或否決權的行使來衡量。總統和國會權力行使互動的影響，會產生四種不同民主運作程度的結果。民主崩潰表示民主無法繼續運作，政策僵局表示民主進入一個非常脆弱的狀態，總統去職是指民主體制透過監督機制讓行政權

---

[7]　針對拉丁美洲總統制國家的研究指出，愈是民主鞏固的國家，總統會失去挑戰國會的能力或是總統和國會之間存在著更平衡的關係（包含嚴重衝突的情況下，國會有能力彈劾總統，讓其提前去職）。相關的討論請參閱Aníbal Pérez-Liñán（2005: 52）。

[8]　少數支持可能還是會出現固定和浮動的兩種不同模式，但是因為少數不管是固定或浮動，都無法改變其少數的地位。

[9]　最近韓國半總統制的運作突顯這樣的問題，總統朴槿惠因為涉及親信干政的弊案，最終被國會彈劾。國會中300位國會議員，總統彈劾案投票結果為234位國會議員，達到三分之二門檻通過，其中執政黨122席中高達六成的國會議員倒戈支持彈劾總統案，有關韓國總統彈劾案的相關資訊，可以參閱茅毅編譯（2016）。如果執政黨國會議員無任何人倒戈的話，彈劾案無法達成憲法所規定的門檻，韓國半總統制的現象與這裡討論的半總統運作經驗類似。韓國憲法法院在2017年3月10日通過朴槿惠的彈劾案，朴槿惠確定下台去職。

[10]　台灣總統國會制的憲政運作下，曾經出現過少數總統面對分立多數國會的僵局，相關的討論請參閱Wu與Tsai（2011）。

力轉換[11]，民主制衡則是指透過權力機關的制衡來抑制威權的產生。從影響民主體質的不同程度來看，民主崩潰和政策僵局對於民主運作是最嚴重和次嚴重的後果，而民主制衡或總統去職則是最輕微和次輕微的症狀。圖3-1的箭頭指涉方向是指民主崩潰到民主制衡之間可能出現的層升模式（spiraling mode）。這四個解釋的類型是所謂的部分順序的測量（partially ordered scale）（Collier, Laporte, and Seawright, 2008: 157）。當民主出現制衡或總統去職，展現出可能的韌性，而當出現嚴重的政策空轉時，很可能會導致民主崩潰的出現。[12]本文的分析框架主要是透過總統的黨政關係和國會反對勢力的強弱來建構特定政權體制的發展結果，也經由分析這些發展結果的路徑，可以讓我們清楚掌握特定的總統國會制民主國家如何失敗、維繫或是轉化。

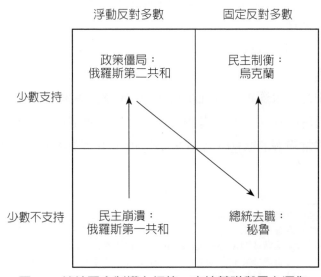

圖3-1　總統國會制權力行使、支持基礎與民主運作

---

[11] 當然，民主體制也可能只是切除了良性的腫瘤。例如，國會可能對於總統進行政治性的彈劾，讓只是立場不同的總統去職，而不是總統牽涉司法案件或是總統無能力續行統治。

[12] 經驗現象上，這些類別有可能會接續出現，但是每個類別是相互排除的。

　　本文想透過比較總統國會制國家的運作，來進行所謂的經驗檢證和理論測試。方法層次上，Elgie（2011）的分析是經由量化統計分析方法，比較總理總統制國家和總統國會制國家民主表現。[13]其所得出的結論基本上還是屬於間接的推論，不是直接的檢證，因爲其是從不同類型的數據資料結果來推估影響差異的相關原因，而不是經由過程分析，來歸納或是搜尋因果機制連結的直接原因。本文藉由質化的比較分析來解釋爲何特定總統國會制國家民主崩潰的原因，以及強調個案的脈絡化結構，藉此來釐清背景條件和解釋因素的互動關係。本文的研究發現和理論觀點與現有文獻的不同之處，在於本文經由橫向的比較來分析總統國會制民主發展的不同態樣，透過不同國家的政治動態的脈絡化分析，以期清楚地掌握總統國會制不同的憲政路徑和發展走向。總統國會制的運作不必然走向民主崩潰，總統國會制與不同政治動態的配套可能會產生迥異的結果，政治領導的權力行使影響著支持基礎的萎縮和擴大，也牽動著民主的命運和衰敗。本文不討論單一過半數的政黨或穩定過半數的情形如共治政府，主要的原因是共治政府下，除非總統相較於總理和反對多數控制的國會是較爲劣勢或總統選擇逾越憲法的權威和限制，否則共治政府下，總統在大多數的情況下，只能退居二線，由總理主導國會和政府的運作。

　　從內生性制度變遷[14]的層次來看，爲何這些總統國會制國家會設計出具有強權總統特徵的憲法？一項憲政研究指出，當國會政黨林立、黨紀鬆弛、國會議員重視個人形象和地方選區利益時，會出現國會立法空轉，無法通過重要法案的僵局，因此在憲法設計上選擇採取強權總統的模式，讓總統可以運用憲法上的單邊權力（行政命令權），來提供國會議員恩寵資源和肉桶

---

13 最近一項國內研究同樣以統計方法證明總統國會制比總理總統制更容易民主崩潰，其發現制度性原因如府會關係和政黨體制對於半總統制國家民主崩潰沒有顯著的影響，而是非制度性原因如GDP成長率會影響半總統制國家的民主崩潰，相關的討論請參閱張芳華（2015）。然而本文認爲，因爲半總統制國家內部的異質性較大，量化途徑所得出的一般化結果並無法掌握部分半總統制國家民主崩潰的過程分析，本文主張質化比較分析的研究途徑較能夠清楚掌握半總統制中制度性原因和民主崩潰的因果機制，因爲這種途徑可以深入探究個案的脈絡，透過分析架構的討論，解釋不同結果變異的原因。

14 有關內生性制度變遷的理論請參閱Greif與Laitin（2004）、Mahoney與Thelen（2010）。

分配讓其得以連選連任（Shugart, 1998）。然而，這樣的委任授權模式會出現道德風險的問題，強權總統滿足了國會議員選區服務的資源之外，同時也可能會運用總統權威逾越憲法限制，造成獨裁統治的現象。本文主要聚焦於總統國會制國家中的支持基礎與國會的政治動態兩項因素的互動連結，探討它們與民主運作結果之間的因果機制。主要的推論基礎在於總統國會制的總統雖然具有強的憲法權威，但其在面對政黨內部或是制衡機關國會中反對勢力的挑戰時，還是可能被迫下台、提前去職。強權總統並非運作在權力眞空的狀態之下，其可能會面臨內外紛至沓來的抗衡或牽制。在控制其他變數的情況下，本文認爲總統支持基礎的強弱以及反對勢力的抗頡可以解釋爲何有些強權總統可以遂行獨裁統治，而有些強權總統反而被迫去職。總統權力行使的脈絡環境會影響憲政運作的結果，這樣的分析框架可以補充只強調強權總統的憲法正式權力之不足，同時可以解釋有些國家的民主韌性如何抑制強權總統獨裁野心的具體實現。當然，其他的變數也可能會影響總統國會制國家民主或威權的運作，例如經濟衰退、社會分歧、社會運動、國際因素等。這些變數屬於影響總統或政府運作的外部因素，也是本文的控制因素。相對地，本文所採取的比較方法策略是從政權內部本身來剖析總統權力行使的面向，如政黨勢力和國會支持的互動分析來解釋總統國會制國家憲政運作的結果。不同的強權總統在特定的政治機會結構下，如何採取不同的策略和因應。不同國家中的總統所可能面臨的機關制衡之強度也會有所不同。總統國會制本質上被認定具有多重民主崩潰或是政治不穩定的危險因子，本文則認爲應該視政治情勢而定，無法一概而論。因爲憲政運作牽涉的不只是權力的強弱，同時也涉及政治動態的結構變化和政治領袖的盱衡度勢。當總統缺乏政黨的奧援或是在國會支持勢力薄弱時，很容易促成總統爲了統治的需要超越憲法的限制來執行政策，甚至是遂行獨裁的統治，如俄羅斯第一共和的例子。當總統有少數的政黨支持，同時反對勢力無法團結一致時，很容易形成立法僵局或政策僵局，無任何一方勝出，如俄羅斯第二共和的經驗。當總統有一部分或是少數的政黨支持，而國會有反對總統的多數存在時，會形成所謂制衡，總統和國會之間相互的監督，無法逾越對方進行單邊的統治，如烏克蘭的情形。當總統失去政黨的支持，國會反對總統的勢力聯合在一起，很可能讓總統提前去職，如秘魯的現象。

一、民主崩潰

當民主體制充滿危機無法解決時，很可能會產生崩潰。特別是少數政府和僵局國會很容易促成總統選擇以個人獨裁的方式來進行統治。半總統制的憲政體制下，總統通常被賦予重要的憲政權力如行政命令權、緊急命令權、任免總理、解散國會權、否決權、訴諸公投權等。總統如果合於憲法地運用這些權力，不會破壞民主運作的本質，同時所遭受的反對聲浪會較小。但如果總統頻繁地使用這些權力來遂行其個人的統治野心的話，民主體制會質變成威權體制。少數政府和僵局國會的出現很容易讓總統可以正當化其統治行為，選擇繞過憲法制衡的機關，來進行政策變遷和回應可能的危機。換言之，政變可能由總統自行發動，將脆弱的民主體制演變成獨裁威權政體。除了總統個人發動的政變以外，也可能是由軍方發動政變來干涉政治，此時總統必須退位，由軍方接管所有的行政事務。另外，政變可能由其他的文人領袖發動，解除總統的職位。當總統非法解散憲法的權力機關國會或是由總統或軍方發動政變，中斷民主體制的運作等情形是民主崩潰的類型和態樣。[15]

首先，不管是由總統主導或是由其他權力機關接管，這些型態都屬於政局不穩定下可能產生的情形。政局穩定的情況下，總統和軍方或其他可能罷黜總統的獨裁者較無藉口或理由來發動政變。其次，政局不穩定的情況下，反對獨裁的勢力或支持民主勢力又分裂的話，無法團結一致來制衡獨裁的形成或壯大。當獨裁勢力面對較弱的反對勢力時，其遂行獨裁的進程可以加快，挑戰獨裁的障礙也不足以為懼。最後，當多數同黨的國會議員不願意支持總統時，總統面臨了內部和外部的雙重夾擊，很容易走上獨裁的道路。因為推行任何政策都遭受國內多數政黨或勢力的反對以及黨內多數背離的情況

---

[15] 民主崩潰的可能原因如憲政規範的違反、濫用權力、漠視公民權利和過度使用暴力等，請參閱 Linz（1978: 92）。

下，迫使總統只能選擇單邊的方式來進行統治，甚至濫用憲法權力來跨越制衡的限制。換言之，當總統失去黨內的支持，等於總統的支持基礎變成極少數，同時反對勢力變成超級多數，不支持總統對於現狀變動的修正行為。

二、政策僵局

　　所謂的政策僵局是指總統和國會都無法取得優勢，而通過其偏好的法案。總統和國會的關係會出現勢均力敵的態勢，任何一方皆無法完全凌駕或是壓制對方。例如，當國會通過反對勢力所提出的法案，總統否決這些法案，但國會沒有足夠的多數可以撤銷總統的否決（Cheibub, 2002: 289）。僵局的發生與反否決（override）門檻的高低有關，如果反否決的門檻是國會三分之二的多數，而反對總統的多數低於三分之二的多數，則僵局很容易發生。如果反否決的門檻是國會二分之一的多數，而反對總統的多數超過國會的二分之一時，並沒有出現僵局，而是由國會取得立法優勢主導的地位。政策僵局的情形比較容易發生在多黨體系下的少數政府，當無任何一個政黨或聯盟在國會取得多數時，國會通過了某項法案，總統否決該法案，而國會無法推翻該項否決，讓立法的狀態回到現狀的原點。另外一種政策僵局的情形是，總統想通過某項法案，國會中的政黨或聯盟雖然無一掌握過半數席次，但是卻形成臨時的立法聯盟，投票反對總統的提案。

　　整體來看，不管是總統主動提出的法案或是國會所欲通過的法案，當最後無法被簽署或公布時，都可以算是功敗垂成。政策僵局可能產生的風險是當總統和國會在對峙的過程中，任何一方都不願意眨眼、都不輕言讓步，讓僵局持續發生或擴大到所有重要的法案時，半總統制民主會瀕臨無法解決重大危機的瓦解狀態。然而，如果政策僵局的情形只發生在極少數的爭議法案上，而大多數的法案是總統讓步或是國會讓步的結果，則政策僵局基本上較不會影響民主政府的運作。換言之，頻繁的政策僵局現象對於常常出現危機的少數政府影響最大，因為少數政府必須透過新的立法和政策來解決危機，如果無法通過任何的法案或政策，會形成正當性的危機，人民認為少數政府無法解決任何的困境。

　　另外，政策僵局的現象與國會中各政黨的意識形態光譜的分布或是政黨之間的敵對程度有關。如果政黨之間，特別是反對黨之間，互信基礎薄弱，則國會很難形成過半數的立法支持來通過任何的法案。當所有反對總統的國會政黨，與總統和其政黨的敵對程度很大時，反對黨不願支持總統的提案或是對於總統讓步，只是想扮演阻擾總統的角色時，則總統在國會中被實質的孤立。當兩種情形都發生如國會沒有通過自主性的提案以及國會反對總統的提案時，國會會陷入嚴重的政策僵局狀態，失去其立法的功能。總統面對國會立法僵局的情形時，可能會透過行政命令來推動政策，當國會多數對於總統的行政命令採取容忍的態度時，總統還是可以執行其意志。但是當國會原本浮動的多數可以集結過半數時，其會通過法律來撤銷或是否決總統的行政命令，這時總統有兩種路徑選擇，第一種執行國會的法律，讓總統和國會的衝突暫時解決；第二種消極不執行國會法律，造成另外一種政策僵局的現象。對於有些總統而言，這些狀態並沒有促使他們尋求逾越憲法的解決方式，只是總統和國會的僵局會接踵而至，行政機關或是立法機關可能會持續地空轉，無法及時地和有效地化解社會的危機。

　　基本上，有些半總統制國家的總統有主動解散國會權，總統可以直接訴諸民意，解散國會。然而，解散國會的機制基本上只能暫時化解僵局危機，如果新選出來的國會還是多黨林立或是存在許多反對總統的政黨時，解散國會之後，僵局還是會再現。當總統擁有被動的解散國會權，經國會通過不信任案之後，總統才可以解散國會，此時總統可以透過解散權來化解僵局危機。但是這種結果出現的前提要件是國會的反對多數必須要提出和通過不信任案，如果不通過不信任案的話，總統的解散權完全無法行使。對於國會反對多數來說，提出不信任案的後果是相互毀滅以及必須要重新進行選舉。兩相權衡之下，反對多數的國會可以容忍少數政府的存在，但卻主導立法的優勢，一直等待到下次國會的選舉。如果反對勢力的各個政黨彼此還是各懷鬼胎，不僅不願意與總統政黨合作，對於反對勢力的集結仍有分歧意見時，政策僵局現象除了會發生在國會內部的層面上，也同樣會發生在反對勢力的內部結構上。政策僵局的現象讓民主治理的機器空轉，國會失去立法的功能，對於具有野心的總統，很容易觸動其單邊統治的獨裁想法，越過國會，直接以行政命令取代法律來治理。最後，政策僵局狀態下，與總統同黨的國會議員基本上還是會支持總統的提案和政策，因為半總統制下的國會議員與總統或政府仍有一定的連結。當總統的提案或政策與國會反對多數的立場不同，而並沒有逾越憲法的權威時，同黨的國會議員還是可能會選擇與總統站在同一陣線，並沒有選擇跳出總統所掌舵的船。

三、總統去職

　　半總統制和總統制的制度特徵相似性是總統職位的設置，因此我們可以從總統制的運作經驗借鏡運用到半總統制的總統權力面向上。總統制的剛性特徵是總統和國會有其固定的任期，彼此相互獨立（Linz, 1994: 6; Stepan and Skach, 1994: 120）。原則上，總統制下的總統通常會完成其任期，然而有時候總統因為濫用行政權力、低民意支持度或是牽涉司法案件時，有可能會提前去職，形成總統瓦解（presidential breakdown）的現象（Llanos and Marsteintredet, 2010）。在第三波民主化的過程中，拉丁美洲總統制國家發生許多總統提前去職或總統瓦解的個案，促使總統提前下台的關鍵因素是國會優勢（parliamentary supremacy），國會經由立法決議的方式來解職總統，取代以往軍事政變介入使總統下台的方式，突顯民主層次的深化（Pérez-Liñán, 2005）。國會可以使總統去職的影響等於是柔性化總統制的剛性特徵，讓總統制運作起來像議會制一樣，其國會透過類似不信任案投票方式選擇解任行政首長（Carey, 2002: 32-34）。總統制的運作經驗說明行政和立法的衝突，還是可以經由民主的方式來解決。半總統制的國會與總統制的國會一樣，皆可以扮演制衡總統權力的角色。半總統制下，當總統逾越憲法所規定的權威，選擇繞過國會單邊地進行統治時，國會還是可以訴諸最後的武器來免職總統，如通過彈劾、罷免或是決議來迫使總統下台。然而，國會反對勢力推動總統去職的行動時，必須有違法情事作為基礎，否則很容易被選民認為是政治操作。例如，總統有貪污的證據、違法失職之情況下，國會反對勢力推動總統去職的行動較容易獲得正當性。如果國會反對勢力只是針對總統政策失當，其正當性基礎較低，多數選民對於這樣的政治行動不一定會支持。經由選舉所產生的總統具有正當性的民意基礎，如果因為違法或是失職的情形下無法完成任期時，證明總統作為選民委託人的代理人出現了道德風險，最終選民還是可以經由民主程序來縮短不適任總統的任期。換言之，當國會權力無法制衡總統濫權或違法時，國會還是可以彈劾總統，重新選舉，讓人民選出適任的總統。相較於前面的民主制衡模式，總統去職的方式是民主體制透過權力制衡來提前更換政治領導人，也就是說民主體制進行止血和換血的動作，但也因為領導者的輪替讓民主體制可能需要一段恢復期，才能繼續運作。

四、民主制衡

　　當總統的政黨在國會是少數且沒有組成聯合內閣的情況下，總統選擇組成一黨少數政府，而國會的多數是由反對總統的政黨所控制時，總統和國會的權力平衡可能傾向於國會優勢的局面。國會可以透過法律的制定來制衡總統行政權力的行使，而總統可以透過憲法所賦予的行政命令（decree power）來反制國會。接著，國會可以通過法律來取代總統的行政命令。此時，如果總統選擇退讓，則會達成民主制衡的效果。民主制衡的情況下，總統和政府只能執行國會多數所通過的法案。因為行政權力歸屬於總統，而立法權力為國會獨有，沒有任何一個部門失去權力，同時彼此監督對立部門不要越過憲法分際。當總統和國會彼此克制自己的權力行使時，制衡反而促進民主。對於總統來說，雖然失去主導立法的優勢，但是由於其透過總理掌握行政部門，還是可以推動相關的政策執行。對於反對的國會多數來說，掌握了議題設定的能力，其可以支配預算的通過和法律的守舊或更新，讓行政部門執行其偏好的政策，又不需負擔行政責任。這種情況下，總統和反對多數的國會發生行政和立法的衝突是可以預見的。但是因為在立法制定上，是由國會勝出，而在行政裁量上，由總統勝出，所以沒有形成真正的僵局或靜止不動的情形。除非總統或國會選擇侵犯對方的權力範圍，例如以行政命令取代必須用國會立法保留的事項，或是國會立法規定侵犯行政裁量的權限，否則總統和國會只能接受對方控制一部分權力的事實。總統行政權力行使受到限制，國會反對多數也無法控制行政權力行使的情況下，可能會犧牲民主的效率，但權力分享抑制了選擇體制外的對抗策略或方向。在這種情況下，與總統同黨的國會議員選擇支持總統，雖然其正當性基礎是少數，但這些國會議員還是選擇與總統一起對抗反對的國會多數勢力。綜觀之，少數總統和少數政府，雖然面對國會反對多數的制衡，無法推動其偏好的法律和政策，但是民主政權並沒有因為少數政府就必然導致崩潰。半總統制下，民主政治還是可以與少數政府共存，行政和立法的衝突影響了治理的模式，但沒有破壞民主運作的本質。

半總統制國家中，反對多數的國會，可以選擇的策略較為多元。第一，國會的反對多數可以選擇通過法律或不通過法律來掣肘政府；第二，國會的反對多數可以選擇通過不信任案，來免職總理或瓦解政府；第三，國會可以運用不同的手段，例如彈劾、罷免的方式來使總統下台。換言之，半總統制的國會可以選擇驅逐總統所支持的總理和內閣之方式，而不是直接要總統下台的手段來解決行政和立法部門的僵局。因此，半總統制的國會對於總統的議價能力比之於總統制的國會對於總統的議價能力更強，總統讓步的可能性增加，較容易形成民主制衡的結局。

整體來看，少數政府、僵局國會、黨內反叛等可以說是脆弱民主體制的症狀。本文認為黨內反叛對於少數總統來說，是統治正當性嚴重惡化的必要因素，原本對於總統較無意見的選民會認為總統連黨內都眾叛親離的情形下，更可能會加入反對總統的行列。此時野心勃勃的政治領袖會成為壓垮民主體制的最後一根稻草。本文認為，總統個人的政治手段或是總統的能動性可能會成為獨裁或崩潰的驅動原因。然而，總統的權力運作不可能完全無面臨來自其他權力機關或是黨內勢力的挑戰。本文主要的目的在分析不同總統國會制國家的脈絡化政治因素，透過這些因素來解釋民主或威權發展的因果機制。

上述這四種民主運作結果的理論推演，可以找到四個經驗個案來加以檢證其理論效度。以下我們將藉著四個總統國會制國家：俄羅斯第一共和

（1990-1993）、俄羅斯第二共和（1993-2000）、秘魯（1992-2000）、烏克蘭（1996-2006）來說明並分析權力行使、支持基礎與民主運作結果之間的關係，請參閱表3-1。表3-1有五個國家，涵蓋七個經驗個案，因爲篇幅的關係，我們只能分析四個代表性的個案。選擇俄羅斯的第一共和、第二共和可以進行所謂的個案內差異變化的控制，同一國家產生不同的結果，選擇烏克蘭和秘魯可以讓我們檢證不同的運作結果。這四個國家都是總統國會制國家，其總統都具有強的權力。本文將強權總統當成常數，試圖分析強權總統面對不同的政治脈絡所產生的結果。

表3-1 多黨總統國會制國家總統、少數政府、民主運作結果

國家	總統	少數政府	民主運作結果
葡萄牙	埃亞內斯（無黨籍）	1978-1980	民主制衡
台灣	陳水扁（民主進步黨）	2000-2008	民主制衡
烏克蘭	庫奇馬（無黨籍）	1996-2004	民主制衡
	尤申科（Our Ukraine）	2004-2006	民主制衡
秘魯	藤森（Peru 2000）	1992-2000	總統去職
俄羅斯	葉爾欽（無黨籍）	1991-1993	民主崩潰
	葉爾欽（無黨籍）	1993-2000	政策僵局

資料來源：Worldstatesman（2018）。葡萄牙從1978年到1982年、烏克蘭從1996年到2006年皆屬於總統國會制國家，之後兩個國家皆成為總理總統制國家（Elgie, 2011: 29）。

肆、個案分析

一、民主崩潰：俄羅斯第一共和（1990-1993）

（一）憲法條文

俄羅斯半總統制運作的結果是總統透過憲法上的規定來集中行政的權力

變成超級總統，破壞權力制衡的機制以及最終導致民主的崩潰（Fish, 2000: 15-34）。第三波民主化的浪潮初始，俄羅斯第一共和以半總統制作爲其憲政體制來進行民主轉型的工程。民主轉型之初，總統戈巴契夫（Mikhail Gorbachev）和總統葉爾欽（Boris Yeltsin）爲了增強總統的憲法權力，選擇讓國會眾多政黨自主成立，並以協商的方式來交換他們對於強權總統的支持，然而這兩位總統都選擇與政黨保持距離，不籌組和運作自己的政黨，認爲政府是向總統負責，而不是向國會中政黨多數負責，但是最終的演變是總統無法凝聚多黨國會下固定多數的立法支持，不能完全控制政府之運作（Remington, 2010: 32-33）。俄羅斯第一共和時期是屬於分立少數政府的結構。1990年國會選舉結果，共產黨（Communist Party）占有大部分的國會席次，請參閱表3-2。總統葉爾欽認爲如果維持保守陣營掌握國會多數的狀態，可以讓總統壟斷政治的主動權、保留自主性和確保可以操縱的空間（Ryabov, 2004: 88）。然而，無黨籍[16]的總統葉爾欽因爲在國會無政黨的基礎作爲後盾，很容易讓反對多數可以藉由國會權力的掌控成爲總統行政權力運作的絆腳石。1992年年初，總統葉爾欽和其第一任總理蓋達爾（Yegor Gaidar）欲推動經濟改革，但國會中共產黨多數反對總統和總理的政策方向（Ryabov, 2004: 88），總統和國會僵持不下，誰都不願意讓步。總統和國會爲何會形成僵持的原因可以從憲法的規定看出端倪。第一共和的憲法規定總統可以提名總理（憲法第104條第10款）。總統可以頒布行政命令，只要不違反法律和憲法（憲法第121條第8款）。總統擁有否決權，可以讓國會重新考慮其所通過的法律（憲法第121條第5款）。第一共和憲法同時賦予國會重要的權力。國會是國家權力的最高機關（憲法第185條）。國會可以對於總統所提名的總理進行同意權的投票（憲法第104條第10款）。國會所通過的法律與行政命令有衝突時，其享有較高的位階（憲法第121條第8款）。國會可以經由二分之一多數推翻總統的否決（憲法第121條第5

---

16 1991年5月22日，俄羅斯國會通過一項法律，其中規定總統不能擔任政黨的國會議員或成員，相關的討論請參閱White（1997: 45）。

款）。從這些規定來看，總統和國會在憲法上的權力武器是對等的，沒有任何一方可以經由憲法運作來迂迴繞過另外一方。當不同黨派勢力分別掌握總統和國會多數時，行政和立法機關發生互不相讓的衝突應該是常態，而不是例外。

表3-2　1990年俄羅斯國會選舉結果

政黨	國會席次	政黨領袖	政治屬性
Communist Party	920	戈巴契夫	反對陣營
Independents	148		
總席次	1,068		

資料來源：Slider (1990: 295-302)。

（二）案例說明

　　研究1990年至1993年俄羅斯國會（the Supreme Soviet）運作發現，國會對於憲法修正案和重要的法律出現循環重複（cycling）的空轉現象，法案討論常常議而不決，回到原點；同時國會議長哈斯布拉托夫（Ruslan Khasbulatov）不是國會多數議員所支持的領袖，但是其為了增加個人的權力和影響力，將其主要的工作重心放在集結國會議員來反對總統葉爾欽的政策改革，而不是行使國會職權來通過法律，目的是讓國會多數去阻擾一個民意聲望高的總統，形成自我毀滅的對抗，最終誘發總統運用武力威脅的方式來解散絕不妥協的強硬國會（Andrews, 2002）。俄羅斯國會在憲法修正案的投票可以說明國會存在浮動的反對多數現象。1992年5月俄羅斯國會討論憲法草案，國會議員針對草案的部分章節，提過九次的修正案，新的修正案也表決通過，但是卻在最後整個草案的總體表決無法達成過半數，之後國會議員同意再進行一次表決，結果還是一樣沒通過（Andrews, 2002: 1-3）。在重要法律制定過程方面，一開始俄羅斯國會通過公民權的法律案，但是後來卻在同樣保障公民權的憲法章節審議過程中無法凝聚多數而通過；同樣地，俄羅斯國會也是最初通過私有化的法案來進行市場經濟改革，但是後來對於支持市場經濟的執行法案，如俄國貨幣盧布的穩定法案、土地交易法、破產法、稅務法等都沒通過，讓政治改革和經濟改革功敗垂成（Andrews, 2002: 8）。俄羅斯國會反覆無常、虎頭蛇尾式的立法亂象，讓民主轉型初期的俄羅斯紛擾不斷，最終爆發政變危機。

俄羅斯第一共和初期，總統葉爾欽與總理蓋達爾推動激進的經濟改革，國會反對相關的政策，逼使總理蓋達爾下台，甚至在1993年3月國會剝奪總統的緊急命令權，要求總統遵守憲法中國會是國家權力的最高機關之規定（White, 1997: 45-46）。總統和國會的衝突態勢持續升高，1993年，國會1,060位國會議員中高達617位投票彈劾總統，只差72位就可以通過三分之二的門檻（Reddaway and Glinski, 2010: 311）。部分國會議員對於總統的反叛主要是因為改革政策的疏離。總統葉爾欽上任之初，推動震盪療法（Shock Therapy）改革經濟，但是經濟情勢未見起色，反而日漸沉痾，原本支持總統葉爾欽之自由民主黨（Liberal Democratic Party）中多數國會議員反而加入反對陣營，部分的自由民主黨國會議員被總統提名擔任行政官員，最後只剩下少部分支持總統的派系，民主選擇（Democratic Choice）在國會中苦撐（Remington, Smith, Kiewiet, and Haspel, 1994: 174-175; Reddaway and Glinski, 2010: 323）。國會對於總統彈劾失敗的舉措反而堅定總統解散國會的決心，總統葉爾欽對於可能再次進行彈劾總統的國會行動採取先發制人的策略，於1993年9月21日，宣布解散國會重新選舉（Remington, Smith, Kiewiet, and Haspel, 1994: 176）。解散國會之後發生一連串的武裝暴動，總統甚至下令軍隊砲轟國會，瓦解了俄羅斯第一共和的民主體制。俄羅斯運作半總統制的初期，總統葉爾欽面臨著分立少數政府的結構，總統與國會對立、國會自己分裂、總統和總理之間也彼此對立，總統和國會的嚴重衝突導致總統以違憲的方式解散國會（Colton and Skach, 2005: 114-117）。

俄羅斯第一共和的民主崩潰所牽連的比較意涵有兩點。首先，比較威瑪共和以及俄羅斯第一共和民主崩潰的經驗後，行政和立法機關嚴重的衝突和僵局是民主崩潰的主要原因。其次，研究指出，轉型中的民主國家重返威權比鞏固的民主國家重返威權的可能性較高（Svolik, 2008）。威瑪共和以及俄羅斯第一共和的共通點在於皆經歷民主轉型初期的不穩定階段，逆轉回到威權統治的風險相對地提高。相較之下，俄羅斯第一共和從極權轉型到民主的模式可能更為脆弱，因為轉型過程中共產遺緒的保守人士反對推動改革，甚至於1991年8月發動對於總統戈巴契夫的政變（McFaul, 2001: 105-106）。然而，本文認為另一項關鍵的原因是支持總統的國會基礎嚴重腐蝕，總統的改革和施政將這些原本的支持勢力推向反對陣營，為何這些支持政府的勢力會成為反叛的力量，主要原因是政府失去了統治的正當性，他們選擇與政府切割，可以增加自我的實力，贏得人民的持續支持。當原本支持總統的護衛隊變成反對總統的先鋒隊時，孤立無援的總統較可能會採取違憲或非民主的手段來鎮壓反對勢力，鋪設通往民主崩潰的道路。

二、政策僵局：俄羅斯第二共和（1993-2000）

（一）憲法條文

　　1993年所頒布的俄羅斯第二共和新憲法之體制定位是屬於Shugart與Carey（1992）所界定的總統國會制特徵。首先，憲法規定總統經由人民直接選舉產生，任期四年（憲法第81條）。符合總統國會制的特徵中，總統是由人民普選產生的定義。其次，杜馬國會（State Duma）可以對政府提出不信任案，如經由國會全體國會議員一半的同意通過不信任案之後，總統可以宣布政府總辭或是拒絕國會的決定，假如在三個月內，國會再次對於政府提出不信任案時，總統可以宣布政府總辭或是解散國會（憲法第117條）。這項規定符合總統國會制特徵中，政府需要向國會負責的定義。最後，當國會連續三次不同意總統所提名的總理以及國會連續兩次對於總理及內閣提出不信任案時，總統可以解散國會（憲法第111條、第117條）以及總統有發布行政命令的權力[17]；總統的行政命令不能夠牴觸憲法和法律（憲法第90

---

[17] 俄羅斯總統葉爾欽廣泛運用其憲法上的行政命令權，從1994年1月到1996年10月，總統頒布了953個行政命令，相對的國會只通過425項法律，相關的討論請參閱Parish（1998）。從數量上來看，總統的立法權力的產能超過國會的正常立法的成果。

條）。從這些規定來看，總統有行政命令權和解散國會權，符合總統國會制中總統有重要的權力之定義。

　　整體來看，俄羅斯半總統制下的總統和國會的關係是屬於權力平衡關係。總統在國會提出的第一次不信任案之後，可以繼續讓總理留任，而當國會再次表達不信任案之後，總統還是可以宣布政府總辭或是解散國會。從國會的角度來看，國會可以拒絕總統所提名的總理人選，一直到國會第三次拒絕總理人選之後，國會才會被總統解散。因此，國會至少有兩次機會可以對於總統所提名的總理人選有表達反對意見的空間，並不需要對於總統所提之總理人選照單全收。俄羅斯憲法賦予總統有單邊的行政命令權。然而，總統所發布的行政命令不能違反憲法及聯邦法律，在特定的領域中如稅法、年金、土地、政府的組織、國會的選舉法、法官任命和檢察組織等方面的規定只能經由制定法律的程序，而不能發布行政命令；一個通過的法律，其位階高於行政命令（Remington, 2000: 506）。總統發布的行政命令中，有些行政命令是宣告先前因為法律通過而失效的行政命令，甚至當政策被法律所設定，僅僅法律可以改變政策，行政命令的空間被限制在法律所設定之政策擴張的層面上（Remington, 2000: 506）。申言之，在俄羅斯的憲政運作中，國會所通過的法律之位階高於總統的行政命令。總統雖然可以單邊地決定通過行政命令來制定相關的政策，但當國會多數反對總統的行政命令時，國會可以通過新的法律來制約總統的行政命令或讓總統的行政命令無效。從內閣組成的規定來看，俄羅斯總統有提名的主動權，但國會有提名的反制權。從立法權力的特徵來看，俄羅斯總統有立法的優先權，但是國會有立法的核定權。這種憲政權力平衡的制度設計如果是總統和其政黨控制國會的時候，較不會出現問題，當總統的政黨並沒有取得國會多數或是國會政黨林立割裂時，總統和國會的關係會變得非常的浮動或是不確定。

（二）案例說明

　　俄羅斯第二共和任命總理的過程和結果可以說明總統和國會在爭奪行政權上的相互制衡。杜馬國會在1995年對於總理齊諾梅爾金（Viktor Chernomyrdin）的政府通過不信任案，不信任案通過後總統根據憲法可以選擇繼續讓總理留任，而當國會再次表達不信任案之後，總統可以選擇宣布政府總辭或是解散國會。杜馬國會在第一次不信任投票之後，要求總統撤換與車臣戰爭有關的副總理、內政部部長、安全首長和國防部部長；總統擔心國會第二次不信任案的提出和通過的可能性高，於是撤換相關的部長來回應國會的要求；總統的妥協最終導致國會在第二次不信任投票失敗，未獲得過半數的支持（Troxel, 2003: 113; Clark, 2011: 10）。葉爾欽總統在1998年3月解職總理齊諾梅爾金，提名基里延科（Sergey Kiriyenko）為總理。根據俄羅斯的憲法，總統提名總理，須經由國會同意（憲法第103條）。假如杜馬國會連續三次拒絕總統所提名的總理人選，總統可以解散國會重新選舉（憲法第111條）。總理提名人基里延科在杜馬國會的前兩次同意權投票皆未通過，一直到第三次才獲得國會同意支持（吳玉山，2000：77）。總理基里延科執政六個月後，又被葉爾欽總統解職，總統再次提名齊諾梅爾金回鍋擔任總理，國會前兩次依然否決總理齊諾梅爾金，葉爾欽總統只好妥協，提名國會較支持的總理人選普里馬科夫（Yevgeny Primakov）擔任總理，最後國會同意任命普里馬科夫（吳玉山，2000：100）。從國會延宕和反對總統的總理任命人選來看，國會對於總理人選或內閣閣員的任命還是有置喙的權力，總統不可能完全忽視或不加以理會。加上總統在國會並沒有穩固多數的支持，形勢比人強的情況下，總統對於國會必須做出一些讓步。

　　土地產權的立法爭議可以說明總統和國會權力的勢均力敵如何造成政策僵局的狀態。1997年到1999年，總統和改革派人士主張土地自由化政策，農地可以自由買賣且農地買賣不需限於農業用途，保守派人士如共產黨（Communist Party）和農民黨（Agrarian Party）則支持管制的土地市場，只允許小規模農地可以買賣以及農地必需要符合農用之用途，因為他們認為農地自由買賣後會剝奪原本農民的居住權或是讓都市的利益來收購農地（Wegren, 1997）。總統或國會任何一方都無法取得立法優勢，讓行政和立法的關係陷入僵局（Remington, 2000: 518）。我們可以從表3-3的1996年俄羅斯杜馬國會政黨組成結構來看出土地立法為何最後會變成僵局。反對農地自由買賣的共產黨和農民黨，一共占有195席，再加上其他反對陣營的政黨，支持農地管制的政黨勢力略勝一籌，而由總理齊諾梅爾金所領導支持總統改革的政黨（我們的家園是俄羅斯）在國會勢力只有65席，相對薄弱，無法與反對勢力匹敵（Remington, 2001: 195）。國會多黨林立的結構下的，對於有爭議的立法或政策，較容易產生僵局的狀態。總統提出爭議性法案時，不僅遭遇到反對陣營的阻撓，同時可能也無法取得其他中立的政黨勢力之支持。俄羅斯杜馬國會政黨林立，很難形成穩定的多數。然而，當特定議題影響政黨的選舉利益或是政綱政策時，反對黨會聯合起來反對總統的立法或政策，讓國會成為法律政策的守門員，抵擋總統的凌厲攻勢。國會反對多數為何會取得優勢的另外原因是我們先前所提到的，土地政策必須適用法律保留原則，不能透過行政命令來推行，除非法律有授權行政機關可以制定行政命令。這樣的結構性限制，造成總統和國會無法凌駕對方，當無法達成共識時，只能維持現狀的平衡。

表3-3　1996年俄羅斯杜馬國會政黨結構

政黨	國會席次	政黨領袖	政治屬性
Communist Party	149	久加諾夫	反對陣營
Liberal Democratic Party	51	里諾夫斯基	反對陣營
Our Home is Russia	65	齊諾梅爾金	執政陣營
Yabloko	46	亞夫林斯基	反對陣營
Agrarian Party	33	雷布金	反對陣營
Small parties	106		
總席次	450		

資料來源：Remington (2001: 195)。

　　總統和國會的政策僵局或立法僵局也可以從總統簽署總統或政府的立法提案比例，與總統簽署國會的提案比例看出端倪。首先，從1994年到1995年之間，總統或政府的提案有179案，其中總統簽署成法案高達172案，比例為96.1%。從1996年到1997年之間，總統或政府的提案有212案，總統簽署成法案為180案，比例為85.0%。相對地，1994年到1995年之間，國會議員的提案有259案，其中總統簽署成法案爲166案，比例爲64.1%。從1996年到1997年之間，國會議員的提案有237案，其中總統簽署成法案爲100案，比例爲42.2%。整體而言，總統或政府的立法提案被總統簽署成爲法律的比例遠高於國會議員的立法提案被總統簽署成爲法律的比例，相關資料請參閱表3-4。這些資料顯示，總統利用簽署法案的憲法權力來制衡國會所通過法律的權限。總統不簽署法案，表示總統行使否決權。總統和國會之間否決和反否決的過程也可以突顯權力平衡的高下。表3-5相關的立法統計資料顯示，葉爾欽總統從1996年到1998年，總共否決國會所通過的法案130次，而國會反否決成功的次數高達101次（Troxel, 2003: 98-99, Table 5.2）。總統和國會的立法僵局或政策僵局，使得總統選擇以頒布大量行政命令的方式來取代國會法律執行政策（Parrish, 1998; Troxel, 2003: 81）。總統和國會之所以發生嚴重衝突的主要原因在於總統並沒有穩固的多數支持，同時國會也存在浮動的多數，導致常常出現立法僵局，無法通過重要法律，總統只好以單邊的行動來執行其所偏好的政策。

表3-4　總統簽署成法律的提案數、各機關立法提案數以及比例

提案機關	年代1994-1995	年代1996-1997
總統或政府	172/179（96.1%）	180/212（85.0%）
國會議員（Duma）	166/259（64.1%）	100/237（42.2%）
其他機關	14/26（53.8%）	15/24（62.5%）
簽署總數和提案總數	352/464	295/473

資料來源：Remington, Smith, and Haspel (1998: 299)。

表3-5　1996-1998年總統否決權行使次數、國會反否決權通過次數

年代	總統否決權行使次數	國會反否決權通過次數
1996	30	20
1997	48	37
1998	52	44
總數	130	101

資料來源：Troxel (2003: 98-99, Table 5.2)。

　　此一時期俄羅斯杜馬國會的重要特徵是國會議員會加入不同的派系、派系成員會參加不同的委員會，很難形成共識，甚至常常出現僵局，例如針對1995年預算國會提出超過600個修正案，但最後沒有通過任何一個修正案（Ostrow, 1998: 807）。原子化國會的現象導致國會本身常常出現政策僵局的狀態或是無效的空轉。所謂的政策僵局並不是指國會完全無通過任何立法，而是指重要的法案或是國會本身的立法產能較低，常常陷入空轉的狀態。例如，當總統想要改變現狀推動政策需要國會立法配合才能進行時，國會卻出現空轉，政府就無法運作。

　　俄羅斯總統國會制因為總統和國會的權力屬於較平衡的關係，總統和反對多數的國會運用制度特徵下的理性，來充分運用其權力。總統廣泛運用行政命令權來推動改革，但國會可以透過正常立法程序來設限總統改革的項目和範圍。同時，總統和國會在行政權的任命和組成上，會競逐主導權，總統提名的人選國會不一定接受，即使接受，國會還是可能透過不信任投票來瓦解總統支持的總理和內閣。內閣和其總理因為要向總統和國會同時負責，很容易成為兩個權力機關相互制衡下犧牲的祭品。除非內閣總理可以讓總統和國會立場一致，否則當總統和國會立場不一致時，內閣會進退維谷，無法兩面討好。因此，俄羅斯總統國會制的三角關係會變成強總統、強國會和弱總理的格局，當總統和國會發生齟齬時，總理的施政很容易成為雙方鬥爭的目標，讓衝突和紛爭成為民主政治運作頻繁上演的曲目。民主政治在危機四伏的情況下，變得相當脆弱。然而，總統並不是與整個國會所有的政黨對立，國會中仍有一些支持總統的政黨或勢力，同時總統還是可以透過資源來交換國會政黨的支持，不至於訴諸完全獨裁的手段。另外，國會也不可能完全廢弛職務，因為可能害怕下次選舉會遭到選民淘汰，或是避免讓總統可以有解散國會重新選舉的機會，對於總統的特定政策表示反對，但不能犧牲太多的政治成本，讓自己提前面對選舉的考驗。另外，因為擔心總統和國會的互不妥協所發生的第一共和民主崩潰經驗的重演，俄羅斯第二共和的總統和國會某種程度還是保持克制，不願意升高成相互毀滅的態勢（Remington, 2000: 505）。誠如Carroll與Shugart（2007: 73）所言，不是每個衝突都是僵局，也不是每個僵局都是政權威脅的。有了先前民主崩潰的前車之鑑，俄羅斯第二共和的行政和立法關係雖然出現僵局，但是卻沒有惡化成再一次的民主崩潰。

三、總統去職：秘魯（1992-2000）

秘魯在1980年代結束軍事威權統治，再次進入民主的統治階段，一直到1992年藤森謙也（Alberto Fujimori）當選總統，自己發動政變（autogolpe），結束了民主統治，再次回到威權統治。秘魯在強人藤森八年的統治下，於2000年國會將總統解職，不僅結束了藤森個人獨裁，同時也讓秘魯重新回到民主的懷抱。以下我們將分析秘魯憲政體制的定位、強權總統藤森的權力行使，以及國會如何集結成強大的反對勢力來終結強權總統的威權統治。

（一）憲法條文

拉丁美洲國家的憲政體制大多是採取總統制，而秘魯屬於比較特殊的個案，因為秘魯的憲政體制是屬於半總統制中的總統國會制（Elgie, 2011: 29）。總統國會制的特徵為總統由民選方式產生、內閣向國會負責，總統有權力解散國會或立法權力，或是兩者都有（Shugart and Carey, 1992: 23-24）。1993年秘魯憲法規定，總統是直接選舉產生（憲法第111條）。總統擁有包裹否決權和項目否決權（憲法第108條）（Mauceri, 2006: 47-48）。總統有憲法直接授予的行政命令權（憲法第118條第8款）。從這兩項條文來看，秘魯總統擁有重要的立法權力。內閣組成方面，總統可以任命和免職總理（憲法第122條）。另外，秘魯國會的四分之一國會議員可以提出不信任案，經由過半數的國會議員投票通過不信任案後，可以免職總理和內閣閣員（憲法第132條）。總統在國會連續對於兩個總統提名的內閣通過不信任案後，總統可以直接解散國會（憲法第134條）。不信任案和解散國會的制度設計，是總統制國家所缺乏的憲政特徵。因此從這些秘魯憲法的規定來看，秘魯符合憲政分類架構中，總統國會制的特徵，因為總統是直接民選產生、總統擁有重要的權力如解散國會權力、政府需要獲得國會的信任。秘魯總統國會制民主的運作某種程度來說，步上威瑪共和的後塵，在1990年代初期歷經了民主崩潰的悲劇。

（二）案例說明

　　1990年秘魯總統選舉結果產生，政治局外人藤森出人意料地當選總統。藤森總統的政黨——Cambio 90在國會180席中只占32席，總統與國會頻繁地發生衝突之後，1992年藤森總統自行發動政變，解散國會，另外成立國民議會（Constituent Assembly），瓦解了民主體制，揭開強人統治的序幕（Kenny, 2004）。在藤森總統初任總統之際，行政立法嚴重衝突所產生的緊張以及國會欲免除總統職務的威脅，對於其決定發動政變產生影響（Levitt, 2012: 176）。成功政變之後，藤森總統強人統治的手段是透過行政權的絕對控制和資源選擇分配來吸納人民的支持。例如，藤森總統設立總統部會（Ministry of the Presidency），部會的預算高達全國預算的40%，而總統部會主要的工作是將國內外發展基金的資源分配給窮人，表示總統樂善好施的德政（Taylor, 2008: 569）。另外，藤森總統充分運用憲法上賦予的獨立行政命令權，不需要事先通知國會，同時總統要求國會給予立法權時，國會也很樂意將權力讓與給總統，甚至總統宣布特定的行政命令是緊急行政命令時，國會是不能修改或是改變的（Mauceri, 1997: 906）。1995年藤森總統所面對的是一個柔順的國會。國會總席次120席，總統所屬政黨Cambio 90獲得67席超過半數，總統可以順利地立法，無任何障礙。表3-6是藤森總統在其1990年到2000年任內，行政命令、立法、否決和反否決次數的資料。藤森總統在1990年到1992年之間，立法類型以緊急命令為最多，而法律案通過次數則為最少，主要原因是反對總統的政黨控制國會多數。1992年到1995年之間，立法類型以緊急命令居多，法律案次之，突顯總統還是以行政命令來制定政策，而國會立法是輔助的功能。1995年到2000年，法律案的次數已經超越緊急命令，總統的政策主要還是透過國會程序來制定，總統頒布較少的行政命令。從否決和反否決次數的趨勢來看，藤森總統否決次數持續增加，而國會很少以憲法規定的門檻來通過反否決。綜合來看，在藤森總統時期，行政和立法的平衡關係主要是總統優勢。國會除了在藤森總統剛上任總統時期，能夠扮演制衡的角色之外，後期則變成是橡皮圖章的角色。

表3-6　藤森總統時期（1990-2000）行政命令、法律案、否決和反否決的次數

	國會授權命令	緊急命令	法律案	否決	反否決
1990-1992	156（20%）	562（72%）	67（9%）	35	8
1992-1995	174（15%）	744（62%）	275（23%）	46	2
1995-2000	119（9%）	507（38%）	725（54%）	88	6

資料來源：Morón and Sanborn (2006: 40, Table 4)。

　　藤森總統誓言推動新自由主義的私有化改革，以挽救秘魯衰落不振的經濟，然而總統的支持度一直下滑，民眾對於總統處理經濟的不滿意度甚至高於滿意度（Weyland, 2006: 28）。人民的不滿會投射在國會選舉之上，讓總統的國會支持基礎腐蝕。2000年秘魯國會選舉結果，藤森總統的政黨Peru 2000並沒有獲得國會過半數支持，尚差7席才能實質過半。國會選舉結果顯示，掌握所有行政資源的強人，不管如何進行經濟重分配，都無法緩和人民反對的聲浪。另一方面，因為藤森總統雖然集權統治，但還是允許選舉的舉行，讓反對勢力可以透過選舉來表達反對立場，不至於完全消失在政治舞台之上。反對勢力的團結可以從藤森總統欲透過國會通過修憲案來取消總統的連任限制看出來。1996年國會通過憲法修正案，讓藤森總統可以突破憲法的限制繼續連選連任，雖然國會的反對勢力無力抵擋該項法案通過，但反對黨利用社會動員取得百萬的連署，讓總統再選的法案得以舉行公投，最後於1998年國會以67票對45票通過決議阻擋公投的舉行（Levitsky and Cameron, 2003: 14-15）。雖然反對勢力功敗垂成無法阻擋總統繼續連選連任，但仍團結一致聚集45票來表達反對威權總統無限制連任的不滿。

　　依據2000年國會選舉結果，藤森總統只能籌組少數政府，除非反對勢

力願意加入執政聯盟，請參閱表3-7。沒有國會多數的支持，政府可能面臨國會重要委員會開始調查行政部門濫權控制之危險（Levitsky and Cameron, 2003: 19）。藤森總統只好鋌而走險，用非法手段來鑄造國會多數。總統透過情治首長蒙特西諾（Vladimiro Montesinos）以收買和恐嚇的手段讓反對黨Possible Peru的19位國會議員變節支持總統（Levitsky and Cameron, 2003: 19）。整件事情因為收買國會議員的錄影片段被揭露而東窗事發，成為總統下台去職的最終導火線；事件爆發後，總統想透過解除情治首長蒙特西諾的職務來平息總統買通國會的風波，然而情治首長蒙特西諾下台時，威脅總統要與他同歸於盡，總統無法切割和蒙特西諾的關係，在反對多數所掌握的國會提出彈劾案之前，藤森總統選擇在出訪日本的之際，以傳真方式表達辭職之意（Taylor, 2008: 21; Berntzen and Holvik Skinlo, 2010: 197-211; Levitsky and Camermon, 2003: 21）。

表3-7　2000年秘魯國會選舉結果

政黨	國會席次	政黨領袖	政治屬性
Peru 2000	52	藤森	執政陣營
Possible Peru	29	托雷多	反對陣營
Small Parties	49		
總席次	120		

資料來源：Inter-parliamentary Union (2016)。

　　秘魯總統國會制民主運作的歷程相當的曲折。先經歷一段民主轉型的過程，然後轉向威權政體和強人統治，最後經由選舉和民主制衡的力量終結了威權的統治，續行民主轉型和鞏固。秘魯總統國會制運作的特殊之處在於藤森總統透過行政權的壟斷，扶植國會多數支持的勢力，但國會多數支持並無法持續地維繫，反而因為總統聲望下降，連帶地漸漸萎縮，弱勢的反對勢力以民意為後盾的情況下，最終可以累積成過半數的勢力迫使總統離開其行使威權的最高職位。因此，雖然秘魯民主運作的歷程峰迴路轉，但最終還是由民主的權力機關——國會對於總統違法濫權行為所提出的彈劾程序，讓強人總統認為大勢已去，選擇提前下台。藤森總統在強人統治的任內，只是讓反對勢力在國會中噤聲，但並沒有完全消滅反對勢力。反對勢力在選舉結構的保護下，還有苟延殘喘的機會。當強人總統改革失敗，失去社會支持時，部分的反抗勢力會與反對黨結合，一起來對抗威權總統。威權總統即使擁有再多的行政資源，如不能化解經濟的危機和尋求反對勢力的合作時，總統的支持基礎會萎縮成只剩下其個人的親信和密友。以藤森總統為中心的個人依侍組織較為鬆散，也較容易出現人去政息的現象（Tanaka, 2005: 286）。誓言化解國家危機的主張是選民支持特定總統候選人的原因，但是當總統執政之後，國家危機不僅沒有化解，反而持續叢生，統治正當化的基礎便會消失，威權統治再也沒有存在的必要。從另外一個角度來看，秘魯在第三波民主轉型之後，先經歷了民主崩潰和威權統治，最後出現威權崩潰的現象，其可能的原因是秘魯人民對於威權失去信心，透過國會代表的力量迫使威權總統去職下台。整體來看，秘魯總統國會制的運作並沒有因為崩潰而一蹶不振，無法再起，國會中反對勢力的抵抗和反撲是強人始料所未及的制衡堡壘，最終得以推翻強人政治，再次邁向民主。秘魯在藤森總統獨裁之前，曾經有過長期的民主化經驗，這些經驗成為反對強人政治的社會基礎，最終透過國會來制衡強權總統的憲政獨裁。

四、民主制衡：烏克蘭（1996-2006）

（一）憲法條文

　　1996年，烏克蘭制定新憲法，加入半總統制國家的行列。烏克蘭總統擁有提名總理的權力、否決權、行政命令權和公民複決權（Birch, 2008: 228）。首先，總理任命的部分，烏克蘭總統可以提名總理，但需要經由國會同意（憲法第114條）。內閣要同時向總統和國會負責（憲法第113條）。總統行使否決權之後，國會必須以三分之二多數才能撤銷否決（憲法第94條）。總統有行政命令權，可以制定相關的政策來代替法律。甚至總統通過的行政命令，如果國會在三十天之內無法撤銷阻擋的話，自動變成法律

（Wilson, 1999: 267）。最後，總統或國會都有訴諸公投的權力，但須取得
300萬人的簽署（憲法第72條）。從憲法的相關規定來看，烏克蘭半總統制
的憲法權力分配向總統傾斜，總統可以透過憲法權力來運作其行政權力，內
閣基本上需要同時對總統和國會雙向負責，因此1996年所通過的烏克蘭憲
法是屬於半總統制的次類型總統國會制（Elgie, 2011: 29: Shugart and Carey,
1992: 24）。1996年烏克蘭實行新憲法後，由庫奇馬（Leonid Kuchma）當
選總統。無黨籍的總統庫奇馬面對的是一個具有多元割裂政黨體系的國會。
在無任何政黨奧援下的無黨籍總統，基本上較可能面對國會固定多數的反對
和掣肘。

（二）案例說明

　　烏克蘭在1998年選出的國會有四股勢力：左派、右派、中間派和獨立
人士（Wilson, 1999: 275）。國會中最大政黨共產黨也只獲得450席中的121
席。換言之，無任何一個政黨獲得國會的過半數。1996年實施新憲之後，
雖然庫奇馬總統在憲法上擁有廣泛的權力，但是其並沒有選擇越過國會或是
藉由行政命令來統治，主要的原因是庫奇馬想要在1999年競選總統連任、
總統在國會的支持基礎薄弱，不願意以憲法權力的行使來威嚇國會（Wil-
son, 1999: 276-277）。然而，好景不常，庫奇馬總統最終展現其擴權的野心
和目的。總統庫奇馬在第二任當選之後，透過法律的執行、行政的管制、控
制媒體、選舉過程、恩寵資源和經濟等手段來擴大總統的權力行使範圍，
讓烏克蘭的民主體制出現個人集權和不自由的特徵（D'Anieri, 2003: 58-
62）。烏克蘭國會中的政黨勢力是多黨體系的格局，沒有一個政黨或聯盟
可以取得過半數的席次。基本上庫奇馬總統在位期間利用國會割裂的體系，
採取分而治之的策略，結合右派進行修憲，拉攏部分左派人士來分裂其他總
統參選人的選票，最後讓自己能夠漁翁得利（D'Anieri, 2003: 60-63）。進
一步來看，庫奇馬總統面對多黨分裂的國會採取靈活的兩手策略，一方面試
圖建立支持總統的聯盟，另一方面透過資源的交換，對於部分反對勢力的國
會議員招降納叛，以便阻止反對多數聯盟的形成（D'Anieri, 2003: 143）。

強權總統運用資源分配和彈性策略來弱化鬆散的國會，使得總統權力的行使面對較少的障礙和阻擾。

庫奇馬總統集中權力的行為模式讓其他的權力機關如國會黯然失色，同時庫奇馬總統的獨斷行為，也讓部分不滿其作風的政治人物叛變成為反對勢力對抗總統的要角。1999年年底，因為根據憲法規定，新當選的總統必須讓其所提名的內閣經由國會同意後才能任命，因此庫奇馬總統選擇再次提名原來的總理普茲多維唐科（Valeriy Pustovitenko）續任總理，然而普茲多維唐科無法獲得國會過半數同意，任命案失敗（D'Anieri, 2003: 88）。這個例子可以突顯因為烏克蘭總統國會制憲法有同意權的設計，總統在任命總理時，也必須考量國會的支持情形。換言之，總統國會制的總統也不能全權決定內閣的組成。這種現象同時也否證了總統國會制在內閣任命上會出現總統和國會相互爭奪的論點，因為特定的制度下，總統並不能執意任命其屬意的人選。另外，國會不通過同意案的意義，顯示國會可以透過反面不同意的方式來形成反抗總統意志的多數。國會實際行使憲法的權力時，還是可以制衡總統。最後，庫奇馬總統妥協退讓轉而提名右派領袖尤申科（Viktor Yush-chenko）擔任總理（任期為1999年12月至2001年5月）。

尤申科擔任總理之後，必須面對保守勢力頑強抵抗的嚴峻情勢。由於捍衛少數寡頭資源的國會中間政黨極力反對總理尤申科的改革政策，擔心其可能會將他們所獨占的資源收歸國有，因此極力想讓總理尤申科下台，背後的影武者是總統庫奇馬與國會中支持總統的政黨、左派勢力共產黨和中間政黨，合力通過不信任案投票，成功讓總理尤申科去職（Kuzio, 2007: 41）。倉皇下台的總理尤申科在卸任後與總統庫奇馬反目成仇，在2002年的修正國會選舉中，其所創立的政黨——我們的烏克蘭（Our Ukraine）總席次450席中占有112席。聯合烏克蘭黨（For United Ukraine）121席、第三大黨為共產黨（Communist Party）65席，其他席次為更小的小黨所分配，請參閱表3-8。2004年的總統大選，反對勢力整合成功對抗總統庫奇馬的繼承勢力總統候選人亞努科維奇（Viktor Yanukovych）。右派政黨領袖尤申科和左派社會黨（Socialist Party）領袖莫洛茲（Oleksandr Moroz）、季莫申科聯盟

（Yulia Tymoshenko Bloc）領袖季莫申科（Yulia Tymoshenko）團結在反庫奇馬陣營的大旗之下，同意支持尤申科披掛上陣擔任總統候選人，因為他們知道如果分裂會三敗俱傷，如果合作的話，各政黨會吸納不同陣營的選民，最終可以贏得總統大選（D'Anieri, 2003: 209）。易言之，總統職位的重要性和單一性，排除反對勢力分裂的誘因，凝聚了反對黨之間的團結，結合一起共同對抗強權總統在新的總統選舉中所挑選的接班人選。

表3-8　2002年烏克蘭國會選舉結果

政黨	國會席次	政黨領袖	政治屬性
Our Ukraine	112	尤申科	執政陣營
For United Ukraine	121	利特溫	執政陣營
Communist Party	65	西蒙年科	反對陣營
Social Democratic Party	27	梅德韋德丘克	反對陣營
Yulia Tymoshenko Bloc	22	季莫申科	反對陣營
Socialist Party	22	莫洛茲	反對陣營
Small Parties	15		
Independent	66		
總席次	450		

資料來源：Inter-parliamentary Union (2016)。

　　2004年的烏克蘭總統選舉可以說是一連串戲劇性發展的安排。2004年10月舉行的總統大選第一輪的結果是無人獲得過半數，由第一名總統候選人尤申科（39.9%）和第二名總統候選人亞努科維奇（39.26%）於11月進入第二輪，第二輪的結果顯示第二名總統候選人亞努科維奇反倒以49.46%贏過尤申科的46.61%，亞努科維奇自行宣布當選總統，然而反對黨、歐洲安全合作組織、國際團體認為第二輪選舉有舞弊之嫌，不承認選舉結果（Kuzio, 2005a; D'Anieri, 2003: 97-98）。更出人意外的是，反對黨總統候選人尤申科被發現中了高劑量的戴奧辛毒素，導致整個臉部出現嚴重的變形，尤申科的陣營懷疑是總理亞努科維奇所為，企圖扭轉總統選舉實際敗選的劣勢（Kuzio, 2005b）。當選舉出現舞弊和嚴重傷害候選人的身體事件後，很容易讓同情反對黨或是厭惡執政黨作為的選民出來投票，支持反對黨總統候選人尤申科。烏克蘭最高法院最後認定第二輪選舉是舞弊的，判決重新進行第二輪投票（D'Anieri, 2003: 108）。總統尤申科以51.99%贏過亞努科維奇的44.2%，贏得總統大選。尤申科的反對勢力以橘色為競選象徵來挑戰總統庫奇馬和總理亞努科維奇對於總統選舉的舞弊，稱之為橘色革命（Kuzio, 2005a: 119）。

　　烏克蘭後橘色革命的民主轉型再次驗證了當外部敵人被打敗之後，勝利聯盟內部因為失去團結的誘因，而面臨聯盟瓦解的不變法則。橘色革命之後，2005年1月，總統尤申科任命橘色革命中支持他的季莫申科擔任總理，內閣政黨包含我們的烏克蘭、社會黨和季莫申科聯盟等，然而總統尤申科和總理季莫申科的蜜月期很快地過去，總理季莫申科廢除一些與國會進行聯繫工作的內閣次長之職位，試圖控制所有的政府層次，同時在地方選舉法的立法過程中，與總統尤申科唱反調，而總統尤申科則越過總理，自行提名行政官員，最終導致兩人關係徹底決裂，總統尤申科於2005年9月解除總理季莫申科的職務（Flikke, 2008）。2006年國會大選結果，反橘色革命的政黨——地區黨（Party of Region）成為國會最大黨，與社會黨、共產黨和我們的烏克蘭聯合組成國會多數（Hesli, 2007: 510）。總統尤申科被迫提名反對黨（地區黨）的領袖亞努科維奇擔任總理，總理亞努科維奇運用控制國會多數席次與總統尤申科爭奪行政權力，總統權力的行使因此受到侷限（Kuzio, 2006: 487）。總統和對立國會衝突的具體例子是亞努科維奇掌握多數的國會拒絕總統所提名外交、國防部和內政部部長人選，而由國會自行選出（Flikke, 2008:394）。其次，在2006年一整年中，烏克蘭國會總共通過196項法案，總統尤申科簽署113項法案，否決73項法案，其中有13項法案總統甚至否決兩次到三次，國會通過反否決的法案只有3項法案（Web-Portal of Ukrainian Government, 2006）。這項結果突顯總統和對立國會的法律爭奪戰和角力戰。再者，2006年年底，烏克蘭國會通過內閣組織法，限制總統的組閣權，尤申科總統否決這項法案，並提出修正案，國會經由366位國會議員（總數450席，投票贊成否決的政黨只有總統的政黨（我們的烏克蘭）的國會議員）投票撤銷總統的否決（RFE/RL, 2007）。這個結果突顯反對總統的勢力相當凝聚，形成對於內閣總理亞努科維奇的穩固支持，以抗衡總統尤申科。總統尤申科之所以施展不開最主要的原因是其政黨——我們的烏克蘭在國會是第三大黨，只占國會總數450席中的81席，地區黨則是最大黨，有186席，請參閱表3-9。實力原則衡量下，敵對政黨的總理主導內閣行政，很容易和總統同床異夢。

　　從烏克蘭總統國會制的運作可以發現，總統庫奇馬在國會並沒有自己的政黨勢力，常常遭遇國會反對多數的阻擾，而總統尤申科雖然有自己的國會政黨勢力，但是並無過半數的支持，只能籌組聯合內閣，讓其他政黨領袖擔任總理。整體而言，烏克蘭國會的反對勢力不因爲總統權力增加而被削弱，其常常經由重組的方式來凝聚成制衡總統的力量。烏克蘭總統面對多元分裂的國會，只能針對特定議題形成立法聯盟。總統在國會的政黨基礎雖然薄弱，但是還是構成一股勢力支持總統的法案或政策，讓總統沒有鋌而走險續行更全面性的威權統治。這種政治動態下，總統和國會或是行政和立法機關之間的衝突不斷浮現，但是機關之間的制衡讓總統無法完全偏離民主運作。烏克蘭總統國會制的運作經驗說明總統和國會權力行使、支持基礎的互動產生了民主制衡的結果。[18]民主制衡的結果是指總統和國會之間的相互監督和制衡，但是過度的制衡結果可能會導致法案無法通過或是總統政策無法推行。民主制衡相較於民主崩潰是較好的結果，但是如果總統和國會在眾多議題上皆不能妥協和合作時，彼此的牽制和制衡無法產生回應危機的改革。另外，烏克蘭民主轉型的早期過程中，常常出現執政和反對勢力的二元對抗，各別組成的政黨或勢力可能會重組，但是雙方的實力勢均力敵，沒有任何一方能夠贏者全拿，這些因素較容易促成民主制衡的出現。

---

[18] 烏克蘭並不是總統國會制國家發生民主制衡的唯一個案。屬於總統國會制的台灣也是屬於總統國會制國家出現民主制衡的個案。從2000年到2008年，台灣經歷少數政府，民進黨籍陳水扁總統主導內閣的人事運作，而反對黨泛藍陣營的國民黨和親民黨因爲控制國會多數，掌握立法的制定過程和結果。總統權力的行使受到國會的制衡，沒有任何的機構握有優勢的權力，出現均衡的結果，成爲總統國會制國家少數政府仍維持民主鞏固的少數案例。相關的討論請參閱Wu與Tsai（2011）。

表3-9　2006年烏克蘭國會選舉結果

政黨	國會席次	政黨領袖	政治屬性
Party of Region	186	亞努科維奇	反對陣營
Yulia Tymoshenko Bloc	129	季莫申科	反對陣營
Our Ukraine	81	尤申科	執政陣營
Socialist Party	33	梅德韋德丘克	反對陣營
Communist Party	21	摩諾茲	反對陣營
總席次	450		

資料來源：Inter-parliamentary Union (2016)。

伍、結論

　　民主崩潰是民主國家運作最壞的結果，也是民主被宣告死亡或無效的狀態。本文主要的目的在於分析總統國會制民主崩潰前可能出現的不同程度之發展階段。民主國家很少在民主轉型之初，直接經歷民主崩潰，通常會出現民主衰弱的症狀、特定總統或僵局國會對於民主政治的傷害或破壞。多數總統國會制國家的憲法特徵是強權總統，但是國會並沒有被弱權化，仍然保有制衡總統的重要權力。總統和國會的權力行使與國會的政治動態和支持基礎的變化息息相關。當國會無法掌握穩固的多數或是臨時的多數時，總統可以運用其單邊的權力如行政命令來推動政策。當國會存在多數的時候，對於總統所推動的政策可能會有反對的聲音，總統必須對國會讓步或是與國會妥協。當總統選擇不與國會妥協，或是國會採取堅壁清野的態度，完全不行使立法的功能時，總統和國會的嚴重衝突會讓民主體系瀕臨崩潰的邊緣。當然，有些總統在失去原本的國會少數支持後變得更為孤立，更容易誘發其進行獨裁的行動。

　　本文認為，總統國會制的憲政運作可能從民主制衡，變成總統去職的民主維繫或衰退成政策僵局或民主崩潰的結果。民主崩潰表示民主無法繼續運作，政策僵局表示民主權力機關勢均力敵及相互制衡，總統去職是民主體制避免總統獨裁的處方，民主制衡則是指透過權力機關的制衡來抑制威權的產生。固定反對多數和總統只獲得國會少數支持的配套會產生民主制衡，如烏克蘭的情形。固定反對多數與國會少數不支持總統的連結可能會產生總統去職的結果，如秘魯的情形。浮動的反對多數和少數支持的結合，會產生總統和國會的靜止不動或是勢均力敵，如俄羅斯第二共和的情形。最後，浮動反對多數和少數不支持的牽連，最容易產生民主崩潰的可能，如俄羅斯第一共和的瓦解。總統國會制先天的憲政體質可能蘊含著危險的因子，但是總統國會制國家的遭遇和結果可能是權變的，不是每個總統國會制都會演奏出變調的民主崩潰之悲歌。從另一個角度來看，有些總統國會制國家雖經歷總統濫權的危機，但最終還是可以經由國會的制衡化解危機，繼續運作民主。本文的目的在於呈現總統國會制的運作態樣，藉此來釐清可能的發展路徑，透過反差較大的個案結果來進行橫向的比較。

　　憲政制度運作的良莠必須放在政治脈絡的情境中來分析。特定憲政制度本質的危險因子很可能被政治脈絡的特定條件所觸發而導致崩潰的命運，或是危險因子被政治脈絡的特定條件所抑制而繼續維繫民主的運作。另外，不同的強權總統所面對的政治動態或是制約障礙皆不同，有些制衡機關可以讓總統克制獨裁的野心，有些權力機關並無力阻擋，甚至默許容忍總統的擴權行動。當總統的重要支持基礎與反對勢力裡應外合的時候，總統的統治會面臨嚴峻的不利情勢，迫使總統選擇突破憲法規範的約束來遂行其個人的統治。然而，當反對勢力依循憲法管道來免職總統或是以彈劾總統作為可信任的威脅時，總統可能會思考不要繼續頑強抵抗，選擇承認失敗而黯然下台，讓民主可以續行運作。從總統國會制中總統任期是固定的角度來看，一個獨裁且箝制自由的總統可以持續地在位執政，但是如果國會可以提前讓威權總統去職，雖然會出現政治權力繼承的真空狀態或是不確定狀態，但是總統固定任期的僵硬性出現了彈性，對於民主的發展可能是較為正面的方向。總統國會制是屬於半總統制國家中較難運作的次類型，但是並不是所有的總統國會制國家必然會經歷民主崩潰，本文企圖提出哪些因素的結合影響運作結果的差異。本文的結論是，總統國會制的民主運作呈現多元的結果，特定的政治脈絡或機會結構會有利於獨裁總統的統治或是阻礙獨裁總統的出現。總統國會制民主的韌性建立在權力機關的制衡，自主性國會可以成為強權總統威權獨裁的絆腳石，恢復民主政治的常態，但當國會無力阻擋總統的恣意獨斷時，總統可以遂行個人的意志，鞏固威權的統治。

第四章 多黨總理總統制民主的政府類型與憲政運作的衝突——以斯洛維尼亞、斯洛伐克、克羅埃西亞、立陶宛為例

壹、前言

　　一個國家民主運作的輪廓涉及憲政體制的選擇，例如總統制、議會制或半總統制，以及憲政體制與其他制度，例如選舉制度或政黨體系的配套。[1]首先，以政黨體系作為分類標準，可以簡略分成兩黨制或多黨制。搭配憲政體制的組合有兩黨總統制、多黨總統制、兩黨議會制、多黨議會制、兩黨半總統制以及多黨半總統制。憲政體制中的半總統制國家根據其憲法條文的特徵還可以細分成總理總統制和總統國會制（Shugart, 2005; Shugart and Carey, 1992）。[2]因此，其與政黨體系的配套還可以再組合成兩黨總理總統制、兩黨總統國會制、多黨總理總統制和多黨總統國會制。本文聚焦在多黨總理總統制國家。首先，根據半總統制研究的傳統智慧，總理總統制比總統國會制更容易運作且其民主的表現較好或是較利於民主鞏固（Elgie, 2011）。其次，一般而言，多黨體系的運作比兩黨體系的運作更為複雜，原因是當無任何一個政黨獲得國會過半數席次時，必須經由政黨之間的協商才能組成聯合內閣，而相對地兩黨體系下，通常由贏得過半數席次的政黨組成政府。[3]綜合這

1　國內相關的研究有政府體制、選舉制度與政黨體系的配套（林繼文，2006）、總統權力、府會關係和政黨體系的配套與政治穩定的關係（Wu, 2000）、政府類型與內閣穩定（李鳳玉、藍夢荷，2011）、選舉時程與政府型態（陳宏銘、蔡榮祥，2008；郝培芝，2010）、總統和國會的選舉制度對於政黨體系的影響（蘇子喬、王業立，2012）。

2　總理總統制的特徵為總統由民選方式產生、總統擁有重要的權力以及總理和內閣執行行政功能並向國會負責；總統國會制的特徵為總統由民選方式產生、總統任免內閣閣員、內閣閣員向國會負責、總統有權力解散國會或立法權力或是兩者都有；總理總統制和總統國會制最大的區別在於總理的負責對象，總理總統制的總理向國會負責，而總統國會制的總理則同時要向總統和國會負責（Shugart, 2005; Shugart and Carey, 1992）。

3　如果沒有任何政黨獲得過半數的席次時，在議會制國家的經驗中也可能組成少數政府，這種少

兩項觀點，本文的問題意識爲多黨總理總統制的政府組成主要是由總統主導或是由國會主導，以及多黨總理總統制中，不同的政府類型如何產生權力機關之間不同程度的衝突。這些問題意識在過去的文獻中比較少被強調，可能的原因是整體來說，總理總統制的民主運作較爲穩定，或是認爲總理總統制下的總統權力較弱，以及內閣的形成和運作是由國會主導，較不可能產生總統和國會的衝突。本文主要的研究在於分析多黨總理總統制的政府類型以及多黨總理總統制運作下不同政府類型所產生的憲政衝突。找出這些問題的答案之關鍵性在於我們可以釐清在哪些情況下，多黨總理總統制較難運作。本文不是企圖去挑戰總理總統制與民主表現正相關的一般化論點[4]，而是設法去分析多黨總理總統制爲何產生衝突的因果機制。

何謂總理總統制？其有三個特徵：第一，總統是由民選方式產生；第二，總統擁有重要的權力；第三，總理和內閣向國會負責並執行行政的功能（Shugart and Carey, 1992: 23; Duverger, 1980: 161）。總理總統制運作起來可能會產生幾種的態樣。第一，議會化現象，指涉總統是形式上的國家元首，不運作憲法所實際賦予的權力，而總理是行政首長，負責實際的政治運作，例如斯洛維尼亞和2000年以後的芬蘭（沈有忠，2011）。第二，總統化現象，指涉總統是權力的核心，其所屬政黨或聯盟在國會中掌握過半數的席次，而總理是由同黨的成員所擔任[5]，例如法國總統戴高樂（Charles de Gaulle）、龐畢度（Georges Pompidou）和季斯卡（Giscard d'Estaing）的一致政府時期（Suleiman, 1980）。第三，共治政府，指涉總理是權力的核心，但是總統仍然可以行使一些憲法所規定的權力，例如法國三次的共治

數政府依賴國會反對勢力的信任，然而，當反對勢力對於少數政府通過不信任案時，則必須進行國會改選，相關的討論請參閱Bergman（1993）、Strøm（1990）。另外，兩黨議會制國家也可能會出現聯合內閣的情形。英國在2010年的國會選舉產生了僵局國會的現象（hung parliament），保守黨（Conservative Party）雖然獲得相對多數的306席國會席次，但還差20席才能過半（英國下議院的總數爲650席），因此與自由民主黨（Liberal Democratic Party）的57席共組聯合政府，由保守黨領袖卡麥隆（David Cameron）擔任首相，自由民主黨克雷格（Nick Clegg）擔任副首相。

4　在方法層次上，這是所謂的生態謬誤，以一些個案的反面結果來挑戰整體的正面結論。

5　有關半總統制國家總統化程度的研究可以參閱沈有忠（2012）。

經驗，左派總統密特朗（François Mitterrand）和右派總理席哈克（Jacques Chirac）（1986-1988）、左派總統密特朗和右派總理巴拉杜（Édouard Balladur）（1993-1995）、右派總統席哈克和左派總理喬斯班（Lionel Jospin）（1997-2002）（Elgie, 2002; Willerton and Carrier, 2005）。第四種可能的類型是總理總統制的少數政府。法國社會黨（Socialist Party）總統密特朗從1988年到1991年曾經組成少數政府，提名同屬社會黨的羅卡（Michel Rocard）擔任總理（Elgie and Maor, 1992）。總理總統制的少數政府通常會受到國會反對多數的牽制，因之這種型態下，總理負責的對象同時是國會和總統。除了這四種運作態樣的總理總統制之外，其與多黨制的配套下還會產生第五種可能的類型。總統的政黨如果是相對少數，基本上所形成的政府是所謂的國會式政府，或是稱之為分立行政（divided executive），其指涉當總統的政黨沒有掌握國會多數，總統必須任命一個來自不同政黨的領袖擔任總理，而總理所形成的聯盟包含總統的政黨（Francesco and Elgie, 2010: 28）。這種類型的出現主要是因為在多黨總理總統制的情況下，總統黨必須與其他政黨聯合才能組成聯盟政府，且總理是由聯盟中獲得相對多數的政黨領袖所擔任，而相對地，總統黨是聯盟內閣中的少數黨。這種類型的運作比較少被討論到，本文企圖彌補這項缺漏。本文主旨在於分析多黨總理總統制的政府組成主要是由總統主導或是由國會主導，以及多黨總理總統制中，不同的政府類型如何產生權力機關之間不同程度的衝突。[6]例如，分析不同政府類型如共治政府、聯盟多數政府、國會式政府和少數政府在運作上為何會產生衝突。

6　這是屬於制度下游的研究，研究的重點在於確認關切的價值與評估制度在實現價值上的表現，這些價值包括政治運作的順暢與穩定（吳玉山，2011：18-19）。

貳、文獻檢閱

　　憲政體制與多黨制的配套一直是比較政治學者所關注的研究主題。因為半總統制是結合部分的總統制特徵，例如民選產生的總統和擁有重要的權力，以及部分的議會制特徵如內閣和總理必須要向國會負責。因此，文獻檢閱的部分可以借鏡於議會制和總統制下多黨內閣的運作和民主政治的關聯等相關的文獻。議會制和多黨制的研究焦點在於聯盟政府如何組成和瓦解。聯盟政府組成的原則可能根據席次多寡、政策位置的遠近以及政黨對政策、職位或選票的考量（Dodd, 1976; Laver and Shepsle, 1996; Müller and Strøm, 2000）。聯盟政府瓦解的可能原因是政黨的理性策略計算、外生事件或危機的影響（Strøm and Swindle, 2002; Frendreis et al., 1986）。綜合來看，這些多黨議會制國家的研究比較強調聯盟政府的存活和運作，而較少談其與民主表現或民主鞏固之間的關係，可能的原因是相關的研究範圍大部分皆集中在西歐和北歐等先進的多黨議會制民主國家。相較之下，多黨總統制與民主穩定的關係為比較政治學者，特別是拉丁美洲區域研究的學者所側重。在這項研究的傳統中，基本上可以分成兩個陣營。第一個陣營持悲觀的看法，認為多黨體系與總統制難以相容。多黨總統制民主國家中，因為總統沒有掌握國會多數，其被迫需要根據不同的議題建立不同的立法聯盟、組成總統內閣的政黨和其國會議員不一定完全支持政府、政黨之間的聯盟較容易瓦解等現象，因此多黨制和總統制是一個不利於民主穩定的困難組合（Mainwaring, 1993; Mainwaring and Shugart, 1997）。類似地，在多黨制或嚴重對立的兩黨制之下，總統制政府的根本缺點在於總統常常無法確保國會立法多數的支持，甚至會惡化行政和立法部門之間原本的對立（Valenzuela, 1998: 124）。更具體的來說，因為在多黨的情況下，如果總統黨沒有取得國會過半數的席次以及國會其他政黨意識形態強烈且黨紀嚴明的話，總統制將會很難治理，甚至當總統面臨一個反對多數所控制的國會時，總統制將會更難治理（Linz, 1994: 35）。最後，在一項針對1946年到2002年之間的總統制民主國家之經驗研究發現，政黨數目和總統制民主的瓦解呈現曲線的關係，當政黨數目增加到四個的時候，總統制民主瓦解的可能性最高，但是政黨數目超過四個之後，總統制瓦解的可能性反而明顯地減低（Cheibub, 2007）。

第二個陣營對於多黨總統制的運作比較持樂觀的看法。例如，針對1946年到1999年所有總統制國家的一項研究發現，在國會愈割裂化（frac-tionalized）的情形下，亦即國會政黨數愈多時，聯盟政府愈可能形成（Cheibub, Przeworski, and Saiegh, 2005）。這個研究發現駁斥了多黨總統制較難以形成聯盟政府的論點。另外，聯合政府的運作順利與否與其組成政黨的政策立場高度相關。多黨總統制所組成的聯合內閣中如果包含持中間立場的國會政黨（median legislative party）時，其還是可能順利地運作（Co-lomer and Negretto, 2005）。從比較的觀點來看，總理總統制下，因為內閣需要向國會負責以及內閣的立法需要國會多數的支持，這兩項特徵會強化國會對於政府組成的牽引力。本文將會透過相關的經驗資料來驗證這個假設是否能成立。

半總統制研究的先驅學者Shugart與Carey（1992: 51）認為總理總統制下的總統會有較強的誘因去配合其在國會的支持聯盟之需求，因為總統的地位取決於聯盟的凝聚力。類似地，Elgie（2011: 32）論證指出，總理總統制的國會可能決定去忽略總統願意協商的企圖，而試圖強迫總統接受一個國會所支持的政府，因為在總理總統制下，總統不能解散政府，因此這是國會可以最大化其在政治過程之影響力的方式；然而這是一個高風險的策略，事實上總統會有誘因與國會協商，如果形成一個反對總統的國會式政府，將意謂著之後任何的政府不穩定以及任何不利的政治結果都會全部歸責於國會以及反對總統的政黨身上，對於國會來說，最好的策略是讓與一些組成政府的權力給總統，因為國會仍然可以持續維持對於政府的影響力，同時可以將政治責任的歸屬分攤一部分給總統。換言之，如果總理總統制較能促成總統和國會透過妥協的方式來組成政府的話，其可以改善多黨制所產生政府較難組成的衝擊。這種論點可以運用在多黨總理總統制的配套中哪一種選舉的結果或政府類型呢？還是實際運作的經驗中出現了半總統制研究者Elgie所指出的高風險現象，總理總統制的國會可能決定去忽略總統願意協商的企圖，而試圖強迫總統接受一個國會所支持的政府，因為在總理總統制下，總統不能解散政府，因此這是國會可以最大化其在政治過程之影響力的方式。

　　多黨總理總統制下的國會選舉結果和政府組成可能有五種情形。第一，當總統所屬政黨獲得國會過半數的支持時，總統會組成一黨多數政府，同時總理在大多數的情況下是來自於總統的政黨。第二，當無任何政黨過半數，且無法組成過半數的聯盟時，此時會形成所謂的少數政府。少數政府可能的次類型是少數一黨政府或少數聯盟政府。第三，當反對黨或是反對聯盟獲得國會多數時，通常會形成所謂的共治政府，總統無法主導內閣的組成。[7]第四，當總統所屬政黨並沒有獲得國會過半數的支持時，總統必須要與國會的其他政黨協商才能組成聯盟多數政府。如果總統黨雖沒有獲得過半數，但仍握有相對多數時，其可能獲得較多的內閣席次以及總理來自於同黨的可能性極高。然而，因為單獨總統黨不能組成政府，必須有其他政黨的加入才能過半，這些聯盟的政黨會針對內閣席次的分配討價還價，甚至有時還可能會與其國會席次不成比例，亦即所分配到的內閣閣員席次多於其國會席次所占的比例。這種情況下比較可能會出現如Shugart與Carey以及Elgie所稱總統和國會朝向協商或合作的向心機制。

　　第五，當其他政黨獲得相對多數的席次時，這時總理是由該政黨的領袖所擔任，總統黨雖然也在聯合內閣中，但其所獲得的內閣席次相對於總理政黨的內閣席次較少或是必須根據個別政黨的國會席次來進行比例的分配。在這個設想情況下，總統與國會政黨的協商過程中，會趨於劣勢。國會中取得相對多數的政黨則較為優勢，在與總統協商內閣席次的安排時，擁有較多的談判籌碼，協商的結果也會對其較為有利，因而產生所謂的國會式政府。這種設想情況比較容易產生總統和國會在內閣組成上的衝突以及總統對於內閣

7　然而，在波蘭的小憲法運作時期的共治經驗中，總統還是可以影響國防部和外交部部長的人選。

運作的掣肘。在過去的半總統制文獻中較少討論和分析這個部分，本文試圖彌補這個缺漏，透過個案分析來釐清多黨總理總統制運作的理性和困境。

　　Protsyk（2005）研究五個總理總統制國家如保加利亞、立陶宛、摩爾多瓦、波蘭，以及羅馬尼亞之政府類型如何影響總統和總理之間的衝突程度，例如少數政府比多數政府更容易產生總統和總理之間的衝突，以及多數或共治政府皆可能會產生總統和總理之間的衝突。延續相同的研究議程，Protsyk（2006）透過更大的樣本數[8]（八個國家）來說明總統和內閣的意識形態差距愈大以及少數政府的出現時，更可能會產生總統和總理之間的衝突。本研究與Protsyk（2005; 2006）的區別有四點：第一，本研究延伸到一些Protsyk之兩項研究所未包含的總理總統制國家如斯洛伐克、克羅埃西亞、斯洛維尼亞。第二，Protysk的研究運用統計模型檢證政府類型和總統、總理間的衝突程度之相關性，本研究則進一步透過個案分析來補充其研究的不足，以及同時透過其他總理總統制國家的經驗分析和理論，檢證搭建出更廣泛的一般化結論或描繪出更完整的圖像。第三，本研究比較強調總理總統制下總統和國會的互動或多黨聯盟內部的歧異，來補充只強調總統和總理之間的衝突之不足。第四，本研究還關注特殊的國會式政府，以耗盡可能的不同政府類型。另外，與Protsyk同樣關注中、東歐半總統制國家[9]運作的研究發現，總統和總理之間的衝突會導致內閣的不穩定，以及總理總統制比總統國會制更容易發生總統和總理的衝突（Sedelius and Ekman, 2010; Sedelius and Mashtaler, 2013）。[10]這些研究試圖將總統和總理的衝突

8　總統國會制國家：俄羅斯、亞美尼亞、烏克蘭，以及總理總統制國家：保加利亞、立陶宛、摩爾多瓦、波蘭、羅馬尼亞（Protsyk, 2006）。

9　包含的半總統制國家有八個，如保加利亞、克羅埃西亞、立陶宛、摩爾多瓦、波蘭、羅馬尼亞、烏克蘭和俄羅斯。

10　然而，這些研究並沒有論述為何總理總統制比總統國會制更容易產生總統和總理之間的衝突之原因。本文認為這可能跟有些總理總統制國家的總理同時是國會議員的制度特徵有關，亦即，兼任國會議員的總理比較能夠獲得國會中同黨議員或國會中多數的支持，並以此作為政治後盾來對抗總統。相對地，在總統國會制下，總理可能不是由國會議員兼任，例如總統國會制的台灣，憲法規定立委不能兼任官吏，因之，行政院院長不能同時是立委，且行政院院長人選大多是由非國會議員所擔任。當總理是由總統所提名的非國會議員擔任時，總理並無法直接掌握國會中同黨議員的支持，所以總理可能會選擇與總統避免衝突，以確保其職位。然而，法國總理

當成自變數，解釋其對內閣運作的影響，來進行一般化的歸納。再者，國內研究半總統制的學者吳玉山教授（2002），運用總統黨是否參與組閣、單一或聯合內閣、多數或少數內閣三個二元變項來解釋半總統制國家政治穩定的程度，其論證指出多數內閣、總統黨參與、單一內閣有利於政治穩定，而少數內閣、總統黨不參與和聯合內閣則不利於政治穩定。本文透過多黨總理總統制中國會的政治動態因素，如總統黨席次、聯盟黨席次、反對黨席次的多寡和總理所屬政黨和負責對象來進行排列組合，進而分析其如何影響不同程度的總統和國會之間的衝突。最後，本文想藉由個案研究的過程追蹤方法（process-tracing），搜尋多黨總理總統制國家憲政運作的明確證據（smok-ing-gun evidence）來呈現可能的因果機制（Bennett, 2010: 210-211）。

　　以下將討論多黨總理總統制聯盟政府的理論架構、多黨總理總統制不同政府類型出現的次數和機率，以及進行個案分析如共治政府、聯合多數政府、國會式政府、少數政府的運作和憲政衝突。具體的個案為斯洛維尼亞共治政府、斯洛伐克聯盟多數政府、克羅埃西亞國會式政府、立陶宛少數政府。這四個國家屬於總統權力較小的半總統制國家，如果我們可以論證這些國家的憲政運作上總統和國會仍然會發生衝突時，可以突顯總理總統制運作上的困難。另外，由於四個國家的總統權力相對而言較弱，如果還是會發生總統和總理或總統和國會之間的衝突時，可以某種程度地突顯出多黨總理總統制運作的阿基里斯腱[11]（Achilles' heel）。

　　總統制的運作下，總理也不必然是國會議員，例如法國總統戴高樂曾經提名非國會議員的龐畢度擔任總理，戴高樂和龐畢度發生衝突後，戴高樂總統逼迫龐畢度總理去職。法國的例子中，總理不是由國會議員兼任以及總理選擇與總統衝突的現象，對於上述的論證而言是個反面的例子，但是總統戴高樂對於總理龐畢度的解職還是可以突顯總統相對的強勢以及總理相對的弱勢。整體來看，總理沒有兼任國會議員是否影響總理任期的長短之一般性推論可能需要針對所有半總統制國家進行研究後才能檢證。

11 阿基里斯是希臘神話中希臘第一勇士，但是他還是有弱點，即其右腳踝，這裡用來比喻總理總統制頗為適切，相較於總統國會制，總理總統制的民主表現較好，但總理總統制也不是全然沒有弱點。

參、理論架構

在總理總統制的憲法規定中，總理和內閣的負責對象是國會。然而實際運作中，總理總統制與多黨制的配套下，總理負責的對象可能會因政治動態的不同而擺盪於總統或國會之間或同時向總統和國會負責。[12]第一，當反對黨席次為1/2N + 1過半時，總統可能會選擇讓反對黨籌組共治政府，提名反對黨的領袖擔任總理，此時總理負責的主要對象為國會。然而因為半總統制的總統擁有重要的權力，例如外交和國防的權力或是可以行使否決權，因此總統和共治總理之間還是有可能發生衝突。第二，當總統黨席次未能過半時，其必須與其他政黨結盟才能擁有過半數的席次而組成內閣。我們假定N為國會的總席次，總統黨為1/2N[13]，聯盟黨為1席，加起來正好是1/2N + 1過半數，而反對黨是1/2N − 1。總理由總統黨的成員擔任，其負責主要的對象是總統。因為聯盟黨的席次較少，總統和國會發生衝突的可能性較小。第三，當總統黨席次約為1/3N + 2、聯盟黨席次為1/3N − 1以及同時總理是由總統黨的成員擔任，則總理負責的主要對象是總統。然而，由於聯盟黨的席次與總統黨的席次相差無幾，在內閣決策中，聯盟黨對於總統黨有討價還價的實力，或是幾位聯盟黨國會議員之威脅出走都可能影響聯盟的存活，因此總統和國會發生衝突的可能性比第一種情形來得高。

第四種情形，當總統黨、聯盟黨和反對黨各掌握1/3N席次以及總理是由總統黨的成員擔任時，總理的負責對象是總統和國會，因為總統擁有提名總理的權力且總統與總理同屬一個政黨，所以總理必須向總統負責，但另

---

[12] Shugart與Carey（1992）認為總理總統制和總統國會制的最大差別在於總統的解職權，因此在總理總統制下，總統無正式的權力可以免職總理，總理向國會負責，而相反地總統國會制，總統和國會皆可以對於總理發動免職權，因此總理同時向總統和國會負責。事實上，這種觀點只是純粹考量憲法的正式規範，實際運作上，總統對於總理的提名權也包含著默示的解職權，特別是當總統在國會的黨派力量較大的時候，請參閱吳玉山（2011）。相關的討論也可以參閱Samules與Shugart（2010）。

[13] 為何是1/2N，主要是強調總統黨雖獲得一半的席次，但是距離法案通過所需要的過半數還差一票。

一方面，因爲聯盟黨的席次與總統黨席次相當，所以總理也必須考量國會中聯盟黨的意見，並對國會負責。整體來看，總理面臨著雙向負責的局面。第五種情形，當總統黨、聯盟黨和反對黨各掌握1/3N席次、1/3N + 1席次、1/3N − 1席次以及總理是由聯盟黨的領袖擔任時，總理負責的對象比較偏向於國會，原因是總理政黨的席次比總統黨多一席或一席以上。[14]然而，這不表示總理不需考量總統的意見，因爲總統可能擁有立法否決權，以及總統黨擁有支持內閣的國會總席次中接近一半的席次。另一方面，總統和總理雖然是屬於同一執政聯盟，但是他們所屬的政黨可能會有不同的政策偏好或不同的選民基礎，聯盟黨的總理可能以幾位同黨國會議員欲選擇離開內閣的理由來要脅總統，通過對其支持基礎之選民有利的特定政策方案。不過這種要脅比議會制下聯合內閣的風險更小，因爲在議會制中，如果聯盟黨離開內閣，內閣將會面臨解散和重新改選的命運。而在總理總統制中，當聯盟黨離開內閣之後，總統可以選擇少數政府、與其他的政黨籌組聯盟或是解散國會重新選舉等三種解決方案。換言之，多黨議會制與多黨總理總統制的運作模式不同，多黨議會制的總理在聯盟政黨選擇出走時，只能黯然下台。議會制的總理爲了避免失去執政的地位，通常會向聯盟黨所提出的政策進行某種程度的妥協或讓步。[15]而在總理總統制下，總統職位不會受到內閣更迭的影響，當聯盟黨提出過度的要求或是有對於支持聯盟黨的選民較有利的政策時（例如工黨主張提高工人薪資或縮短工人工時），總統可以選擇不受威脅和表達反對的立場。在這種情況下會產生僵局，亦即總統和國會之間因爲立法或政策的歧異，而形成角力戰或拉鋸戰，甚至發生嚴重的公開衝突。第六種情形，總統黨是少數黨，約占1/6N席次，而聯盟黨占有1/3N + 1席次（聯盟黨的席次約爲總統黨的兩倍），同時總理是由聯盟黨的領袖擔任且總統黨是聯合內

---

14 這裡的理論推演是聯盟黨只比總統黨多一席，突顯聯盟黨的相對優勢地位。事實上，如果聯盟黨席次與總統黨席次的差距愈大，聯盟黨的總理更可能向國會傾斜，而不是向總統方向擺盪。

15 多黨議會制的運作下，爲了避免聯盟政黨之間政策協調的不確定性，通常會在聯合政府組成前簽訂協定，來約束聯盟政黨的行爲（Müller and Strøm, 2008）。然而，即使簽訂協定，某些聯盟政黨還是可能會在立法過程中出現反叛的行爲，或是讓聯盟政府原先提出來的政策提案與修正通過的政策大相逕庭（Martin and Vanberg, 2011）。

表4-1　三黨國會席次的分配、總理政黨屬性、負責對象和總統與國會的衝突程度

情況	總統黨席次	聯盟黨席次	反對黨席次	總理政黨	負責對象	府會衝突
1	$1/2N - 2$	1	$1/2N + 1$	反對黨	國會（共治）	1
2	$1/2N$	1	$1/2N - 1$	總統黨	總統	2
3	$\geq 1/3N + 2$	$\leq 1/3N - 1$	$1/3N - 1$	總統黨	總統	3
4	$1/3N$	$1/3N$	$1/3N$	總統黨	總統、國會	4
5	$1/3N$	$1/3N + 1$	$1/3N - 1$	聯盟黨	國會	5
6	$1/6N$	$1/3N + 1$	$1/2N - 1$	聯盟黨	國會	6

閣中的少數黨。基本上這種情況下，總理主要的負責對象是國會，總理因為掌握國會較多的席次，會較為強勢地主導政策的制定和通過，相對地，總統黨因為是內閣中的少數黨，在內閣決策方面很難有主導的地位。當總統對於聯合內閣中由總理黨主導所通過的政策不滿時，很容易形成總統和國會或是總統和總理之間的嚴重衝突，這種情形比先前一種情形衝突的程度更高。整體來看，府會衝突那一欄所代表的數字愈大，表示衝突可能性愈高；數字愈小，衝突可能性愈低。請參閱表4-1。

　　在總統制中，總統是內閣組成的主導者（*formateur*），除非總統是無黨籍的獨立人士，否則不管總統黨控制多少的席次，它都必須在聯合內閣中（Cheibub, Przeworski, and Saiegh, 2004: 568）。對於總理總統制而言，總統不必然是內閣組成的主導者，需視總統黨國會席次的多寡而定。當總統黨擁有國會過半數的席次或是相對多的席次時，總統較能主導內閣的安排；當總統黨只擁有相對少數席次，此時組閣任命權可能掌握於擁有相對多數的聯盟黨總理或是擁有過半數的共治總理手中。在多黨制下，當無任何一個政黨或聯盟取得過半數時，總統與聯盟政黨協商時必須要考量內閣席次分配的比例性。理想狀況下，可以根據國會席次的比例來分配，有時總統黨因為總統的權力和資源可以分配到比其國會席次之比例更多的閣員席次，特別是在一些總理總統制國家，國防部和外交部的部長人選是屬於總統的保留權限（reserved domains），例如法國。有些時候聯盟黨可以透過「如果協商破

裂，政府將難產」的威脅來要求更多的內閣席次，這種威脅的有效性只有在總統黨無其他的聯盟黨可以被說服而組成聯合政府時，才可能發生。但無論如何，總統黨選擇說服反對總統的政黨加入聯盟政府的可能性相對較低，除非是大聯合政府或是所謂的雞兔同籠，係由立場南轅北轍的兩個政黨共組執政聯盟。例如，2006年烏克蘭國會選舉後[16]，因為總統黨——我們的烏克蘭（Our Ukraine）在總數450席的國會議員席次中只獲得81席，且與第二大黨季莫申科聯盟（Yulia Tymoshenko Bloc）和第四大黨社會黨（Socialist Party）的組閣協商過程並不順利，總統尤申科（Viktor Yushchenko）只好提名第一大黨——地區黨的政黨領袖，其也是尤申科競選總統時的競爭對手——亞努科維奇（Viktor Yanukovych）擔任總理，共組聯盟政府。[17]這種模式的政府稱之為國會式政府，國會式政府的運作出現了總統和總理的嚴重衝突。總理亞努科維奇主張烏克蘭不要加入北大西洋公約組織，而總統尤申科則認為外交政策是屬於總統的職權，不屬於總理的管轄；總理亞努科維奇在國會通過一項強化總理權威的法案，但是總統尤申科認為該項法案違反憲法權力分立的原則，而否決該法案；總統和總理衝突的最高峰在於總統尤申科頒布行政命令解散國會及提前選舉，而總理亞努科維奇認為該命令違憲，訴諸憲法法院進行合憲性的審查，總統尤申科則將兩位憲法法院法官解職，並從新發布另一項行政命令，宣布國會提前選舉（Herron, 2008）。烏克蘭的例子突顯國會式政府的運作困境和憲政衝突。分析完總理總統制存在著三個政黨的可能設想情況之後，下面我們接著推演四個政黨所產生的情形。

　　假定國會有四黨ABCD、沒有一個政黨獲得過半數的席次、A是總統黨、C是反對總統的政黨，以及政黨兩兩結盟或三黨結盟組成超過半數或所謂的最小贏的聯盟之聯合政府的話，則可能產生的排列組合有以下幾種（兩

---

[16] 2006年烏克蘭國會選舉的結果如下，地區黨186席、季莫申科聯盟129席、我們的烏克蘭81席、社會黨33席、共產黨21席，相關的資訊請參閱International Parliament Union（2006）。

[17] 在烏克蘭這次的聯合內閣24個職位中，總理黨閣員有12位、總統提名的閣員有4位（內政部部長、外交部部長、司法部部長和國防部部長）、總統黨的閣員有4位、共產黨2位、社會黨2位。相關的資料請參閱Arktur（2006）。

個政黨和三個政黨的聯盟）：

1. A＋B＞C＋D；
2. A＋C＞B＋D；
3. A＋D＞B＋C；
4. B＋C＞A＋D；
5. B＋D＞A＋C；
6. C＋D＞A＋B；
7. A＋B＋C＞D；
8. A＋B＋D＞C；
9. B＋C＋D＞A。

　　然後我們假定AC不可能結盟以及包含C的多數聯盟為共治政府的話，我們可以排除2、4、5、6、7、9，其中2、5、7為不可能的AC組合，4、6、9為共治政府。剩下三種情形A＋B＞C＋D、A＋D＞B＋C、A＋B＋D＞C。A＋B＞C＋D、A＋D＞B＋C這兩種情形是屬於意識形態或政策立場相近的政黨之間的結盟，例如法國的左、右政黨聯盟。第三種A＋B＋D＞C則是三黨結盟的聯合政府。我們依照總理政黨是否是總統黨A或是聯盟黨B或D來區分，可以分成六種，請參閱表4-2。

表4-2　四黨國會席次的分配、總理政黨屬性、負責對象和總統與國會的衝突程度

情況	總統黨席次	聯盟黨席次	總理政黨	負責對象	府會衝突
1. A＋B＞C＋D	A(1/4N＋2)	B(1/4N－1)	A	總統	1
2. A＋D＞B＋C	A(1/4N＋2)	D(1/4N－1)	A	總統	2
3. A＋B＋D＞C	A(1/6N＋1)	B, D(1/6N; 1/6N)	A	總統和國會	3
4. A＋B＞C＋D	A(1/4N－1)	B(1/4N＋2)	B	國會	4
5. A＋D＞B＋C	A(1/4N－1)	D(1/4N＋2)	D	國會	5
6. A＋B＋D＞C	A(1/6N)	B, D(1/6N＋1or1/6N)	B or D	國會	6

　　表4-2的第一種和第二種情形都是總統黨和聯盟黨合組多黨內閣，總統黨比聯盟黨獲得較多的相對席次，且總理是由總統黨的成員所擔任，其負責的主要對象是總統，府會衝突的來源主要是總統黨和聯盟黨的政策歧異。第三種情形是總統黨和兩個聯盟黨組成聯合內閣，且總理是由總統黨的成員擔任，理論上總理的負責對象是總統，但實際運作上，因為內閣中兩個聯盟黨加起來的席次約為總統黨的兩倍，因此其對於總統黨的討價還價能力較強，總統黨的總理不僅要向總統負責，其同時也要向國會負責，於是在立法過程中，可能會發生總統和國會的憲政衝突。第四種、第五種和第六種情形都是聯盟黨的席次比總統黨的席次多且由聯盟黨領袖擔任總理，此時總理向國會負責，當總理選擇執行與總統立場不同的政策時，會產生府、會之間的衝突。芬蘭的總理總統制運作曾經出現過一個類似第六種情形的案例。1958年7月的國會選舉結果，總數200席的國會席次中，芬蘭人民民主聯盟（Finnish People's Democratic League）（反對黨）取得50席、社會民主黨（Social Democratic Party）48席、農民聯盟（Agrarian League）48席、國家聯盟（National Coalition Party）29席、瑞典人民黨（Swedish People's Party）13席、芬蘭人民黨（People's Party of Finland）8席、社會民主聯盟（Social Democratic Union）3席和奧蘭聯盟（Åländsk Samling）獲得1席，國會中較大的三個政黨鼎足而立，而總統吉科寧（Urho Kaleva Kekkonen）的政黨是農民聯盟（Wikipedia, 2013a）。1958年8月，總統吉科寧提名社會民主黨領袖法格霍姆（Karl-August Fagerholm）擔任總理，並與農民聯盟、國家聯盟、瑞典人民黨三個政黨共組聯合政府。此種類型的政府為國會式政府，或稱之為分立行政（divided executive），其指涉當總統的政黨沒有掌握國會多數時，總統必須任命一個來自不同政黨的領袖擔任總理，而總理所形成的聯盟政府包含總統的政黨（Francesco and Elgie, 2010: 28）。總理法格霍姆親西方的政策與總統吉科寧親蘇聯的政策相互衝突，在蘇聯持續升高對於芬蘭的外交壓力之情勢下，總理法格霍姆被迫在1959年1月去職，成為五個月的短命內閣（Arter, 1981: 223）。第六種情形與第四種情形和第五種情形的差異在於兩個聯盟黨聯合起來的政治實力比總統黨要強得多，因之，

總統和國會間發生衝突的可能性更大。綜合來看，府會衝突那一欄所代表的數字愈大，表示衝突可能性愈高；數字愈小，衝突可能性愈低。表4-1的5、6和表4-2的4、5、6都是所謂的國會式政府或分立行政。另外，少數政府也是邏輯和經驗上可能的現象，基本上總理總統制下的少數政府會面臨雙元負責機制的問題，來自總統黨之總理必須同時要向總統和國會來負責，甚至面臨高風險的倒閣可能性。這種政府類型容易產生總統和國會之間的衝突。最後，總理總統制國家有可能出現五個政黨或六個政黨更複雜的情形，其運作與四個政黨情形類似，差別在於聯盟黨的數目可能增加，不同政黨動態的組合類型可能較多。本文因為篇幅的關係，只討論三個和四個政黨的情形，以下將透過經驗資料來分析多黨總理總統制國家出現的政府類型。

肆、多黨總理總統制國家的政府類型

　　根據Elgie（2011）的研究，目前總理總統制國家有37個。為了符合本文的研究目的，我們排除兩黨總理總統制國家以及被自由之家（Freedom House）所評估認定為不自由（not free）的國家[18]之後，最後剩下23個國家，請參閱表4-3。另外，因為不同的總理總統制國家實施憲法的時間和民主化時間不必然相同，因此研究的範圍也不同，大體上本文的研究範圍為實施總理總統制憲法且被自由之家評估為自由和部分自由的年代到2012年為止。例如法國是從1962年舉行總統直選到2012年。土耳其因為在2007年將總統選舉方式改為直選，使得其憲政體制從議會制變成半總統制，所以從2007年到2012年為本文的研究範圍。我們將多黨總理總統制可能出現的政府類型進行分類，基本上可以細分成七類：一黨多數、聯盟多數、國會式政府、共治政府、少數政府、非黨派政府、看守政府。一黨多數是指由單一政

---

[18]　因為憲政制度的運作必須在民主政治的脈絡下才有意義，否則憲法可能只是一個具文，無法實際規範政治人物權力運作的範疇。

黨在國會取得多數，單獨執政。聯盟多數是指無任何一個政黨過半數，總統黨必須聯合其他政黨才能取得國會多數而組成內閣，這種聯盟多數政府的型態是指總統黨在內閣中握有相對多的席次，總理也由總統黨的成員擔任。國會式政府則是指涉聯盟黨在內閣中有較為優勢的地位，總理由聯盟黨領袖擔任，而相對地總統黨則是少數黨。共治政府是由反對黨取得國會多數所組成，而總統黨不在內閣之中（Elgie and McMenamin, 2011）。少數政府是指總統黨沒有取得多數，總統任命同黨成員擔任總理形成少數政府。非黨派政府是指總統任命非政黨成員擔任總理，又稱為科技專家內閣（technocratic cabinet）。最後一種類型是看守內閣，其任期較短，通常是舊內閣瓦解到國會選舉產生新內閣的期間。在265個多黨總理總統制政府的研究個案中，我們發現聯盟多數的政府類型出現頻率最高，約占43%，其次是非黨派政府13%、少數政府是12%、一黨多數政府也是12%、看守政府是9%、共治政府是7%，國會式政府是3%，請參閱表4-3和圖4-1。

　　一黨多數政府的意涵是指多黨選舉的結果最後還是由總統黨一個政黨獲得過半數，因此總統可以主導政府的組成。看守政府是屬於臨時政府的形式，其目的是為了舊政府解散之後以及新政府產生之前所可能出現的空窗期而設立。為了分析的方便，我們排除一黨多數政府和看守政府這兩種情形。圖4-1中呈現無黨籍和少數政府加總之後為28%[19]、聯盟多數政府43%、國會式政府4%和共治政府7%。首先，如果以總統主導政府組成或國會主導政府組成的牽引力互相拉扯的觀點來看，非黨派政府和少數政府可以突顯總統決定內閣組成的完全權威，因為總統以不形成國會多數的方式來籌組政府，而選擇提名無黨籍人士（科技官僚）和獲得國會少數支持的總理來組成內閣。[20]其次，總統選擇籌組聯盟多數政府時，總統必須與其他聯盟政黨協商內閣職位的分配，因為總統黨獲得相對多數的席次，所以總統擁有決定內閣

---

[19] 之所以加總的原因是這兩個政府類型的組成都是由總統主導。

[20] 相關的研究如Schleiter與Morgan-Jones（2010）主要是以內閣中的非黨派閣員之比例多寡來界定總統對於內閣的影響力，非黨派閣員愈多，總統影響力愈大。本文主要是以內閣總理如果是非黨派人士所擔任時，可以突顯總統對於內閣組成的完全權威。

表4-3　多黨總理總統制國家政府類型和發生頻率

國家	一黨	聯盟	國會	共治	少數	無黨籍	看守
亞美尼亞	0	6	0	0	0	8	1
保加利亞	0	2	0	3	1	0	4
克羅埃西亞	4	0	2	0	3	0	0
芬蘭	0	24	1	0	9	0	7
法國	0	14	0	3	3	0	0
海地	0	2	0	0	0	3	0
愛爾蘭	3	8	0	0	0	0	0
立陶宛	0	5	0	2	2	2	4
馬其頓	0	5	0	0	1	1	2
馬利	4	0	0	0	2	10	0
摩爾多瓦	4	1	0	0	0	4	1
蒙特內哥羅	0	1	0	0	0	0	0
尼日	0	5	0	0	0	1	1
波蘭	5	4	0	4	9	0	1
葡萄牙	0	3	0	4	0	0	0
羅馬尼亞	0	3	3	0	0	2	1
聖多美[19]	1	12	0	0	0	2	0
塞爾維亞	0	3	0	0	0	0	0
斯洛伐克	1	5	0	1	0	1	0
斯洛維尼亞	0	6	0	1	0	0	0
東帝汶	2	2	0	0	0	1	0
土耳其	1	0	0	0	0	0	0
烏克蘭	0	1	4	0	8	1	2
總數	25	112	10	18	38	36	24
比例	10%	43%	4%	7%	14%	14%	9%

資料來源：World Statesmen, http://www.worldstatesmen.org/; Wikipedia (2013b); Sedelius and Mashtaler (2013)。

---

[21] 全名為聖多美普林西比民主共和國。

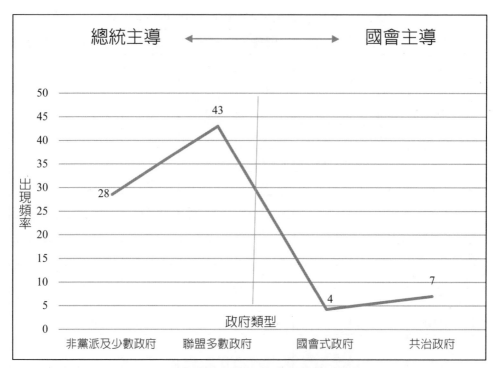

圖4-1　多黨總理總統制政府類型與出現頻率

組成的相對優勢權威，但另一方面聯盟黨也掌握內閣組成的一部分權威。再
者，在國會式政府的情況下，聯盟黨因為其國會席次的相對多數以及總統黨
席次的相對少數，內閣的組成主要是由聯盟黨的總理來主導，而總統對於內
閣組成的權威則相對地遞減。最後，當反對黨或是反對聯盟獲得國會的多數
而籌組共治政府時，其完全是由總理主導內閣的人選和職位的分配，總統對
於政府組成較無法置喙。綜觀之，如果我們以總統主導或國會主導兩種牽引
力的拉扯來看，多黨總理總統制的經驗中，總統主導政府組成有68%，相對
地國會主導政府組成只有10%。這個結果顯示在多黨總理總統制的運作經驗
中，大多數的情況還是由總統來主導政府的組成，總理負責的主要對象是總
統。這個經驗事實與總理總統制的憲法規定如總理向國會負責的原則相悖，
突顯多黨總理總統制下總統的優勢地位。本文的發現否證了總理總統制中內

閣需要向國會負責，以及內閣的立法需要國會多數的支持的特徵強化了國會
對於政府組成的牽引力之觀點。

伍、多黨總理總統制政府類型與憲政衝突

　　總理總統制所產生的不同的政府類型在實際運作上是否出現了不同程度
的憲政衝突。理論上，一黨多數政府可能出現較少的衝突，因為當由單一政
黨控制國會多數時，總統或總理可以透過政黨的機制來統整或化解可能的衝
突。假如總統和總理可以經由政黨管道來協調時，其發生衝突的可能性會減
少。因之，本文不討論這種政府類型的運作。當反對黨取得國會多數而形成
共治政府時，不同黨派的總理和總統之間會產生公開的衝突，因為國會多數
和內閣都是由總理掌握，總統只能根據憲法所賦予的權力來運作或表達對於
總理所推行的政策之反對意見。聯盟多數政府主要的問題在於如何協調聯盟
政府中的政黨，例如如何透過政策或利益的分配讓聯盟黨願意繼續留在內閣
中。然而，當總統黨認為分配給聯盟黨誘因之成本太高，不願意與聯盟黨妥
協，或是聯盟黨認為如繼續參加內閣可能對未來的選舉不利等原因，都可能
讓聯盟黨出走，導致內閣瓦解，此時總統黨只能選擇以少數政府或重新選舉
的方式來延續內閣的存活。當出現國會式政府時，聯盟中的相對多數黨會主
導政府的決策，而總統黨較為弱勢，特別在總統和總理出現政策歧異時，國
會式政府可能會擺盪於總統和總理的政治立場之中。最後，當少數政府出現
時，少數內閣的總理會面臨雙重責任的問題，一方面總理是由總統提名，需
要向總統負責，另一方面因為總理的政黨在國會是少數，必須向國會多數的
政黨負責，法案的通過也必須依賴國會多數的結盟，因此總理可能必須與其
他政黨進行談判和妥協。

　　多黨總理總統制中不同的政府類型產生憲政衝突的可能性，取決於是否
有出現國會多數以及總統黨的席次分配比例。共治政府比較可能會出現總統
和總理之間的衝突。聯盟多數政府不僅可能會出現總統和總理之間的衝突，

還可能會出現聯盟內閣中的分歧和衝突。國會式政府會比聯盟多數政府出現更多衝突的原因在於總統黨的國會席次或內閣席次較少，因此較容易形成總統和總理之間的衝突以及多黨內閣的不穩定或分歧。少數政府因為沒有掌握國會多數，其出現憲政衝突的可能性最大。非黨派政府的運作與少數政府的運作很類似，本文因為篇幅的關係只以少數政府的經驗來做說明，以下將透過個案來分析不同政府類型的衝突程度，依序從共治政府、聯盟多數、國會式政府到少數政府。

一、斯洛維尼亞共治政府與憲政衝突

　　根據斯洛維尼亞的憲法，總統是採取直接選舉方式產生（憲法第103條第1款）。總統擁有委任立法權，當國會因為緊急狀態或戰爭不能召集時，總統可以根據政府的提議，制定行政命令來執行法律，這些行政命令可以限制個人權利和基本自由，在國會可以召集之後，總統必須將這些行政命令交由國會審查（憲法第108條）。斯洛維尼亞總統的委任立法權是屬於緊急狀態下才能使用的憲法權力，而不是在非緊急狀態下可以運作的權威。斯洛維尼亞的總統擁有總理的提名權，在諮詢國會團體的領袖後，總統可以向國會提出總理候選人，經由國會同意權的確認投票通過後任命（憲法第111條第1款和第2款）。同時，總統擁有被動的解散國會權力，當國會無法產生總理人選時，總統可以解散國會重新選舉（憲法第111條第4款）。總統和國會的關係有三個面向：第一，根據憲法規定，國會可以要求總統在特定的議題上表示總統的意見，在國會沒有要求的議題上，總統也可以表示自己的看法；第二，總統和國會一起任命總理；第三，在戰爭或緊急狀態下，國會可以針對總統所提的行政命令批准或撤銷（Boban, 2007: 171）。

　　斯洛維尼亞的內閣需要向國會負責。國會可以經由10位國會議員連署，過半數投票的情況下通過不信任案，但需要同時選出新的總理（憲法第116條）。此項規定與德國議會制的建設性不信任投票之設計如出一轍。另一方面，總理可以針對某項法律或決議，提出信任案，假如信任案沒有獲得過半數國會議員的支持，國會應該在三十天選出新的總理或是在新一次的投票中表達對於現任總理的支持，如果國會都沒有採取這兩項行動時，總統可以解散國會，重新選舉（憲法第117條）。整體來看，斯洛維尼亞的憲政制度是屬於總理總統制、內閣和國會是權力的核心、總統的權力相對於國會的權力來說是較弱的。

　　斯洛維尼亞的總理總統制在2004年的國會選舉後，第一次經歷共治政府（cohabitation）的經驗。2004年國會選舉結果，右派政黨——斯洛維尼亞民主黨（Slovenian Democratic Party, SDP）獲得國會相對多的席次，聯合三個中間偏右的政黨如新斯洛維尼亞基督教人民黨（New Slovenia-Christian People's Party, NSi）、斯洛維尼亞人民黨（Slovenian People's Party, SPP）、斯洛維尼亞年金者民主黨（Democratic Party of Pensioners of Slovenia, DPP）一起執政[22]，而總統卓諾夫斯克（Janez Drnovšek）則來自於國會最大的左派反對黨——斯洛維尼亞自由民主（Liberal Democracy of Slovenia, LDS），請參閱表4-4。總理楊薩（Janez Janša）的右派政府持反共產主義的立場且在經濟政策方面採取自由主義的模式，而總統卓諾夫斯克所領導的左派反對黨，傾向支持共產主義的立場以及在經濟政策方面採取社會民主的模式（Fink-Hafner, 2006: 1264）。

表4-4　2004年斯洛維尼亞國會選舉結果

政黨	席次
Slovenian Democratic Party (SDP)	29
Liberal Democracy of Slovenia (LDS)	23
Social Democrats (SD)	10
New Slovenia-Christian People's Party (NSi)	9
Slovenian People's Party (SPP)	7
Slovenian National Party (SNP)	6
Democratic Party of Pensioners of Slovenia (DPP)	4
Hungarian and Italian ethnic minorities	2
總數	90

資料來源：International Parliament Union (2004)。

---

[22] 右派聯合政府在國會總數90席中控制49席，請參閱Fink-Hafner（2005）。

　　總統卓諾夫斯克和總理楊薩的共治經驗中經常出現公開的衝突。在外交議題上，總統卓諾夫斯克選擇介入非洲國家蘇丹Darfur地區所發生的內戰衝突，但是總理楊薩批評總統的外交企圖並沒有成功，甚至總統所派的特使還被拘禁在蘇丹，同時批評總統只是片面地執行其外交政策，並沒有與外交部部長進行協調，最後總理楊薩甚至凍結總統出國旅行的預算（Bartolj, 2007）。另外，總統卓諾夫斯克支持科索沃從塞爾維亞獨立，與總理的政策明顯不同（Fink-Hafner, 2007: 1111）。內政議題上，總統卓諾夫斯克譴責政府在處理一個吉普賽家族遭受地方人士驅逐的事件不夠完善，以及總理楊薩調查總統所使用的一項祕密基金（Bartolj, 2007）。在人事任命權上，總統卓諾夫斯克提名中央銀行總裁的人選被總理拒絕，總理楊薩並且提另外的人選來代替總統的人選（Slovenia News Agency, 2007）。

　　如果從斯洛維尼亞憲法中有關總統權力的大小來觀察的話，其左右共治的經驗應該會出現較少的衝突，原因是總統的權力較小。過去對於半總統制的共治經驗之研究發現，總統權力愈大，共治衝突的可能性也愈大（張峻豪，2011）。然而，斯洛維尼亞的共治經驗正好成為反例，因為即使總統正式權力不大，其還是可以介入政治的運作。主要的原因是總統為全國選舉所產生的，其民意的正當性很容易讓總統介入外交事務領域，以及對於政府施政的批評，特別是不同意識形態的總統和總理共治的情形。[23]最後，從斯洛維尼亞的個案中，我們觀察到共治政府經常發生總統和總理之間的衝突，然而因為共治總理控制著國會多數，總統通常只能對總理的政策表示反對意見，無法透過制度上的權力來凌駕總理，政府運作的主導權還是掌握在共治總理的手中。

23　總理總統制國家波蘭也出現過類似的經驗。2007年波蘭總統卡辛斯基（Lech Kaczy ski）（法律與公正黨，Law and Justice Party）與總理圖斯克（Donald Tusk）（公民綱領黨，Civic Platform Party）形成共治政府，兩位領袖在外交政策方面例如對於歐盟里斯本條約批准的議題上出現了公開的衝突，相關的討論請參閱Jasiewicz與Jasiewicz-Betkiewicz（2009）。

二、斯洛伐克聯盟多數政府與憲政衝突

　　1990年代初期，蘇聯瓦解後，捷克斯洛伐克共和國也隨之解體，分割成捷克和斯洛伐克兩個獨立的國家。斯洛伐克在1992年制定新憲，規範國家政府體制運作和人民權利的基本原則。首先，根據1992年斯洛伐克憲法的規定，總統是由國會選舉產生，其必須獲得五分之三的國會議員的票數才能當選（憲法第102條）。斯洛伐克國會議員總數為150位，因此需要91票才能當選總統。其次，斯洛伐克的總統擁有任命總理和解職總理的權力，解職總理的條件是當國會通過對於總理的不信任案時，總統才能對於總理解職（憲法第102條、第115條）。同時，當國會在大選後的六個月內，連續三次不通過政府所提的總預算案時，總統可以諮詢國會議長，解散國會，重新改選（憲法第102條第4款）。再者，總統可以在國會的法律案通過十五天之內，行使否決權（憲法第102條第12款），以及總統可以出席和主持內閣會議（憲法第102條第15款），這顯示出總統擁有重要的權力（considerable powers）。另一方面，憲法第115條規定，當國會通過不信任案或是否決政府所提的信任案時，總統必須解散內閣，這項條文主要是指內閣需要向國會負責。斯洛伐克的國會權力相當大，當總統否決國會的法案時，國會只需要二分之一的多數便可以進行反否決（override）（憲法第87條第3款）。綜觀之，雖然斯洛伐克的總統是間接選出，但是根據其他的憲法規定，如總統權力以及政府向國會負責的機制，其還是屬於半總統制或總理總統制的國家。

　　斯洛伐克獨立之初，經歷了一段顛簸的憲政發展道路。其總理總統制的運作出現了聯盟多數政府的不穩定、總統和總理之間的衝突、總理獨裁等現象。1992年國會選舉後，由梅恰爾（Vladimir Meciar）領導的民主斯洛伐克運動黨（Movement for Democratic Slovakia）和斯洛伐克國家黨（Slovak National Party）聯合執政。總理梅恰爾通過針對私有化政策的法律修正案來集中總理的權力以及讓私有化計畫的推動減緩（Zifcak, 1995: 62）。總理集權化的現象招致意想不到的後果，如國會多數通過不信任案來行使倒閣權。國會中有70位的執政黨國會議員棄權使得贊成和反對不信任投票的票數為78比2，因此倒閣案得以通過（Strecanska, 1994），總理梅恰爾只好辭職下

台。之後，1994年再次舉行國會選舉，其結果如表4-5。因為無任何一個政黨過半數，由梅恰爾所領導的民主斯洛伐克運動黨、工人協會政黨（Union of the Workers of Slovakia）和斯洛伐克國家黨三個政黨共83席組成聯盟多數內閣（Goldman, 1999: 71）。另外，1994年也同時舉行總統選舉，根據憲法規定，總統是由國會選舉所產生，民主斯洛伐克運動黨提名總統候選人科瓦奇（Michal Kováč）參選總統，在反對黨的支持下，順利當選總統，但必須接受反對黨所提出的條件如退出民主斯洛伐克運動黨（Malová, 2001: 365）。總統科瓦奇和總理梅恰爾之間出現了嚴重的政治衝突。例如總理梅恰爾藉由其掌握的國會多數立法終止一些前任政府所通過的私有化政策，而總統科瓦奇拒絕簽署該項法案，並行使否決權，將法案退回國會，但總理梅恰爾所控制的國會多數又再次地通過該項法案，總統科瓦奇和反對黨只好聲請憲法法院釋憲，最後憲法法院宣告該項終止案違憲（Goldman, 1999: 72）。而總理梅恰爾的反擊方式是在國會通過對於總統的不信任案（Zifcak, 1995: 63）。

　　總理和總統之間持續的衝突對於斯洛伐克的民主產生了複雜的意涵：總統科瓦奇挑戰總理梅恰爾的政策使得總統府成為反對政府政策的中心；行政內部容易滋生衝突的雙元主義破壞了原本脆弱的民主秩序之可信度，而總理梅恰爾不信任現任總統和弱化斯洛伐克的總統職位損害了憲法中對於政府的制衡；因為為了要削弱總統職位的影響力，梅恰爾遂行總理獨裁，這對於缺乏西方國家有限政府和尊重個人權利原則之斯洛伐克來說，是個危險的發展（Goldman, 1999: 73-74）。因為有先前執政黨國會議員的棄權導致不信任案通過的前車之鑑，總理梅恰爾尋求特殊的機制來防堵執政黨議員的反叛。梅恰爾再度擔任總理之後，設法強化黨紀和避免政府不穩定，甚至是使用違憲的方式來壓制國會政黨團體的反叛，例如所有民主斯洛伐克運動黨的國會議員必須簽署一個沒有附上日期的辭職信，以便於當同黨的國會議員欲離開政黨時可以使用；1996年有一位民主斯洛伐克運動黨的國會議員決定離開執政黨，他辭去國會議員身分的信出現在國會之中，雖然好像是他自己所提出的，這位國會議員否認送出過這樣的信且想要繼續完成他的任期，而執政

表4-5　1994年斯洛伐克國會選舉結果

政黨	席次
Movement for Democratic Slovakia	61
Common Choice Coalition	18
Hungarian Parties Coalition	17
Christian Democratic Movement	17
Democratic Union of Slovakia	15
Union of Workers of Slovakia	13
Slovak National Party	9
總數	150

資料來源：International Parliament Union (1994)。

黨選擇接受他的辭職，以另外一位忠誠的黨員來代替該位國會議員的席次；最後憲法法院宣告國會已經侵犯了該位國會議員的憲法權利，然而國會拒絕回復其職位的要求（Rybár, 2006: 153）。總理梅恰爾選擇以非民主的方式來鞏固政黨內部的凝聚力，一方面可能損害其統治的合法性，另一方面反而增強反對勢力或總統的正當性。

另外，總理梅恰爾所領導的內閣，出現了聯盟維繫的危機，特別是在對外關係的議題上。總理為了與匈牙利之間雙邊協定的批准一案，受到聯盟政黨之一斯洛伐克國家黨的牽制，甚至總理梅恰爾必須通過另一項法律如共和國保護法，來交換斯洛伐克國家黨（Slovenská národná strana）對於與匈牙利之間雙邊協定批准的同意票；再者，兩個聯盟政黨對於總理梅恰爾申請加入歐盟和北大西洋公約組織的外交政策持反對的立場，甚至堅持有關斯洛伐克加入北大西洋公約組織的政策必須舉行公投（Pridham, 2002: 91）。這些爭議顯示聯盟政府的組成只是一種便利的結合，而非政策接近的政黨之間的結盟（Pridham, 2002: 88）。

整體來看，當總理過度集中權力時，可能導致總統和國會多數的反對。另外，聯盟多數的總理必須透過政策的誘因來凝聚聯盟黨的支持，以及運用非常的手段來鞏固同黨的國會議員之忠誠。當總理過度濫權時，可能會出現其他憲政機關如總統和憲法法院的制衡，或是總理和國會之間的衝突，斯洛伐克個案顯示總理總統制下聯盟多數政府可能產生的憲政危機和衝突。

三、克羅埃西亞國會式政府與憲政衝突

　　根據1990年所通過的憲法，克羅埃西亞是屬於總統國會制國家。總統是採取直選的方式，任期五年（1990年憲法第95條）。總統可以任命和免職總理（1990年憲法第98條第1款）。國會可以對於政府提出不信任投票以及政府可以提出信任投票，當不信任投票案通過的話，總理應該辭職（1990年憲法第113條）。假如國會通過不信任案或國會無法在國家預算提出後的一個月通過預算的話，總統可以在政府的提議和總理的連署下，以及諮詢議長之後，解散國會，但是總統不能在解散國會後的一年內再次解散國會（1990年憲法第104條）。總統可以召集及主持內閣會議，討論其考慮的議題（1990年憲法第102條）。憲法規定政府同時向總統和國會負責（1990年憲法第111條）。綜合來看，克羅埃西亞民主轉型之後所運作的憲政體制是總統國會制，因為其總統可以任免總理以及總理需同時向總統和國會負責。2001年克羅埃西亞經由修憲將總統國會制改成總理總統制。主要的差異在於取消總統對於總理的免職權，規定總統只能提名取得國會多數的政黨領袖擔任總理（2001年憲法第97條）。因此根據這個條文的精神，克羅埃西亞的總理只向國會負責。

　　從1990年到2000年以前，克羅埃西亞的政府型態一直都是一黨政府，由克羅埃西亞民主聯盟（Croatian Democratic Union）連續執政，2000年國會選舉結果如表4-6。因為無任何一個政黨過半，因此由社會民主黨（Social Democratic Party）聯合克羅埃西亞社會自由黨（Croatian Social Liberal Party）、克羅埃西亞農民黨（Croatian Peasant Party）、克羅埃西亞人民黨（Croatian People's Party）以及伊斯特里亞民主議會（Istrian Democratic Assembly）和自由黨（Liberal Party）等六個政黨，組成共92席的聯合政府。總理由社會民主黨領袖拉昌（Ivica Račan）擔任。整個內閣25個席次

表4-6　2000年克羅埃西亞國會選舉結果

政黨	席次
Croatian Democratic Union (HDZ)	46
Social Democratic Party (SPH)	43
Croatian Social Liberal Party (HSLS)	25
Croatian Peasant Party (HSS)	16
Istrian Democratic Assembly (IDS)	4
Alliance of Primorje-Gorski Kotar (PGS)	2
Croatian Party of Rights (HSP)	4
Croatian People's Party (HNS)	2
Liberal Party (LS)	2
Slavonia-Baranja Croatian Party (HBHS)	1
Croatian Christian Democratic Union (HKDU)	1
Serb People's Party (SNS)	1
Others	4
總數	151

資料來源：International Parliament Union (2000a); Kasapovič (2008: 55)。

中，社會民主黨占有10席、克羅埃西亞社會自由黨有6席、伊斯特里亞民主
議會4席、克羅埃西亞農民黨3席、克羅埃西亞人民黨1席、自由黨1席，內
閣閣員比例與其國會席次比例相去不遠（Kasapovič, 2003: 60）。總統是由
克羅埃西亞人民黨的政黨領袖梅西奇（Stjepan Mesi ）擔任。半總統制學者
指出，總統的政黨如果是相對少數，基本上所形成的政府是所謂的國會式政
府，或是稱之為分立行政，其指涉當總統的政黨沒有掌握國會多數，總統必
須任命一個來自不同政黨的領袖擔任總理，總理所形成的聯盟包含總統的政
黨（Francesco and Elgie, 2010: 28）。在克羅埃西亞的例子中，總統黨參加
聯合內閣，但由聯盟中掌握最多席次的政黨來籌組內閣並由其領袖擔任總
理，因此其屬於國會式政府的類型。因為總理黨的國會席次相對較多，總

理主導內閣的運作，而總統黨的國會席次只有2席，接近我們先前所提到表4-1中的第六種類型。更重要的是，克羅埃西亞的國會式政府顯示總理總統制下，國會並沒有讓與部分政府組成的權力給總統，與Elgie（2011）有關總理總統制的論點相反。政府組成的權力取決於總統黨席次和國會多數黨或相對多數的政黨之席次的消長變化，當總統黨是國會中相對的少數黨，總統必須讓與國會中相對多數黨來組閣，總統黨所占的閣員席次較少，與總統黨的國會席次比例相當。然而，因爲在總理總統制下，總統擁有全國民意的正當性以及憲法賦予總統一些重要的權力，總統可能會對於政府的運作表示反對意見，因之國會式政府還是可能會出現總統和總理或總統和國會之間的衝突。

克羅埃西亞國會式政府的運作出現了總統與總理有關修憲議題的衝突、聯盟黨離開多黨內閣、總理與總統黨的內閣閣員之間的衝突。第一，總統梅西奇對於總理拉昌所主導的修憲草案內容不滿，例如取消總統關於情報和安全機構領袖的任命權，以及有關外交機構的設置、大使的任命、國會的解散、執行法律的相關決議皆需要總理的同意或簽署，修憲的結果讓總統的職位成爲一個形式的機構以及讓總統無任何眞正的權力（Croatian TV Text of Report, 2000）。當修憲的議題攸關總統權力的縮減時，很容易引起現任總統的反彈，浮現總統和總理以及總統和國會多數的衝突。根據1990年憲法的規定，憲法修正案可以經由五分之一的國會議員以上或共和國的總統或政府提出（憲法第136條）。總理拉昌因爲掌握國會多數，可以積極主導修憲，總統相對上較爲弱勢，只能表示反對意見。第二，2000年總理拉昌領導的聯合內閣到了2002年7月出現了嚴重的內部分歧。聯盟政府中的第二大黨克羅埃西亞社會自由黨選擇離開執政聯盟，主要的原因是與總理的政黨——社會民主黨有意識形態和政治上的爭執，克羅埃西亞社會自由黨認爲社會民主黨窒息或破壞他們的政黨認同或是危及他們在政治領域上的存活（Kasapovič, 2003: 62）。聯盟中的第二大黨離開導致拉昌領導的內閣瓦解，必須重新改組。改組後的聯盟政府剩下五個政黨。第三，總理拉昌提到在2003年國會選舉之前，他會將宣傳成功政績的部長解職，其主要的批評對象是針對總統黨（克羅埃西亞人民黨）出身主管公共建設部門的內閣大臣卡西克（Radimir Cacic）宣傳興建高速公路的政績一事，此時總理拉昌的角色比較像是社會民主黨的主席，而不是總理的角色，主要的原因是因為總理拉昌擔心克羅埃西亞人民黨的支持度會影響其政黨——社會民主黨的選舉命運（Pleše, 2003）。從這個事件來看，聯盟中的政黨還是有個別的理性考量，擔心其他政黨會奪去自己政黨的光彩，甚至可能讓其在選舉上失利。國會式政府的運作下，總統黨不是聯盟中主導的政黨，當接近國會選舉時，總統黨和總理黨的衝突會愈趨於明顯。[24]另外，聯盟政府的脆弱性在於聯盟的政黨可能會因為政策的歧異而選擇離開，總理如何促進自己政黨的力量之餘，又不危及聯盟的穩定，是每位聯合內閣的總理治理政府的重要課題。

四、立陶宛少數政府與憲政衝突

　　立陶宛的憲法規定總統由直選方式產生，任期五年，得連任一次（憲法第78條）。總統在國會的同意下，任命總理組成政府以及總統在國會的同意下，可以對於總理免職（憲法第84條第4款、第5款）。總統在收到國會所通過的法律案後的十天內，必須簽署和公布該項法律，或是行使否決權，退回國會重新考慮（憲法第71條）。但是如果國會經由二分之一多數的國會議員重新通過該項法律，總統必須簽署和公布該項法律（憲法第72條）。國會可以經由過半數的國會議員通過對於總理的不信任案（憲法第61條）。立陶宛的憲法符合總理總統制的相關特徵。從憲法的形式規定來看，總統對於總理並沒有解職權，但是實際運作上，立陶宛的總統可以迫使總理去職，例如，1996年左派民主勞工黨（Democratic Labor Party of Lithuania）的總統布拉扎斯卡斯（Algirdas Brazauskas）迫使同時擔任民主勞工黨黨魁的總理什萊扎維丘斯（Adolfas Šleževičius）下台，以及1999年無黨籍的總統阿達姆庫斯（Valdas Adamkus）迫使基督教民主黨（Lithuanian

---

24　其他的總理總統制國家如烏克蘭和羅馬尼亞也曾經出現過國會式政府的類型以及總統和總理之間的衝突，相關的討論請參閱蔡榮祥與石鵬翔（2011）。

Christian Democratic Party）的總理瓦格諾柳斯（Gediminas Vagnorius）下台（Talat-Kelpša, 2001: 166）。

　　2000年10月的國會選舉結果，並無任何一個政黨獲得過半數，請參閱表4-7。獲得最多席次的第一大黨是社會民主聯盟（Social Democratic Coalition）、第二大黨是自由聯盟（Liberal Union）。總統阿達姆庫斯籌組新政治（New Politics）聯盟，這個聯盟包含自由聯盟和社會自由黨（Social Liberals）（Krupavičius, 2008: 74）。最後，總統阿達姆庫斯選擇不提名第一大黨及反對黨——社會民主聯盟的領袖布拉扎斯卡斯來籌組政府，反而提名自由聯盟的領袖帕克薩斯（Rolandas Paksas）籌組少數聯盟政府，聯盟中的政黨有自由聯盟、社會自由黨、中央聯盟（Lithuanian Centre Union）和

表4-7　2000年立陶宛國會選舉結果

政黨	席次
Social Democratic Coalition	51
Liberal Union	34
Social Liberals	29
Homeland Union	9
Lithuanian Peasants' Party	4
Lithuanian Christian Democratic Party	2
Lithuanian Centre Union	2
Electoral Action of Poles in Lithuania	2
Christian Democratic Union	1
Union of Moderate Conservatives	1
Lithuanian Liberty Union	1
Union of Young Lithuania	1
Modern Christian-Democratic Union	1
Independents	3
總數	141

資料來源：International Parliament Union (2000b)。

基督教民主黨，一共是67席，離過半的72席，還差了5席。另外，國會議長由另外的聯盟黨──社會自由黨的領袖保羅斯卡斯（Artūras Paulauskas）擔任（Matsuzato and Gudžinskas, 2006: 164）。為何總統在內閣組成上會有較多的裁量權之原因，來自於國會政黨的零碎化。社會民主聯盟雖然是第一大黨，但是離過半還差20席，因此總統得以策略操作選擇其所屬意的政黨來組成少數聯盟政府。

　　少數聯盟政府的憲政衝突來自於聯盟黨之間的政策歧異、總統和國會之間的衝突、總統和總理之間的衝突。首先，內閣中的聯盟黨社會自由黨的國會議員帕維羅尼斯（Rolandas Pavilonis）和一半的社會自由黨國會議員主張增加教育和文化的預算，總理帕克薩斯迫於無奈只好先接受，最後再以政府無錢為理由，不執行該項的追加預算（EECR, 2001a）。其次，總統阿達姆庫斯和總理帕克薩斯的關係變得緊張之緣故是總統阿達姆庫斯在一個農民代表大會的場合上，提到不應該再繼續發放農業的補助金，因為國家已經無能力支付一些失敗的農業，且這是立陶宛加入歐盟的必要措施；接著總統後面講話的總理帕克薩斯反而承諾繼續發放農業補助金，儘管政府的預算短缺；之後，總統阿達姆庫斯在2001年4月19日的國會演講中提到，自由聯盟和社會民主聯盟是駕駛國家這部車子的新手，他們正經歷嚴重的困難（EECR, 2001b）。再者，總統阿達姆庫斯也曾經否決國會所通過的私有化法案，表示其反對的意見，雖然國會多數最後還是再次通過該項法案（EECR, 2001a）。這個事件突顯總統和國會之間的衝突和對抗。壓垮少數聯盟的最後一根稻草是立陶宛最大的國家煉油廠Mažeikių Nafta的交易案，主要的交易競爭對象是美國的Williams公司和俄羅斯的Lukoil公司；立陶宛總統阿達姆庫斯和俄羅斯總統普丁（Vladimir Putin）最後發表共同聲明，由俄國的Yukos公司（美國Williams公司的合作對象）獲得該項交易案，而總理長期是由俄羅斯另外一家Lukoil公司所資助，總理帕克薩斯自失立場，同時屬於社會自由黨的國會議長保羅斯卡斯也向其施加壓力，最後總理帕克薩斯只好選擇辭職下台，結束少數聯盟的執政（Matsuzato and Gudžinskas, 2006: 164）。綜合來看，少數聯盟政府的總理帕克薩斯腹背受敵，一方面來自於總統的反對，一方面來自聯盟內部政黨的齟齬，使得少數政府成為短命內閣，只存活了九個月（2000.10-2001.6）。少數政府容易產生總統和總理之間、總統和國會之間以及總理和國會之間的憲政衝突，所以其是多黨總理制下最容易出現憲政衝突的政府類型。過去的研究指出，如果半總統制出現分立少數政府（divided minority government），同時總統權力很大的時候，比較容易出現憲政危機和衝突，如威瑪共和的興登堡（Paul von Hindenburg）總統和俄羅斯的葉爾欽（Boris Yeltsin）總統時期（Skach, 2005b; Colton and Skach, 2005）。總理總統制的總統權力雖然沒有很大，但是在少數政府時期，其仍然會出現嚴重的憲政衝突。

陸、結論

　　本文的研究在於多黨總理總統制的政府組成主要是由總統主導或是國會主導，以及多黨總理總統制中，不同的政府類型如何產生權力機關之間不同的衝突程度。本文的研究發現如下，首先，以總統主導或國會主導兩種牽引力的拉扯來看的話，在多黨總理總統制的政府組成經驗中，總統主導的比例遠高於國會主導的比例。這個結果顯示在多黨總理總統制的運作中，大多數的情況下還是由總統來主導政府組成，總理負責的主要對象是總統，而不是國會。其次，政黨國會席次的分配、總理政黨屬性和總理負責對象的不同，會影響多黨總理總統制中不同政府類型運作下總統和國會的衝突程度。以發生憲政衝突的程度高低來進行排序，少數政府衝突程度較高、國會式政府次之、聯盟多數接續、共治政府衝突程度較低。相較於兩黨總理總統制，多黨總理總統制較可能會產生憲政衝突，不僅會出現總統和總理之間的衝突，同時也會出現聯盟內部的衝突和競爭，或是總統和國會之間的衝突。在個案分析方面，從斯洛維尼亞的共治政府經驗中，我們觀察到總統和共治政府的總理在外交議題、內政議題和人事任命權上曾經產生衝突。斯洛伐克憲政衝突的原因是聯盟多數政府的不穩定、總統和總理之間的衝突、總理獨裁等現象。克羅埃西亞國會式政府的運作出現了總統與總理有關修憲議題的衝突、聯盟黨離開多黨內閣、總理與總統黨的內閣閣員之間的衝突。立陶宛少數聯盟政府的衝突來自於聯盟黨之間的政策歧異、總統和國會、總統和總理之間的衝突。

　　再者，憲法上權力較弱的總統還是可能對於半總統制國家的運作，例如內閣的組成或法案的通過有否決權，進而與總理或國會多數發生衝突。雖然這些總理總統制國家的政府或國會是權力的核心，但我們也不應該忽視總統的角色和權力，因此這些國家不能被歸類成是議會制國家，必須以半總統制的權力運作邏輯來分析才合適。總理總統制是半總統制次類型中較容易運作的類型，其與多黨制的配套，會呈現多樣化的政府型態。不同的政府類型會導致不同程度的憲政衝突。最後，本文並非全面主張多黨總理總統制很難運作，而是分析在什麼條件和情況下，多黨總理總統制可能會面臨運作上的困難。

壹、前言

研究政黨政治知名學者Schattschneider（1942）曾經精闢地指出，政黨提名候選人、制定公共政策以及與其他政黨競爭政治權力，是民主政治運作的重要基石。政黨是民主政治運作中最重要的組織，因為政黨可以幫助選民篩選候選人，讓選民可以只針對幾位政黨提名的候選人進行投票，簡化選項的抉擇（Schattschneider, 1964: 8）。政黨的終極目標是贏得選舉、掌握權力和執政的地位。因此，政黨是民主政治適當運作的關鍵機構（Dalton, Farrell, and McAllister, 2011: 3）。政黨對於選民可以提供競選活動的連結、參與的連結、意識形態的連結、代表的連結和政策的連結（Dalton, Farrell, and McAllister, 2011: 7）。以議會制國家來說，政黨會參與國會選舉，提名候選人，競爭國會議員席次。當政黨贏得國會多數或是過半數席次時，政黨領袖會籌組內閣，組成政府。在總統制國家或半總統制的國家當中，因為權力分立的憲政設計，會舉行總統和國會兩種選舉。一般而言，政黨會提名其總統候選人和國會議員候選人來角逐總統職位和國會席次。當政黨的總統候選人贏得總統大選以及同時取得國會多數時，會形成所謂的一致政府。當政黨的總統候選人在總統選舉中勝出，而該政黨卻失去國會多數時，很可能會形成少數政府、分立政府或是共治政府。總統需要與政黨融為一體，努力讓其政黨成功地贏得國會選舉，同時在缺乏國會多數時，總統會籌組多黨聯盟，以獲得過半數的支持（Linz, 1997: 10）。換言之，總統與政黨的關係相當緊密，總統的立法推動需要依賴同黨國會議員的支持，同時總統也會運用其資源和影響力來幫助同黨的國會議員當選連任。然而，總統當選人不必然是政黨所提名或推薦，有可能是以所謂的無黨籍方式，透過公民連署的方式，取得參選總統的資格。無黨籍總統候選人在競選策略上的優勢是爭取不同黨派的選民一起支持，超越政黨可能的限制和藩籬。當多數選民認為政黨只在乎權力的競逐以及政黨無法滿足其新的需求和期望時，通常會減少對於政黨的支持（Diamond and Gunther, 2001: xi）。甚至，當選民對於主要政黨的表現普遍不滿時，可能會轉而選擇支持無黨籍的總統候選人。無黨籍總統當選之後如何運作權力、與內閣或國會如何互動值得我們深入的探究。

　　另外一種無黨籍總統的可能成因是當黨派總統當選之後，根據憲法或是國家傳統，必須退出政黨，成為無黨籍總統。無黨籍總統的規範性意涵是保持一種中立超然的立場，不涉及政黨之間的競爭。這兩種方式所產生的無黨籍總統都會面臨到兩個層面的權力分享或制衡。第一，無黨籍總統必須提名總理來組成政府，內閣也必須獲得國會的支持或信任。無黨籍總統必須提名國會多數支持的黨派總理，當黨派總理與總統立場或主張歧異的時候，很可能會產生雙元行政的衝突。第二，國會中的政黨與總統的關係。當國會中的主要政黨與無黨籍總統有嚴重的衝突時，國會可能通過總統反對的法案，而總統可能會運用憲法的立法權力如否決權來反制，總統或國會哪個權力機關勝出取決於否決門檻的高低。當國會中的政黨與無黨籍的總統之間的關係較為和諧的時候，無黨籍總統可以透過國會的立法來推行其偏好的政策。總體而言，無黨籍總統很可能面臨對立總理、對立國會的情形，或是選擇相對妥協的方式，讓總理和國會主導行政和立法的推動工作。本文主要的目的在於分析無黨籍總統可能面臨政治機會結構的限制，以及分析無黨籍總統和黨派總理之間為何會產生衝突或為何可以合作的因果機制解釋。

　　不同的憲政體制下會出現不同的政黨和政府的關係（黨政關係）。總統制下，因為總統的存活不依賴國會多數的支持，使得國會多數的政黨無法直接影響政府，但同時也免除政黨必須忠誠支持的義務，政府和政黨形成所謂的相互利用的關係，國會政黨藉由法案的影響力來汲取政府的資源幫助競選活動，政府利用國會政黨的支持來讓法案可以順利通過，以利執行（Cotta, 2000: 60-61）。在議會制的運作中，政府的存活依賴國會政黨，政府和政黨必須面對相同的選舉命運和正當性的消長變化（Cotta, 2000: 61）。議會制中，政黨和政府是直接的連結，政府政策的成敗會影響政黨執政的持續與否。半總統制的黨政關係等於結合部分總統制的黨政關係和部分議會制的黨政關係。半總統制的總統是獨立於國會而存在的，除了被國會彈劾的例外情況之外，半總統制總統的任期是固定的。半總統制的內閣或總理，必須依賴國會多數的支持，而國會可以提出不信任案，迫使總理下台。半總統制的黨政關係牽涉到總統、總理和國會政黨三方的互動或競爭關係。這三種不同憲政體制下的黨政關係，政黨是政府在立法和施政的重要媒介和平台。[1]當總統是無黨籍的身分或是總統選擇退出政黨運作或與政黨保持距離時，總統和國會政黨的關係可能會出現國會中的政黨形成多數選擇支持總統的法案、國會中的政黨形成多數反對總統的法案或是無法形成任何多數的立法僵局。換言之，無黨籍總統和國會政黨的關係變動性較大，端視無黨籍總統和國會政黨的競合關係。

　　半總統制國家基本上可以分成兩個次類型，總理總統制和總統國會制，而兩者之間的主要差異是總統國會制的總統權力大於總理總統制的總統權力（Shugart, 2005; Shugart and Carey, 1992）。實際運作上，總統國會制國家因為雙元負責性的特徵，比總理總統制國家更容易產生總理的免職和內閣的撤換（Samuels and Shugart, 2010: 101）。其次，總統國會制國家在民主存活的指標上，比之於總理總統制國家相形見絀（Elgie and Schleiter, 2011）。再者，總理總統制國家在民主表現、經濟指標和限制行政權力等指標上比之於議會制國家、總統制國家和總統國會制國家表現得更好（Sedelius and Linde, 2018: 8）。雖然總理總統制國家總體的運作表現相對較為優異，但其還是會出現嚴重的總統和總理的行政衝突或是總統和國會的對立（Protsyk, 2005; Protsyk, 2006; Sedelius and Ekman, 2010; Sedelius and Mashtaler, 2013）。本文主要的研究問題是為何特定的無黨籍總統會與黨派

---

[1]　黨政關係中，有關國會政黨與內閣的自主性和依賴性的不同程度分析，請參閱Blondel（2000）。

總理或國會多數發生衝突，以及爲何其他的無黨籍總統與總理或國會較容易出現妥協或合作。有些總理總統制國家的憲法規定，總統當選之後必須退出政黨或暫停政黨活動。[2]其目的是總統可以扮演超黨派的中立角色，以便於調和鼎鼐，解決政治紛爭。然而，實際經驗中，無黨籍的總統選擇介入政治運作時，有些時候還是需要國會政黨的支持，才能通過屬意的立法和推行其相關的政策。[3]當總統與總理同屬一個政黨或聯盟時，可以協調或統合政策的差異。但是當總統是屬於無黨籍的總統時，其如何與黨派總理進行協商合作或是出現嚴重的憲政衝突是本文關注的核心焦點。

　　無黨籍總統的屬性可能出現兩種截然不同的類型。無黨籍總統可能是從競選總統一開始就是屬於無黨籍的身分，其在國會並無任何支持基礎。或是無黨籍總統在當選之前有加入特定政黨的運作，但是選後因爲憲法的規定，必須退出政黨，但是在國會中，總統與該政黨仍保持一定的合作關係。客觀的經驗上，無黨籍總統可能選擇不介入政治的運作，讓總理和內閣閣員全權負責日常政策的推動。一些半總統制國家的憲法規定總統當選之後，必須退出政黨，無黨籍總統認爲他們是國家和人民的超黨派代表，甚至有時候會利用總統職位來警告和批評政府的施政（Sedelius and Mashtaler, 2013: 11）。換言之，無黨籍總統可能選擇介入政治的運作，行使憲法賦予的權力來干涉黨派總理和內閣閣員的決策。無黨籍總統面對一黨多數的總理與聯盟多數的總理，可能存在著截然不同的互動模式。當無黨籍總統面對一黨控制多數的黨派總理時，其較無法介入政府的運作，因爲黨派總理可以透過國會的多數來決定法律和政策的內容。在國會屬於聯盟取得多數的情況下，有些無黨籍總統可能會獲得原先所屬政黨之國會議員支持，而與不同政黨屬性的黨派總理發生茶壺內的風暴，使得總統、總理和內閣政黨之間對於特定政策產生歧

2　例如，總理總統制國家立陶宛的憲法規定，總統在當選之後必須暫停政黨和政治組織的活動，一直到下一次總統大選的競選活動才可以執行政黨和政治組織的活動（憲法第83條）。

3　例如，法國第五共和首任總統戴高樂（Charles de Gaulle）一開始主張他要扮演仲裁者的角色，甚至不喜歡政黨的運作，但在總統任中改弦易轍，他幫自己政黨的國會議員和地方議員助選以及關注政黨內部階層的發展（Suleiman, 1980: 95, 98）。這顯示半總制下，總統和政黨之間的關係，無法全然的切割，甚至無黨籍總統都可能與黨派總理和國會政黨有所牽連。

異和衝突。本文主要聚焦於無黨籍總統選擇介入政府運作時，如何與黨派總理產生政治衝突。哪些情況之下，無黨籍總統可能透過憲法規定的權力來與黨派總理進行權力競逐或產生激烈衝突和政治不穩定；哪些情況之下，無黨籍總統可能退居二線，只能對於黨派總理所提出的政策提出反對意見，但是仍然無法改變政策決定的最後結果。所謂的衝突或是政治不穩定是指半總統制的權力機關之間，如總統、總理和國會彼此之間對於職權、法案和政策出現嚴重的對立或是僵局，無法透過憲法上的機制加以解決。本文的研究範圍主要聚焦於東歐的總理總統制國家，這些國家中曾經出現過無黨籍總統的運作經驗，希冀藉此來釐清總理總統制運作中無黨籍總統、黨派總理和民主穩定之間的關係。研究指出，總理總統制之所以容易出現雙元行政的衝突是因為憲政制度的結構。半總統制內閣的正當性來自於直選總統的提名，但是主要的行政權力卻掌握在總理手中，因此總統可能成為挑戰總理行政權威的行動者（Protsyk, 2006: 232）。由此可知，總理總統制國家很適合作為無黨籍總統如何挑戰黨派總理，以及黨派總理如何與無黨籍總統發生衝突的研究範圍。

　　法國的憲政體制是許多當代民主國家仿效的對象，其也是總理總統制成功運作的典範。法國憲政體制的彈性在於避免讓兩個具有民選正當性的總統和國會發生衝突，有時候運作起來像總統制，有時候運作起來像議會制（Suleiman, 1994: 151）。在一致政府的時期，法國總統可以行使憲法上的權力，指揮同黨的總理執行行政的功能，而在共治政府的時期，總理可以運用控制國會多數的優勢來推動偏好的政策，而總統只能表達反對的意見，無法決定政策的走向（Carrier, 2016: 21-31; Skach, 2005b）。根據法國憲法的規定，法國總統可以任命總理和主持部長會議（法國憲法第8條、第9條），透過憲法的決策機制來統合行政運作。綜合來看，國會多數的支持是法國總統或是共治總理支配行政權力的關鍵因素，總統和國會之競合關係導致行政權力的換軌或擺盪。[4]總理總統制下，總統可以藉由與國會合作

---

[4]　比較政治學者Sartori（1997: 124）認為法國的憲政體制並不是總統制和議會制之間的輪替，因

的機會來擴大對於政府組成的影響力，總統通常會讓與部分權力給國會，以確保來自於同黨總理的職位，同時可以對於政治過程有持續地影響，讓總統和國會趨向合作的方向發展（Elgie, 2011: 31-32）。總理總統制之所以能夠形成向心的合作，而非離心的衝突之關鍵因素在於憲法權力和政黨因素。憲法權力上，總統可以透過正式制度來協調指揮總理，而總理因為需要向國會負責，必須與多數國會議員進行協商和合作，才能完成相關的立法，執行總統偏好推行的政策。總統除了透過憲法的權力行使之外，還可以透過政黨的機制來統合行政和立法的運作。[5]因此會出現政黨的行為和組織，與憲政結構相類似的總統化政黨現象，由總統控制黨內的職位和政策的決定（Samuels and Shugart, 2010: 15-16）。[6]法國政治運作經驗中，出現了四種不同態樣的黨政關係，第一，當總統同時是國會多數的政黨領袖，擁有最大的行政權力；第二，總統是聯盟政府中的少數黨領袖，而總理是聯盟政府中的多數黨領袖，決策過程會出現雙元行政的對比和差異；第三，總統是國會少數黨領袖，而總理是國會多數黨領袖，形成共治政府，由總理主導；第四，總統是國會少數黨領袖，而總理也來自於國會少數黨的少數政府，則由總統主導政府的運作（Pasquino, 1997: 132-133）。

在葡萄牙總理總統制的運作經驗中，總統必須考量國會的選舉結果來提名總理和內閣，且內閣主要是向國會負責，但總統在少數政府和共治政府的情況下，可以運用憲法賦予的解散權來化解政治的僵局或衝突（Amorim Neto, 2009: 241-243）。葡萄牙總理總統制的運作經驗中，當總理同時控制國會多數和政黨機器時，會造成同黨的總統必須退居二線，由同黨的總理來

為法國的一致政府時期同時存在著總統和政府，並不是像總統制一樣，由總統直接領導政府，而在共治時期，總統也不是虛位元首，仍然可以行使憲法所賦予的保留權力，議會制國家的總統並沒有這些權力，因此主張不是總統制或議會制之間的輪替，而是體制內的擺盪，比較傾向於總統制或是議會制。

5　有關半總統制下總統對於內閣的直接控制和間接控制的分析，請參閱吳玉山（2017）。

6　有關總統化政黨的台灣經驗研究可以參閱陳宏銘（2009；2016b）以及李鳳玉與黃建實（2015）。

主導政府運作（Jalali, 2011: 162）。[7]與法國總理總統制的發展經驗結合來
看，法國和葡萄牙總理總統制的運作經驗顯示，國會中多數政黨的支持與否
是總統實際權力強弱的關鍵因素。當總統同時控制國會多數時，可以主導行
政和立法的決策，其掌握最大的權力。然而，如果同黨總理控制國會多數和
政黨機器時，總統只能接受總理主導政府運作的事實。當反對總統的總理控
制國會多數時，則總統的權力萎縮至憲法保留的領域，總理主導行政的運
作。當無任何政黨控制國會多數時，總統可以選擇特定的總理，介入政府的
運作，但可能必須面對國會臨時多數的掣肘。法國和葡萄牙憲政體制的成功
運作經驗，造成了體制移植的擴散效應，目前約略有37個國家是採取總理
總統制這種半總統制的次類型（Elgie, 2011: 29）。然而，法國和葡萄牙的
憲政經驗，可能沒有耗盡所有的可能性。有些總理總統制國家，可能選出無
黨籍人士擔任總統，在歐洲地區總共有保加利亞、立陶宛、摩爾多瓦、波
蘭、羅馬尼亞、斯洛伐克、斯洛維尼亞、烏克蘭等八個國家曾經出現無黨籍
總統（Elgie and Moestrup, 2008）。[8]有關總理總統制國家無黨籍總統、黨
派總理和政府類型的資料請參閱表5-1。無黨籍總統、黨派總理和國會的互
動模式與同黨總統、總理和國會的互動模式迥異，值得我們深入的探究。本
文會進一步去細緻地分析無黨籍總統和黨派總理產生嚴重的衝突，對於半總
統制的政治體系產生哪些影響。另外，無黨籍總統如果與黨派總理合作無間
或是保持一個較超然中立的地位，是不是較有助於半總統制國家民主的鞏
固，以及無黨籍總統的權力運作對於總統職位產生哪些關鍵性的影響，是本
文主要的研究課題。

7　具體的例子是，從1996年到2002年，葡萄牙社會黨總統桑伯歐（Jorge Sampaio）因為國會多數
　和黨內權力掌握在社會黨總理古特雷斯（António Gutterres）手中，總統只能放手讓總理古特
　雷斯主導行政事務，相關的討論請參閱Jalali（2011: 162）。
8　有關中、東歐地區半總統制國家的分析可以參閱Elgie與Moestrup（2008）。

貳、文獻檢閱

　　造成威瑪共和半總統制民主崩潰的其中一個原因是無黨籍總統興登堡（Paul von Hindenburg）和對立國會之間的嚴重衝突。興登堡總統認為總統的角色是超越黨派，以國家為重，總統不能讓政黨告訴他應該做什麼，甚至連總統競選時支持的政黨也一樣不能夠告訴總統應該做什麼（Skach, 2005b: 44-45）。當國會無法通過法案或是國會阻撓總統的法案時，興登堡選擇行使總統的緊急命令權來代替國會的法律，甚至用緊急命令來解散國會（Lepsius, 1978: 48-49）。[9]最後，威瑪共和的民主斷送在總理希特勒（Adolf Hitler）獨裁統治的手中。殷鑑不遠，威瑪共和的悲劇再次在俄羅斯上演。無黨籍總統葉爾欽（Boris Yeltsin）缺乏穩定多數的國會支持，受到國會中反對總統政黨的掣肘，只好單邊地制定行政命令，來執行其偏好的政策（Colton and Skach, 2005: 120）。葉爾欽總統和對立國會形成法律主導的權力爭奪戰，使得總統簽署的行政命令和國會通過的法律數目幾乎不分軒輊（Troxel, 2003: 89）。威瑪共和以及俄羅斯的例子突顯當國會多數政黨與無黨籍總統對立時，無黨籍總統會選擇廣泛地使用憲法所賦予的行政命令權來繞過國會，造成憲政獨裁的現象以及國會多黨林立的現象，無黨籍總統無法合縱連橫的組成多數通過其屬意的法律。

表5-1　總理總統制國家中無黨籍總統、黨派總理和政府類型

國家	無黨籍總統	黨派總理	政府類型
保加利亞	Zhelev (Jan92-Jan97)	Dimitrov (Nov91-Dec92)	聯盟少數
	Zhelev (Jan92-Jan97)	Videnov (Jan95-Feb97)	聯盟多數
	Radev (Jan17- Aug18)	Borisov (May17-Aug18)	聯盟多數

9　以1932年為例，威瑪共和的國會只通過5項法律，興登堡總統所頒布的緊急命令則高達66項（Lepsius, 1978: 49）。這個結果顯示國會的立法僵局以及總統運用行政權力來越過國會制定政策。

表5-1　總理總統制國家中無黨籍總統、黨派總理和政府類型（續）

國家	無黨籍總統	黨派總理	政府類型
立陶宛	Adamkus (Mar98-Feb03)	Paksas (Oct 00-Jun01)	聯盟少數
	Adamkus (Jul04-Jul09)	Brazauskas (Jun01-Jun06)	聯盟多數
摩爾瓦多	Snegur (Sep90-Jan97)	Sangheli (Jul92-96)	一黨多數
波蘭	Kwasniewski (Dec95-Nov00)	Cimoszewicz (Feb96-Oct97)	聯盟多數
	Kwasniewski (Dec95-Nov00)	Buzek (Oct97-Oct01)	聯盟多數
	Kwasniewski (Nov00-Sep05)	Miller (Oct01-May04)	聯盟多數
	Kwasniewski (Dec95-Nov00)	Belka (May04-Sep05)	聯盟少數
羅馬尼亞	Iohannis (Dec14-Aug18)	Ponta (Aug15-Nov15)	聯盟多數
	Iohannis (Dec14-Aug18)	Ciolo　(Nov17-Jan18)	無黨政府
	Iohannis (Dec14-Aug18)	Grindeanu (Jan17-Jun17)	聯盟多數
	Iohannis (Dec14-Aug18)	Tudose (Jun17-Jan18)	聯盟多數
斯洛伐克	Kiska (Jun14-Aug18)	Fico (Apr14-Mar18)	聯盟多數
	Kučan (May92-Dec02)	Drnovšek (May92-Dec02)	聯盟多數
	Türk (Dec07-Dec12)	Pahor (Nov08-Feb12)	聯盟多數
烏克蘭	Poroshenko (Jun14-Apr18)	Yatsenyuk (Feb14-Apr16)	聯盟多數
	Poroshenko (Jun14-Apr18)	Groysman (Apr16-Aug18)	聯盟多數

資料來源：Sedelius and Ekman (2010); Worldstatesmen (2018)。

　　特定半總統制國家的憲法規定總統當選之後必須退出黨派，保持中立的角色。除了憲法本身的規範以外，影響無黨籍總統出現的可能原因之一是總統直接選舉。總統直接選舉的方式因爲需要獲得多數的支持，所以很可能爲了勝選而出現超越黨派的無黨籍總統（Amorim Neto and Strøm, 2006: 624）。過去有關歐洲總理總統制的經驗研究指出，總統權力愈大，愈容易發生總統和內閣之間的行政衝突，但是無黨籍總統和有效政黨數的多寡對於總統和內閣之間的衝突並沒有顯著的影響（Elgie, 2017: 139）。首先，該研究之所以產生「無黨籍總統與行政衝突沒有顯著影響」的分析結果，可能是因爲黨派總統的數目遠高於無黨籍總統的數目。如果我們聚焦於無黨籍總統的相關國家個案，較可以釐清無黨籍總統、黨派總理和國會之間的連結關係。其次，有效政黨數這個變數之所以不顯著的原因涉及到不同的聯盟政府類型對於總統和內閣衝突程度的不同影響。當總理同時是聯盟政府中的相對多數黨領袖或是總理是相對少數黨領袖，就可能會影響其與總統之間的衝突程度。甚至，過去對於東歐和中歐半總統制國家的研究發現，當政黨體系愈割裂，愈容易造成政府組成和維繫困難的問題，總統無法在國會獲得多數的立法支持之後，可能會選擇透過行政命令來越過國會，執行其意志，最後造成民主倒退（Elgie and Moestrup, 2008: 245-247）。當黨派總統面對割裂政黨體系的國會情況時，其所屬政黨還是會支持總統的政策和法案立場。如果是完全無政黨奧援的無黨籍總統，可能會出現無任何國會政黨支持的情況，例如前面所談及的威瑪共和和俄羅斯的例子。無黨籍總統尋求國會政黨支持的不確定性相對增加。甚至有時候無黨籍總統只能獨立行使職權，面對不同立場的總理和國會多數的挑戰。

過去針對半總統制的研究指出，總理總統制較容易產生總統和總理之間的衝突。主要的因果機制解釋是總理總統制的國會在憲法上是唯一可以讓內閣去留的機關，總理控制內閣的正當性來自於國會的支持，當總統和國會多數有意見分歧的時候，總理會傾向與國會，而不是與總統站在同一陣線，因此很容易發生總統和總理之間的衝突（Sedelius and Mashtaler, 2013: 3）。從另外一個角度來看，當總理控制國會多數的時候，可以擁兵自重，與直選總統分庭抗禮。當總統與總理同一政黨時，總統可以透過政黨的機制來指揮總理，執行和推動總統的政策。然而，如果總統是無黨籍人士擔任，總理是國會多數黨領袖，則政黨無法成為協調總統和總理的機制。無黨籍總統和黨派總理的互動必須根據憲法的規範來運作，當憲法對於行政權威的區分較不明確或是出現模糊的空間時，很容易會造成無黨籍總統和總理之間的衝突。甚至，這樣的衝突可能會持續出現僵局，無任何正式的管道可以協調總統和總理。

過去有關少數總統的研究指出，少數總統面對國會嚴峻的情勢，可能會策略性地組成聯盟政府來確保國會多數的立法支持，依賴多黨內閣的政黨以及選擇組成一黨或非黨派政府，但是在國會中尋求內閣以外的政黨之立法支持（Chaisty and Chernykh, 2017）。當少數總統選擇聯盟政府的路線，其內閣組成會根據政黨的國會席次的比例來設立，國會席次較多的政黨，會獲得較多的內閣席次，獲得內閣席次的政黨會在國會的立法過程中支持總統的提案（Amorim Neto, 2002）。少數總統除了選擇組成聯盟政府的路徑之外，其也可能組成所謂的一黨政府。研究指出，1974年第三波民主化以來，少數總統的內閣組成屬於一黨政府的比例高達49%（Chaisty and Power, 2019: 163）。少數總統的政黨所獲得的國會席次愈接近過半數、反對總統的政黨愈可以支配國會、少數總統的政黨性質是資源分配類型的政黨、總統政黨與反對黨的意識形態距離愈遠、當總統擁有否決權和行政命令權時，愈可能組成一黨少數政府（Chaisty and Power, 2019）。少數總統選擇組成聯盟政府或一黨少數政府的差異在於，聯盟政府相對而言，可以達成國會多數，制定法律，而一黨少數政府則可能必須按照法案的性質，尋求國會中反對總統政黨的支持，才可能通過立法。換言之，除非有其他國會的政黨支持，否則一黨少數政府很難通過法律。除了聯盟政府或一黨政府之外，少數總統還可能選擇形成科技官僚的政府，內閣閣員大部分是由專業人士，而非政黨黨員出任。科技官僚的內閣可能比一黨少數政府的立法基礎更薄弱，不僅需要反對黨的配合，更需要執政黨的支持。對於總統而言，科技官僚的內閣可以突顯總統最大的行政影響力，但是其國會的支持基礎可能是權變情況的，必須視不同的議題，結合不同的國會議員支持，才能通過法案。

　　總統的憲法權力和職位資源可以讓總統運用作為穩固國會支持基礎的有利工具。研究指出，總統會利用行政命令權設定政策議程、用公共預算來分配資源、內閣職位、運用政黨的影響力，或是透過非正式的手段等方式來爭取國會支持（Chaisty, Cheesman, and Power, 2014）。黨派總統可以運用這些資源來吸納或是攏絡國會議員，以便獲得多數，通過法案。然而，無黨籍總統並沒有直接的政黨連結，會形成總統可能必須與個別政黨談判，增加協商成本。當國會多數政黨反對無黨籍總統的政策或提案時，可能會形成立法僵局。國會立法的順利與否，可能與無黨籍總統所提名的總理有關。

第一種情形，如果無黨籍總統提名的總理屬於國會政黨中的多數黨，則國會立法會相對的順利。但是如果黨派總理與無黨籍總統出現政策分歧時，則會形成一種共治政府的情形，無黨籍總統只能退居二線，將行政權力讓給黨派總理行使。第二種情形，如果無黨籍總統提名的總理雖然是黨派總理，但是其政黨的國會席次未過半數，則無黨籍總統和黨派總理要同時面對國會的不明態勢。只有當有國會其他政黨願意支持無黨籍總統和黨派總理的提案時，才可能通過法律。第三種情形，如果無黨籍總統提名的總理也是無黨籍人士或是科技官僚人士，則國會是否能形成多數變得較不確定，端視政黨的合作態度或是反對強度。這三種情形的差異是立法的困難程度的不同，但是整體而言，無黨籍總統面對國會可能出現立法僵局的機會要高於黨派總統所可能面臨的機會情境。當總統認為是依靠自己的資源，而不是政黨的標籤選上總統時，他們可能視國會政黨活動對於總統的正當性是一種阻礙（Linz, 2002: 292-293）。對於無黨籍總統來說，國會和其不僅沒有政黨的連結，同時也是其施政的絆腳石。

　　無黨籍人士參選總統，進而當選的現象與政黨的衰退有關。政黨研究指出，政黨黨員人數的下降、民眾對於黨派政治的懷疑、政黨醜聞和貪汙的現象等因素導致政黨衰退的形成（Dalton and Wattenberg, 2000: 3）。當選民普遍對於政黨不信任，候選人以無黨籍身分參選總統，挑戰既有的政黨建制，最終贏得選舉已經不是無法想像的可能狀況。例如，1990年半總統制國家秘魯在總統選舉中經歷了政治的海嘯，讓人跌破眼鏡地選出一位政治局外人[10]——藤森謙也（Alberto Fujimori）擔任總統，開啟了秘魯民主崩潰和威權獨裁的坎坷道路（Kenney, 2004）。委內瑞拉的總統制和兩黨制的配套，一直是拉丁美洲國家的典範國家，然而兩大政黨無法建立與選民的連結，失去選民的信任，造成左派的政治局外人查維茲（Hugo Chávez）贏得1998年的總統選舉（Morgan, 2018: 291）。委內瑞拉兩大政黨無力回應

---

[10] 所謂的政治局外人是指在政黨體系以外的人士，異軍突起成為政治明星（Kenney, 1998: 59）。

經濟惡化的情況，貧窮和失業的人口持續增加，同時被排除在政黨體系之外；主要政黨失去與社會的連結，導致政黨體系的崩潰以及強人政治的興起（Morgan, 2011: 3-5）。秘魯和委內瑞拉的經驗顯示，政黨和政黨體系失去人民的信任時，人民容易支持民粹主義式或是政治局外人擔任總統，當總統的權力行使受到傳統政黨或是國會的阻撓時，很容易濫用憲法的權威，甚至是選擇體制外的手段來破壞權力分立和制衡，遂行個人獨裁。

　　有關總統權力運作的研究指出，特定的制度安排和黨派勢力的條件會影響總統權力的積極行使與否。當總統面臨對立政黨所控制的共治政府時，其權力的能動性[11]會增強；當一致政府出現的時候，誘發總統權力能動性的誘因會減少；當執政聯盟政府排除總統政黨時，意識形態的差距會增強政策衝突，以及增強總統運用權力的誘因；多黨體系因為割裂、極化和不穩定的情況下，使得總統處於一個相對較有利的位置去影響政策的制定（Tavits, 2008: 16）。對於無黨籍總統來說，其與一致政府、共治政府可能都無任何的黨派連結，當他們彼此的立場嚴重相反或衝突時，會誘發總統積極行使憲法上的權力。研究指出，共治時期如果總理掌握絕對的國會多數比之於只掌握勉強過半數的總理之正當性較高，也較可能挑戰總統的權威（Carrier, 2016: 11）。無黨籍總統和共治總理發生衝突的可能性會增加，特別是無黨籍總統具有重要的憲法權力如否決權或解散國會權時。然而，整體而言，共治總理還是掌握主動的政策和法案的決定權，總統只能表達反對聲音或是拖延法案通過的時間。如果是聯盟政府或少數政府，無黨籍總統可以介入政府運作和縱橫捭闔的空間更大。過去的研究指出，與總統意識形態對立的少數內閣最容易與總統發生衝突，因為內閣只獲得國會少數的支持，會弱化總理的行政控制和政策推動，讓總統有機會和誘因可以挑戰少數總理的行政權威（Protsyk, 2006: 234）。另一方面，內閣中如果是一黨控制多數，但是該政黨高度派系化或是聯盟多數中的政黨對立嚴重，總統和總理隸屬不同派

---

[11] 所謂的能動性（activism）是指總統廣泛地使用可以自主決定的憲法權力，相關的界定請參閱 Tavits（2008: 30）。

系或是不同聯盟政黨時，還是可能會產生嚴重的衝突（Protsyk, 2005: 148-149）。簡言之，制度的安排和黨派的結構變化對於總統和總理的權力消長和競爭有重要的影響。過去的研究比較集中於黨派總統和黨派總理的合作或競爭，較少關注無黨籍總統和黨派總理的互動模式，本文試圖填補這個缺漏，分析影響無黨籍總統和黨派總理合作或衝突的原因以及對於半總統制運作的可能影響。

過去對於半總統制內閣組成的研究發現，當總統權力愈大以及國會有效政黨數愈多時，較容易出現總統主導的內閣，如無黨籍的總理或是內閣中較多無黨籍的閣員；當總統權力愈小，國會有效政黨數愈少時，較容易出現國會政黨主導的內閣（Schleiter and Morgan-Jones, 2010）。這種研究途徑基本上屬於黨派總統和黨派國會的結構分析，對於無黨籍總統和黨派總理的互動模式較少著墨。當國會出現無政黨或聯盟取得過半數的情況下，國會政黨必須與無黨籍總統協商內閣的總理，此時無黨籍總統影響內閣組成的可能性較大。當國會出現單一政黨或聯盟政黨控制國會多數時，無黨籍總統對於內閣組成的影響力相對減少，主要還是由國會政黨或是多數黨領袖來籌組內閣。這兩種不同的類型可能會影響無黨籍總統和黨派總理之間的衝突或合作，值得進一步的探究和分析。

參、分析架構

總統的職位在民主政權的體系中扮演了關鍵的角色和功能。最主要的原因是因為總統的高度和位置可以讓他們成為所有人民利益的護衛者、政治衝突的協調者，或是政府和國會多數的平衡者（Hloušek, 2013: 26）。總統的實際權威來自於憲法上所授予的正式權力和非正式的影響。以總理總統制國家而言，總統基本上有兩種正式的權力：立法權力和非立法權力。立法權力如否決權、行政命令權、預算權；非立法權力如總理提名權、解散國會權（Shugart and Carey, 1992: 150）。本文因為篇幅限制，只討論半總統制憲

法規範中較常出現的四種權力：否決權、行政命令權、總理提名權和解散國
會權。首先，以否決權來說，當總統行使否決權之後，如需要國會以三分之
二的多數才能反否決的話，則總統的否決權的權力相對較大；當國會可以用
二分之一的多數來推翻總統的否決時，則總統只能拖延政策的執行，因為國
會還是可能以同樣二分之一的多數通過反否決；如果國會因為多黨體系的
割裂，可能會出現無法形成二分之一的多數來反否決的情形（Köker, 2017:
7）。換言之，反否決門檻愈高，總統的否決成功性就愈高，反之，如果反
否決的門檻與通過法律的門檻一樣，總統否決的成功性就愈低，總統最多只
能表達反對聲音，延遲法案的通過。另外，多黨體系的國會相較於一黨多數
的國會，在其他條件的情形不變之下，會較難通過反否決的門檻。例如，
波蘭憲法規定推翻總統的否決需要國會五分之三的多數，因此在1997年到
2010年的共治時期中，聯合內閣總理圖斯克（Donald Tusk）雖然控制國會
過半數的席次，但因為未達五分之三的反否決門檻，無法撤銷對立總統卡
辛斯基（Lech Kaczyński）所行使的否決權（Carrier, 2016: 68）。總統卡辛
斯基共行使24次的否決，有17次否決成功（McMenamin, 2008: 132）。換言
之，只有7次國會可以反否決成功的結果顯示，波蘭總統並沒有因為共治就
完全失去其憲法上的權威。雖然總統的否決權相對於國會的立法權是屬於被
動性的權力，但是總統可以透過否決權的行使來表達對於國會所通過的法律
或政策的反對意見。

　　其次，行政命令權可以分成憲法行政命令權以及授權行政命令權：憲
法行政命令權是指總統可以直接制定行政命令，而授權行政命令權是指國
會授權行政部門可以制定行政命令來執行政策（Carey and Shugart, 1998:
13）。[12]第一種行政命令權不需要經由國會的授權，總統可以直接頒布。第

---

[12] 法國半總統制的行政命令權的制定權限是國會法律範疇以外之事項（憲法第37條），而國會法
　律的範圍則是採取列舉的方式來規定（憲法第34條）。在法國的憲政規範中，行政命令權和國
　會立法權共享抽象規範的形成空間，甚至行政命令權是抽象規範的主要制定者，國會立法權反
　而成為次要的、被列舉的抽象規範的制定者（陳淳文，2012：47）。換言之，法國的行政命令
　權屬於憲法授予，而不是國會授權制定，相對的形成空間較大。

二種行政命令權是經由國會的授權。國會所通過的法律因為無法詳盡的規定或是無法預見未來執行上可能的問題，通常會授權行政部門以行政命令來補充法律的規定，這種行政命令通常被稱為法規命令。原則上，法規命令不可以逾越法律的授權，制定法律無規定的事項。同時，法規命令或行政命令通常需要經由國會備查，國會也可以通過新的法律來凌駕行政命令。

　　再者，總理的提名權是半總統制總統的重要政治權力之一。總統可以透過總理提名權來決定或是影響總理的人選或政府的組成。半總統制國家決定總理人選的方式，大致上可以分成三種：第一，總統可以單獨任命或是諮詢國會政黨之後任命總理；第二，總統提名總理人選，由國會行使同意權；第三，國會提名或是國會最大政黨提名，總統任命（Schleiter and Morgan-Jones, 2010: 1420）。第一種和第三種方式屬於總統或國會掌握較大的總理人選之決定權威，第二種是總統和國會共同決定總理人選。

　　最後，解散國會權是指總統可以解散國會，重新舉行選舉。在總統制國家，總統和國會因為權力分立，彼此互相獨立，因此總統並沒有解散國會的權力。半總統制國家的總統通常具有解散國會的權力，有些國家的總統可以無限制的解散國會，有些國家的總統在特定的情況下才可以解散國會。例如，法國總統在諮詢總理及國會兩院議長後，得宣告解散國民議會，但是一年之內，不得再為解散（法國憲法第12條）。中東歐地區的總理總統制國家如保加利亞、捷克共和國、立陶宛、波蘭、羅馬尼亞、斯洛伐克、斯洛維尼亞和烏克蘭的總統都有解散國會的權力（Hloušek, 2013: 274-248; Birch, 2008: 228）。相較於否決權和行政命令權，國會解散權屬於總統的主動性權力，但是解散國會的次數通常不可能太頻繁，大部分是新總統面對舊國會或是反對勢力控制國會的情況下，總統才可能發動解散國會的權力。

　　半總統制雙元行政體系的運作容易產生總統和總理之間的衝突。當總統或總理對於憲法規範、組織法的行政權力關係或規定的現狀有明顯的爭議，或是總統或總理運用憲法的權力來挑戰對方所提出的政策等現象時，可以視為總統和總理之間的行政衝突（Protsyk, 2005: 143）。從憲法規範來看，半總統制的總理在憲法中被規定成是政府的元首或是最高行政首長。然而，大部分的總理都是由總統提名，總統的全國正當性和內閣提名權力很容易讓總統認為自己才是眞正的行政首長，負責行政事務的大政方針和主軸規劃，而總理負責執行任務，推動總統屬意的政策。以比喻方式來說，如果總理是國王（king）的話，則總統是造王者（kingmaker）。這樣的權力關係很容易出現多樣性的組合，如總統和總理共享的雙元行政權威、總統是主要的行政決策者或總理是主要的政策擘劃者等。有些半總統制國家的憲法，具體規定總統負責國防和外交事務，在這些保留的領域中，總統可以提名其喜好的部長人選，決定所有的政策和法案。然而，總理因為控制國會多數席次，掌握預算的通過權限，因此總統也必須與總理協商有關國防和外交的預算編列和執行。行政體系出現雙元的權威，因特定事務的不同，影響決策模式的變化（沈有忠，2011）。

　　國會不同的政黨體系會影響政府組成的類型。當出現多黨體系，無任何政黨或聯盟可以形成多數政府時，則半總統制的總統可以選擇提名少數政府，由一黨或多黨組閣形成少數政府。少數政府時期的立法因為缺乏多數，需要其他國會政黨的支持才能順利通過法案。因此，國會立法多數的組成可能是浮動的或臨時的，必須看法案的內容與政黨的立場。首先，在這樣的國會結構下，無黨籍總統可以選擇不介入國會立法的合縱連橫，讓總理完全負擔國會立法和政策推動的成敗。其次，無黨籍總統也可以選擇介入國會立法的協商和交易，透過總統的職位和資源，選擇一些與總統過去有淵源的政黨（如當選總統之前所參加的政黨或是黨團）或是選擇說服一些與總統意識形態相近的政黨，加入立法的聯盟。當總統和總理分屬不同的政黨陣營或意識形態時，具有實權的無黨籍總統和少數總理發生衝突的可能性很大。所謂具有實權是指總統有否決權（國會需要高門檻的反否決）、解散國會權、行政命令權等權力。總統的憲政權力讓總統可以有憲政武器介入政府或國會的運作，而國會的結構則是總統介入政府運作的機會誘因。當無黨籍總統選擇介入實際政府或國會的運作時，其與黨派總統的差別是不需考量政黨的政治責任或勝選機會，主要還是看其政策的立場。甚至，當無黨籍總統推動特定政策失敗後，只會影響其個人支持度，不會影響特定政黨的選舉命運。無黨籍總統因為沒有政黨的包袱或牽制，當其選擇與黨派總理發生衝突時，相對的成本較小，最終訴諸於選民的仲裁。當國會沒有明顯多數時，內閣的組成除了一黨少數政府，還可能組成聯盟少數政府。少數總理因為還需要與其他聯盟政黨協商，同時必須結合聯盟政黨以外的國會其他政黨才能通過立法，因此也可能產生無黨籍總統和總理之間的衝突。

當單一政黨或聯盟取得國會多數，但是內閣總理與無黨籍總統立場或意識形態歧異時，成為共治政府的類型。當無黨籍總統和共治總理發生衝突時，共治總理因為控制國會多數，較占上風。但如果無黨籍總統行使否決權，而共治總理卻無法達成高於半數的反否決門檻時，則無黨籍總統還是可以阻撓共治總理的國會立法。當反否決的門檻與國會通過的門檻都是二分之一多數時，則此時無黨籍總統完全無法干涉行政決策，由共治總理完全主導。聯盟共治政府比之於一黨共治政府較為不穩定，因為聯盟政黨可能會選擇離開聯盟政府或是反對總理所提的政策，因此無黨籍總統在這種情況下，可能介入的空間較大，也可以選擇與特定的聯盟政黨合作來對抗共治政府的總理。對於共治總理來說，單一政黨較容易控制，特別是總理是該政黨的領袖時，其可以透過行政資源和政黨機制來凝聚同黨的內閣閣員和國會議員。

當無黨籍總統在憲法上的權力相對較弱的時候，例如無否決權或是國會解散權，無黨籍總統較無法介入政府或國會的運作。除非政府本身也是少數政府或是國會是多黨林立的狀況下，無黨籍總統才可能有較大的介入空間。當無黨籍總統選擇與反對總理的國會政黨合作時，可能會與總理之間產生衝突。然而，由於無黨籍總統本身的反制權力有限，很可能會使得總統和總理之間的衝突成為僵局。當少數總理可以透過行政資源爭取到足夠國會的半數支持時，則總理在與無黨籍總統的競爭過程中可以占上風。類似的情況也同樣適用在聯盟少數政府的情況下，少數總理的權力消長取決於國會有無過半數的立法支持，而當少數總理控制國會的能力愈小，則無黨籍總統可能運作的權力和空間會愈大。當總理是屬於聯盟多數政府時，其權力的大小要看其對於聯盟政府中其他政黨的掌握，如果聯盟政府的政黨都能合作無間，則聯盟總理的權力可以凌駕於無黨籍總統，無黨籍總統也只能謙讓於實權總理。

當總理的政黨單獨控制國會多數時，總理的指揮權限相對而言較爲穩固，無黨籍總統對於國會立法的控制和政策的通過較無置喙的空間，最多只能訴諸大衆，表達不同的聲音。

　　無黨籍總統可以分成兩種類型。一、獨立無黨籍總統：獨立無黨籍總統是指總統是政治局外人，過去不曾加入任何主要政黨；二、非獨立無黨籍總統：非獨立無黨籍總統是指總統過去曾經是主要政黨的黨員，當選總統之後，因爲憲法規定，需要退出黨派，但其仍然與過去的政黨在內閣人事、國會立法方面保持一定的合作關係。首先，獨立的無黨籍總統與少數總理的組合，最可能產生三元對立的三角關係。當國會選舉無任何政黨獲得過半數支持，無黨籍總統選擇提名少數政黨的領袖擔任總理。無黨籍總統與少數總理之間因爲無政黨連結，容易出現間隙或是無政黨機制可以協調兩者之間的衝突。少數總理和國會之間也會出現立法衝突，因爲總理的政黨在國會是少數支持，需要爭取其他政黨的支持才能通過立法，當國會其他政黨反對總理的立法提案時，會出現立法僵局，靜止不動的現象。[13]無黨籍總統與多黨林立的國會也會產生齟齬不合。當國會立法空轉，無法通過法律來解決政治危機時，容易引發無黨籍總統解散國會或是單邊的通過行政命令，以取代法律。這種三元對立的情形是衝突程度最高的模式。

　　其次，獨立無黨籍總統與多數總理共存的模式，屬於共治類型的一種。[14]總理的政黨因爲取得國會多數，可以組成內閣和控制國會，但其與總統對立，形成共治現象。獨立無黨籍總統因爲在國會無任何政黨支持，因此只有透過憲法權力如否決權，來與控制國會多數的總理進行對抗。當無黨籍總統動用否決權，而共治總理無法聚集足夠多數來撤銷總統的否決時，則無黨籍總統的立法權力行使可以凌駕總理。但是當總理可以用足夠多數來撤銷總統的否決時，則總統的否決權只是一種雜音，無法對於總理屬意的法律有任何的置喙。這種共治模式基本上是無黨籍總統對上總理國會多數，以及無

---

[13] 有關台灣少數政府與國會反對多數的互動分析和立法效能，請參閱周育仁（2005；2006）、盛杏湲（2003）、黃秀端（2003）。

[14] 有關半總統制下不同共治類型的分析，請參閱張峻豪（2011）。

黨籍總統與國會少數之間的雙元行政對立。除了無黨籍總統和總理之間的權力競爭，國會的少數政黨也可能與無黨籍總統產生對立或衝突。

再者，非獨立無黨籍總統與少數總理如果有政黨的淵源，如過去曾經是同黨的同志，由少數總理任命其擔任總理或是內閣總理是屬於無黨籍總統所提名的無黨籍政治盟友，則無黨籍總統和少數總理衝突的可能性較少。然而，無黨籍總統和少數總理必須面對國會可能的反對多數。總理的政黨在國會是少數，因此立法過程中存在著高度的不確定性。如果其他政黨願意支持總理的提案，則總理可以推動法案和政策。如果其他政黨不支持政府提案，則總理無法通過相關的法律。這種模式主要是府會對立，總統和總理是一個陣營，而與總統和總理對立的國會是另外一個陣營。政治僵局和衝突容易發生在總統和國會之間或是總理和國會之間。

最後，非獨立無黨籍總統、多數總理可能形成的關係是總統優勢。主要是非獨立無黨籍總統的支持政黨與其他政黨聯合形成國會式政府。內閣總理由聯合內閣的政黨之一的政黨領袖擔任。非獨立無黨籍總統的支持基礎雖然沒有獲得國會過半數，但是其仍掌握相對多數的席次。當無黨籍總統和其國會政黨勢力與內閣總理和其聯合政黨立場分歧時，很容易形成總統和總理之間的衝突。聯盟內茶壺的風暴可能演變成國會中的激烈對抗。

非獨立無黨籍總統對上總理及其所控制的國會多數時，非獨立無黨籍總統因與國會中的少數政黨有過去的連結，保持一定的合作關係，故主要的衝突來源是無黨籍總統和控制國會多數總理之間的對立。這種類型的衝突程度比上述三種類型的衝突程度要低，獨立無黨籍總統和多數總理之間還是會產生權力競逐或是政策的分歧。表5-1是總理總統制國家中無黨籍總統、總理和政府類型；表5-2是總統屬性、總理類型、競爭模式和衝突程度的類型建構。立陶宛是獨立無黨籍總統和少數總理的個案、保加利亞是非獨立無黨籍總統和共治總理的個案、羅馬尼亞是獨立無黨籍總統、無黨籍總理和國會的個案、烏克蘭是非獨立無黨籍總統、國會式政府的個案。本文透過這四個個案來說明無黨籍總統和政治衝突的因果機制，而不是針對所有無黨籍總統運作特徵的一般性推論。

表5-2　總統屬性、總理類型、競爭模式和衝突程度

總統屬性	總理類型	競爭模式	衝突程度
獨立無黨籍	少數總理	三元對立	1
非獨立無黨籍	共治總理	雙元行政	2
獨立無黨籍	無黨籍總理	府會對立	3
非獨立無黨籍	國會式政府	總統優勢	4

肆、分析個案

一、獨立無黨籍總統和少數總理：立陶宛個案

　　在半總統制的次類型分類中，立陶宛屬於總理總統制。總理總統制的特徵是總統由普選產生、總統擁有重要的權力、總理和內閣向國會負責並執行行政的功能（Shugart and Carey, 1992: 23）。立陶宛的憲法規定，總統由普選方式產生（憲法第78條）。立陶宛總統擁有國防、外交、國會解散權、否決權和緊急命令權等重要權力（憲法第58條、第71條、第84條）。立陶宛總統任命總理，經由國會（Seimas）同意；總理負責籌組內閣；只有國會可以讓總理去職（憲法第84條）。從這些憲法規定來看，立陶宛屬於總理總統制。立陶宛的總統擁有重要的立法權力如否決權、法律提案權（Talat-Kelpša, 2001: 162）。這兩項權力可以讓總統反對國會所通過的法律或是推行自己屬意的政策。

　　立陶宛的總統必須是無黨籍總統，因為憲法規定總統當選之後應該停止其政黨和政治組織的活動，一直到新的總統大選時，才可以恢復這些活動（憲法第83條）。1998年立陶宛總統大選，在兩人對決的情況下，無黨籍人士阿達姆庫斯（Valdas Adamkus）當選總統。2000年立陶宛國會大選結果，形成多黨割裂的局面，請參閱表5-3。2000年10月，總統阿達姆庫斯提

名立陶宛自由聯盟（Lithuania Liberal Union）的帕克薩斯（Rolandas Pak-sas）擔任總理，總理帕克薩斯的政黨立陶宛自由聯盟（Lithuanian Liberal Union）和新聯盟／社會自由（New Union/Social Liberals）在國會只獲得62席，形成聯盟少數政府（Krupavicius, 2002: 1018）。無黨籍總統和少數總理的衝突在於行政權力的主導權。立陶宛總理政府想將國內最大煉油公司Mažeikių Nafta賣給美國公司Williams，但是Mažeikių Nafta的俄羅斯合作夥伴公司Lukoil不願意看到該公司交易賣給美國公司，而總理帕克薩斯比較傾向將Mažeikių Nafta私有化賣給Lukoil公司；然而，總統阿達姆庫斯卻與俄羅斯普丁總統發表聯合聲明，讓另一家俄羅斯公司Yukos取得Mažeikių Nafta的原油供應權，這結果讓主張將原油供應權賣給Lukoil的總理帕克薩斯灰頭土臉，失去立場，只能選擇掛冠離去（Matsuzato and Gudžinskas, 2006: 162, 165）。無黨籍總統阿達姆庫斯運用總統的權力和高度凌駕總理的行政決策權，成為壓垮帕克薩斯總理政府的原因之一。立陶宛的憲政研究指出，無黨籍總統阿達姆庫斯與國會政黨無任何連結，會採取訴諸大眾支持的方法，甚至企圖透過超越憲法的工具來解決政治衝突（Jankauskas, 2003: 15-16）。總統阿達姆庫斯認為總統可以扮演制衡政府的角色，同時不願意讓政黨可以影響總統權力的行使（Raunio and Sedelius, 2017: 13）。總統阿達姆庫斯強勢主導外交和國防的政策，對於外交部部長的政策表示反對意見，並且主動與所有的部長進行面對面的會談，議題涵蓋經濟、外交政策，甚至是政府內部的問題（Raunio and Sedelius, 2017: 14）。這些舉措突顯無黨籍總統認為自己不僅是國家的元首，同時也是政府的首長，介入政府的日常運作，架空總理的行政權力。總理帕克薩斯不僅要面對總統阿達姆庫斯的權力牽制，同時也要在國會與國會議長和反對勢力進行對抗。2001年6月，國會議長保羅斯卡斯（Artūras Paulauskas）認為總理帕克薩斯並沒有信守選舉承諾，於是對於總理帕克薩斯提出不信任案，不信任案投票中有46位國會議員支持不信任案，45位反對不信任案，8票棄權，根據國會內規棄權8票也算入反對不信任案的票數中，總理帕克薩斯逃過不信任案讓其下台的命運（Tracevs-kis, 2001）。總理帕克薩斯除了遭遇總統和國會的兩面作戰之外，還要面對少數聯合內閣的政黨之間的內部衝突，最終成為總理帕克薩斯的內閣瓦解和下台的導火線（Krupavičius, 2008: 74）。總統阿達姆庫斯介入政府的運作可以說是斧鑿斑斑，但是當政府政策失敗時，又刻意與政府保持距離，讓其得以維持自己高聲望的支持度，犧牲內閣和總理，讓他們成為代罪羔羊（Krupavičius, 2008: 79-80）。總統阿達姆庫斯從1998年到2003年的第一任任期中，總共撤換了5位總理，平均一位總理任期只有一年。

根據立陶宛的憲法，總統必須退出政黨，成為無黨籍總統。研究指出這樣會導致總統與內閣和國會多數分離，甚至在大多數的情況下，總統連相對友善的國會多數都需要爭取支持，因為總統沒有政黨內部的機制，無法確保國會議員的立法支持（Talat-Kelpša, 2001: 166-167）。相對地，總理掌握了總統留下來的政黨位置，並且成為與總統競爭國會支持的權力角逐者（Talat-Kelpša, 2001: 167）。當總理與無黨籍總統意見不合或是總理挾國會自重時，雙元行政發生公開衝突的可能性增加，影響政府政策的推動或是危機的處理。總統阿達姆庫斯為了在2000年國會選舉中取得多數，聯合一些政黨，籌組新政治聯盟，其中社會自由黨（Social Liberals）是由政治局外人保羅斯卡斯所組成，以反西方和反北大西洋公約組織的民粹主義論述爭取選民支持；同時總統阿達姆庫斯也批評傳統政黨忽視一般民眾的想法（Matsuzato and Gudžinskas, 2006: 164）。然而，最後結果事與願違，總統阿達姆庫斯的聯盟並沒有取得國會多數，國會中反對總統的政黨同樣也沒有多數，總統阿達姆庫斯選擇組成少數政府，少數總理腹背受敵，國會的反對勢力對於無黨籍總統和少數總理的行政衝突見縫插針，出現三元對立的狀況。無黨籍總統阿達姆庫斯的總統高度讓其可以介入行政運作，同時總統可以訴諸大眾和民意來批評傳統政黨的缺點，讓自己得以置身事外，當政府出現執政危機或風暴時，無黨籍總統選擇與政府切割，讓總統聲望免於受到影響。三元對立的狀況是最不穩定的格局，也是無黨籍總統沒有任何政黨連結所可能產生的結果。

表5-3　2000年立陶宛國會選舉結果

政黨	席次
Social Democratic Coalition	51
New Union (Social Liberals)	29
Lithuanian Liberal Union	34
Homeland Union (Lithuanian Conservatives)	9
Others	18
總數	141

資料來源：Krupavičius (2002: 1016)。

二、非獨立無黨籍總統和共治總理：保加利亞個案

　　保加利亞屬於半總統制中的總理總統制（Elgie, 2011: 29）。保加利亞的總統選舉採兩輪決選制，總統任期為五年（憲法第93條）。有關總理和內閣的組成，總統必須與國會團體諮商後，提名國會中第一大黨的政黨領袖擔任總理；假如七日之內無法組成內閣，則由第二大黨的政黨領袖擔任；如果仍然無法組成，則由少數政黨領袖來擔任總理；假如都無法組成內閣的話，總統可以任命看守內閣，解散國會，重新舉行選舉（憲法第99條）。保加利亞總統擁有否決權，可以將國會通過的法案退回國會重新審議，而國會只需要以二分之一的多數重新通過法案的話，則總統必須簽署和公布法案（憲法第101條）。保加利亞的總統可以頒布行政命令，但總理必須副署（憲法第102條）。從這些條文可以看出保加利亞總統由普選方式產生、總統擁有重要的權力以及內閣向國會負責等三種半總統制的核心特徵。

　　保加利亞的憲法並沒有規定總統當選後一定要退出政黨，政黨所提名的候選人也可能當選總統。保加利亞從1990年代民主化之後到目前為止，總共選出5位總統，其中4位為政黨支持的總統，一位是無黨籍總統。[15]保

---

[15] 4位黨籍總統分別為哲列夫（Zhelyu Mitev Zhelev）、斯托揚諾夫（Petăr Stefanov Stoyanov）、伯爾瓦諾夫（Georgi Sedefchov Părvanov）、普列夫內利埃夫（Rosen Asenov Plevneliev）；無黨籍總統為雷得夫（Rumen Georgiev Radev）。相關的資料請參閱Worldstatesmen（2018）。

加利亞民主轉型後第一次出現無黨籍總統的憲政運作經驗值得我們加以關
注。2016年保加利亞總統大選，內閣總理以及同時也是國會第一大黨——
保加利亞歐洲發展公民黨（Citizens for European Development of Bulgaria,
GERB）領袖鮑里索夫（Boyko Borisov）支持同黨黨員察切娃（Tsetska
Tsacheva）擔任GERB的總統候選人，另一方面，國會的反對黨——保加利
亞社會黨（Bulgarian Socialist Party, BSP）則選擇支持政治局外人的無黨籍
人士雷得夫（Rumen Radev）參加總統大選，並且以反建制的民粹主義方式
來競選總統（Kolarova and Spirova, 2017: 36）。選舉結果令人跌破眼鏡，
雷得夫大幅領先贏得總統選舉。保加利亞的總統和國會選舉屬於非同時性
選舉，國會選舉於2017年3月舉行。國會選舉結果，GERB贏得95席，成為
國會第一大黨，GERB與聯合愛國者黨（United Patriots, OP）27席，一共
122席（總數240席，過半需要121席），組成聯盟多數內閣，由GERB的政
黨領袖鮑里索夫擔任總理（Spirova, 2018: 37-38）。國會選舉結果請參閱
表5-4。

　　無黨籍總統雷得夫和黨派總理鮑里索夫形成共治政府的模式。所謂的
共治政府是指總統與總理分屬對立政黨，而總統的政黨並沒有在內閣的組
成當中（Elgie, 2010: 30）。無黨籍總統雷得夫雖然沒有黨籍，但是其與國
會第二大黨BSP在總統大選有合作的關係。無黨籍總統雷得夫和黨派總理鮑

表5-4　2017年保加利亞國會選舉結果

政黨	席次
GERB	95
BSP	80
OP (United Patriots)	27
DPS (Movement for Rights and Freedoms)	26
Will/Volya	12
總數	240

資料來源：Spirova (2018: 37-38)。

里索夫在立法過程中出現嚴重的衝突。總理鮑里索夫在國會通過反腐敗法案（Anti-Corruption Law），法案送給總統簽署時，遭遇總統的否決，總統雷得夫認為反腐敗的機關是由於國會任命不夠獨立以及認為政府可能利用反腐敗的機會來迫害反對政府的人士（BBC News, 2018）。然而，國會以146票再次通過原先的法案，總統雷得夫根據憲法必須簽署法案；146票除了執政黨的國會議員的122票，反對黨BSP的國會議員有24票倒戈支持反否決投票（Deutsche Welle, 2018）。無黨籍總統雷得夫和黨派總理鮑里索夫之間的法律戰爭，並不是每一次都敗下陣來，偶爾會勝出。2018年7月，無黨籍總統雷得夫否決黨派總理鮑里索夫所通過的私有化法案的修正案，總統雷得夫認為這個修正案破壞公共利益，讓過去一些私有化的公司在未履行契約的情況下，免於支付鉅額的罰款（Sophia Globe, 2018）。總理鮑里索夫無法在國會聚集過半數來撤銷總統的否決，甚至有高達185位國會議員支持總統的否決，其中甚至還包含聯盟政黨——拯救保加利亞國家陣線（National Front of the Salvation of Bulgaria, NFSB）的副總理錫梅歐諾夫（Valeri Simeonov）（Krasimirov, 2018）。多黨聯盟內部的分裂，導致總理鮑里索夫無法對於私有化法案的修正案再次通過，同時無黨籍總統雷得夫的憲法否決權之行使獲得反對黨和部分執政黨國會議員的支持，最終讓總理鮑里索夫推翻現狀的立法功敗垂成。

　　保加利亞較為特殊的現象是目前現任總統雷得夫和現任總理鮑里索夫都是民粹主義者。總統雷得夫用無黨籍總統的高度向大眾訴求，批評民意支持度低落的內閣和國會檢察系統，將自己定位成國家的救世主（Koseva, 2018）。總理鮑里索夫則採取訴諸大眾的民粹主義方式來進行施政，嚴厲抨擊反對黨人士（Raycheva and Peicheva, 2017: 77）。總理鮑里索夫領導的政黨GERB屬於民粹主義政黨，主張反貪污和犯罪的議題爭取不滿意現狀的選民支持，GERB的運作是以總理鮑里索夫個人的領袖魅力為主，對於政黨完全的控制以及對於政黨和內閣的決定有最終的決定權（Gurov and Zankina, 2013: 6）。總理鮑里索夫最顯著的民粹主義的統治方式是對於憲法上行政權力的限制不加理會，例如不參加憲法規定的國會監督會議，在這個會議中，國會議員可以質詢內閣的政策和決定，同時採取直接給選民金錢或建設資金的方式來塑造個人的魅力（Gurov and Zankina, 2013: 9）。

　　綜觀之，保加利亞無黨籍總統雷得夫和黨派總理鮑里索夫的互動模式屬於二元對立。無黨籍總統利用總統的憲法權力來制衡掌握多數的黨派總理。透過總統的立法簽署權和否決權來退回國會所通過的法律案。憲法規定，國會重新考慮法案的門檻只需要二分之一以上，因此總統否決權的行使只能拖延法案的通過。然而，當特定法案的爭議可能讓執政的多數聯盟產生分歧時，總統還是可以否決成功。總統利用天字號講壇的地位公開批評政府的施政，藉由民意的支持來削弱總理的正當性。對於無黨籍總統來說，除了總統競選連任以外，並沒有政黨的包袱，也不需要考量政黨未來選舉的輸贏。無黨籍總統和對立的黨派總理的衝突很容易出現相互指責或升高態勢的情況。這種雙元衝突比之於立陶宛個案中的三元衝突較為緩和，但是共治情形下的無黨籍總統和黨派總理較無政黨協商機制可以解決衝突，較容易出現政治僵局或是憲政危機。

三、獨立無黨籍總統、無黨籍總理和國會：羅馬尼亞個案

　　羅馬尼亞的憲政體制是屬於總理總統制。羅馬尼亞總統是普選方式產生，得連選連任之（憲法第81條）。羅馬尼亞總統並沒有否決權，而有行政命令權（Gallagher and Andrievici, 2008: 142）。羅馬尼亞憲法規定，總統擁有行政命令權，但需要經由總理的副署（憲法第100條）。在內閣組成方面，總統需要根據國會信任投票的基礎來任命內閣總理以及經由內閣總理之提議來任命內閣閣員（憲法第85條）。總統與國會中獲得絕對多數之政黨諮商後，任命內閣總理，如果沒有政黨獲得絕對多數時，則與國會各政黨代表諮商後，任命內閣總理（憲法第103條）。羅馬尼亞憲法規定總統不能解職總理（憲法第107條第2項）。從這些條文來看，羅馬尼亞屬於半總統制中總理總統制的類別。當總理政黨掌握國會多數的時候，則總理的權力可以凌駕總統。當國會沒有多數時，則總統可以進行合縱連橫，選擇屬意的總理人選。

　　2014年羅馬尼亞總統大選，選出一位無黨籍總統約翰尼斯（Klaus Io-
hannis）。羅馬尼亞的國會選舉與總統選舉沒有同時舉行，2014年羅馬尼亞
的國會結構是2012年所選出的結果。羅馬尼亞的國會選舉制度採取比例代
表制。表5-5為2012年羅馬尼亞國會選舉結果，選舉結果呈現多黨格局，但
是社會民主黨聯盟（Social Liberal Union）仍獲得過半數272席。總理由社
會民主黨（Social Democratic Party）的彭達（Victor Ponta）出任。彭達總
理任內受到其總統選舉失敗、論文涉嫌抄襲和貪污調查的疑雲，在面對兩次
不信任投票的政治風暴後，選擇辭職下台（Stan and Zaharia, 2016: 224）。
接著，無黨籍總統選擇提名無黨籍人士喬洛許（Dacian Cioloş）擔任總理。
國會選擇通過無黨籍人士喬洛許的任命案的原因是因為總理喬洛許保留一些
行政職位給政黨人士、執行前總理彭達的民粹主義政策以及分享內閣職位給
一些與政黨關係良好的個人（Stan and Zaharia, 2016: 224-225）。

　　無黨籍總理喬洛許上台的目標是誓言清除羅馬尼亞的貪污腐敗，透過
國家反貪污部門（National Anti-Corruption Department）來起訴貪污的官員
（Stan and Zaharia, 2017: 235）。然而，總理喬洛許的反貪污作為，在國會
受到阻礙，國會中控制多數的社會民主黨利用國會權力暗中破壞反貪污的立
法，同時將地方選舉從兩輪決選制改成相對多數決，這樣的選舉制度讓社
會民主黨的候選人不需要參與第二輪，面臨到反社會民主黨人士的強力挑
戰，因而失去選舉的劣勢（Brett, 2016: 2）。另外諷刺的是，總理喬洛許的
反貪污政策造成自身不利的後果。內閣中內政部部長和財政部副部長涉及
貪污、不當行為以及論文抄襲的醜聞，文化部部長涉及不當管理基金的風
暴，而教育部部長阻撓必需的改革以及改革沒有獲得顯著的結果（Stan and
Zaharia, 2017: 231）。甚至，連國家反貪污部門的部長也有抄襲論文的指控
（Stan and Zaharia, 2017: 235-236）。總統和國會之間的衝突，也與貪污法
案有關。總統約翰尼斯反對國會所通過的貪污法案，這項法案將特定的權力
濫用去犯罪化以及特赦一些貪污罪犯，總統約翰尼斯認為這項法案是為了掌
握國會多數的社會民主黨領袖德拉戈尼亞（Liviu Dragnea）所量身訂作的，
因為德拉戈尼亞即將面對貪污起訴，這個法案可以讓其免除其罪，相反地，

總統約翰尼斯認為這個法案應交由大眾諮商（EURACTIV, 2017）。由於總統約翰尼斯沒有否決權可以行使，因此只能夠透過所謂的訴諸大眾（going public）的模式來對於國會通過的法律表示反對。

　　獨立無黨籍總統、獨立無黨籍總理和國會多數的互動模式形成總統和總理一個聯盟，而國會多數是另外一個聯盟。無黨籍總理之所以能夠組成內閣的原因是與國會中的政黨進行政治交換，讓國會政黨所支持的人士繼續擔任行政官員。然而，這樣的安排會形成意想不到的後果，無黨籍總理想推動改革，但是卻面臨改革自己內閣的窘境以及國會多數的阻撓。無黨籍總統面對國會形勢比人強的情況下，也只能表示反對意見。與前面兩種競爭模式比較，這種模式的衝突程度較低，但是無黨籍總統和無黨籍總理如果沒有掌握國會多數，只能任由國會強渡關山，執行國會所通過的法律和政策。綜合來看，羅馬尼亞屬於國會優勢的模式。

表5-5　2012年羅馬尼亞國會選舉結果

政黨	席次
Social Liberal Union	272
Right Romania Alliance	56
National Liberal Party	47
Democratic Union of Hungarians in Romania	18
Others	19
總數	412

資料來源：Stan (2013: 196)。

四、非獨立無黨籍總統、國會式內閣和國會：烏克蘭個案

　　烏克蘭憲法規定，總統由公民直選產生，任期五年（憲法第103條）。烏克蘭總理由總統提名，需要經由國會（Verkhovna Rada）同意（憲法第106條第9項）。烏克蘭總統擁有一些重要的權力如否決權（憲法第106條第30項）。當總統否決國會所通過的法律後，國會可以用三分之二的多數撤

銷總統的否決，維持原本的法律。總統除了否決權之外，還擁有行政命令權（decree power）。烏克蘭總統在以憲法和法律執行為基礎下，可以提出行政命令（憲法第106條第31項）。烏克蘭總統的行政命令的特性屬於憲法授予總統可以獨立行使的單邊權力，而不是國會授權之後才能制定行政命令（Carey and Shugart, 1998: 13）。

2014年烏克蘭總統亞努科維奇（Victor Yanukovych）放棄總統的職位逃亡到俄羅斯之後，因為總統缺位而舉行總統大選。大選結果由無黨籍的波洛申科（Petro Poroshenko）勝出擔任總統。2014年烏克蘭國會選舉結果，支持無黨籍總統的聯盟獲得132席，但是並未獲得過半，相關的結果請參閱表5-6。2014年11月，人民陣線（People's Front）的政黨領袖耶森尤克（Ar-seniy Yatsenyuk）組成五個政黨的聯合內閣，其中包含波洛申科聯盟（Petro Poroshenko's Block）、自我依賴黨（Self-Reliance）、利亞申科激進黨（Radical Party of Oleh Liashko）、祖國黨（Fatherland）四個政黨（Inter-fax-Ukraine, 2014）。此種類型的政府是屬於國會式政府。總統的政黨沒有掌握國會多數，總統必須任命一個來自不同政黨的領袖擔任總理，而總理形成的聯盟政府包含支持總統的政黨（Francesco and Elgie, 2010: 28）。2014年後的烏克蘭政府模式為聯盟多黨政府，由支持總統等四個聯盟政黨一起執政，同時控制國會多數。

內閣總理耶森尤克所領導的多黨內閣出現了不穩定的狀況。2014年兩個聯盟政黨選擇離開內閣以及總理耶森尤克所提的預算修正案沒有通過等兩項原因讓總理耶森尤克萌生退意，宣告辭職下台；然而國會最後還是通過決議不讓總理耶森尤克下台，繼續留任（RFE/RL, 2014）。內閣總理耶森尤克與聯盟政府中支持總統波洛申科的政黨嚴重不和，甚至發生波洛申科聯盟的國會議員拔納（Oleh Barna）藉由獻花給總理的時機，將正在對國會發表演說的總理耶森尤克拉下台，之後其他國會議員見狀產生扭打和混戰（RFE/RL, 2015）。雖然總統波洛申科和總理耶森尤克可以在妥協的情況下一起籌組內閣，以確保西方國家的支持，但是兩者之間的合作可以說是同床異夢，因為他們分別由不同的政經勢力或團體所援助，他們的政黨在國會

表5-6　2014年烏克蘭國會大選結果

政黨	席次
Petro Poroshenko's Block	132
People's Front (Popular Front)	82
Self-Reliance	33
Opposition Block	29
Radical Party of Oleh Liashko	22
Fatherland	6
Others	108
總數	412

資料來源：Shevel (2015: 160)。

投票中常常出現分歧（Minakov, 2016: 5）。支持總統的國會議員常常破壞政府的立法提案以及總統波洛申科想安插自己的人擔任第一副總理的職位，而總理耶森尤克則威脅如果政府要改組的話，他會選擇下台，以此來反制總統的人事安排（Holubov, 2016）。把這些事件串聯起來可以看出執政聯盟內部的嚴重衝突，以及內閣總理因為不是國會第一大黨所支持的脆弱地位。

2016年2月，總統波洛申科認為總理耶森尤克的領導已經失去統治聯盟的信任，國會中支持總統波洛申科的政黨提出不信任案，不信任案需要226票才會通過，投票結果是194票，短缺32票，不信任案未通過（RFE/RL, 2016）。支持總統的國會政黨或派系有136位，其中有高達120位的國會議員對於耶森尤克內閣的施政不滿意（Kudelia, 2018: 253）。在不信任的投票中，有些屬於總統波洛申科的忠實盟友的國會議員沒有選擇投下贊成不信任通過的方式，反而是選擇棄權方式，主要的原因是總統波洛申科想逼總理耶森尤克知難而退，自行下台（Kudelia, 2018: 253）。總統波洛申科持續砲火猛烈地批評政府，目的是想讓總理耶森尤克掛冠求去。總統波洛申科主張總理耶森尤克的內閣成員有人涉及貪污以及拖延國際貨幣基金所要求的經濟改革，想藉由撤換內閣總理來解決政治僵局（Marosn, 2016）。最終，總理耶森尤克於2016年4月自行請辭，倉促下台。

烏克蘭總理總統制的運作經驗出現總統優勢的情況。總統在憲法上雖沒有解職總理的正式權力，但是無黨籍總統透過國會中支持總統的政黨勢力來暗中破壞總理之正當性。總理的政黨在國會中屬於第二大黨，因此在法律通過和政策執行方面必須遷就於支持總統的政黨以及其他聯盟政黨選擇離開執政聯盟，讓聯盟政府的支持基礎愈來愈不穩固，總理耶森尤克常常需要兩面作戰，腹背受敵的情況之下，很難推動政府的政策。聯合內閣的形成是因為政治利害的結合，也是一時妥協的結果。總理耶森尤克非屬總統波洛申科的國會支持政黨，終究難逃總統波洛申科的威逼，成為施政不利或是政策失敗的代罪羔羊。

從上述這些總理總統制國家的運作經驗我們可以得出四種模式：一、獨立無黨籍總統、少數總理和國會的三元對立模式下，政治衝突的程度最高；二、非獨立無黨籍總統、共治總統屬於雙元對立，衝突程度次之；三、獨立無黨籍總統和獨立無黨籍總理必須要面臨國會多數的挑戰，相形之下，國會較為優勢，衝突程度再次之；四、非獨立無黨籍總統、國會式政府的情況下，無黨籍總統相對較為優勢。綜觀之，總理總統制下，無黨籍總統除非國會之中有總統的政黨或派系的多數支持，否則出現政治衝突和政治僵局的機會都很大。因此，無黨籍總統雖然因為民意正當性或是因為傳統政黨失去選民的信任而當選總統後，如果國會中沒有政黨支持，甚至是國會存在著對立政黨時，無黨籍總統很難推動政策和實現競選承諾。特別是當無黨籍總統是以民粹主義方式競選贏得總統選舉時，更可能會出現民主崩潰或是民主倒退的現象。以下是無黨籍總統同時是民粹主義如何促成民主危機的分析和論證。

伍、無黨籍總統、民粹主義和民主崩潰

　　民粹主義式的候選人或政治人物通常會以反政黨的論述來吸引選民的支持。反政黨的論述可以分成兩種，一種是批評競爭性政黨是良善政治的中介組織的主張，認為選民可以直接與政治人物進行連結，不需要政黨作為中間的橋梁；另外一種是較為溫和的主張，強調政黨的表現是失敗的（Poguntke and Sacrrow, 1996: 258）。前者的反政黨論述是拒絕政黨和政黨政治；後者是批評政黨政治，但認為政黨政治對於民主政治還是必要的（Kenney, 1998: 59）。對於反政黨的人士來說，政黨政治已經變質。因為政黨已經變成寡頭統治的組織，所以會讓政黨阻礙公民有意義的參與，因此讓人民直選總統，超越黨派，可以不用受到政黨的控制（Poguntke, 1996）。另外，政治人物無法完全兌現其選舉承諾、政黨和菁英對於許多社會、經濟和政治問題無法解決、政黨領袖推卸責任或是濫用國家資源、涉及貪污等因素會造成人民對於政黨的反感（Torcal, Gunther, and Montero, 2002: 260）。政黨表現的失敗與民主政治的運作特徵相關。民主政治的特徵是政治菁英的競爭，政治菁英想要成為最受歡迎的人物，所以會謹慎小心地傾聽選民的需求，為了勝過對手，他們會承諾做得更多、更好，然而這樣的競爭導致選民的期望增加，當政黨無法對於每個人信守承諾時，就會失去選民的支持（Deschovwer, 1996: 272）。主流政黨較少向選民解釋他們所做的決定，因此選民感到被主流政黨所背叛，因此會憤而支持民粹主義的候選人（Mudde and Rovia Kaltwasser, 2018: 1680）。民主政治的新發展更強調個人直接的連結，而非經由政黨組織的中介，導致政黨菁英很容易被譴責為對於選民的回應不夠；當選民對於政黨失去信心時，這些反政黨的論述很容易獲得選民的青睞（Deschovwer, 1996: 276）。反政黨的論述對於政黨壟斷民主的代表過程所提出的解方是選出無黨籍的總統，讓總統可以直接代表人民，而不是政黨（Scarrow, 1996: 304）。民粹主義式的政治人物會使用大眾動員的方式來傳遞他們的訴求，並且向人民直接說明他們的責任（Barr, 2009: 35）。

當反政黨的候選人獲得勝選之後，對於原本的政黨或政黨體系會產生極大的衝擊。例如，當國會中主要政黨選擇與無黨籍總統合作時，政策制定可以順利推動，然而當國會主要政黨選擇與無黨籍總統對立和衝突時，容易形成立法僵局，甚至出現民主崩潰。

　　在缺乏強的政黨體系國家中，總統選舉的個人化特徵很容易讓政治局外人有獲得權力的管道，政治局外人的候選人通常沒有政黨支持，獨立參選，主要的參選訴求是對於政黨和政治人物的不滿，而自己是選民的救世主，在國會中無任何的政治支持（Linz, 1994: 26）。政治局外人當選總統之後，對於民主政治有兩種有害的影響：第一，領導者先前無任何行政或政治經驗會減少行政權力的效能；第二，政治局外人會選擇以建立個人連結的方式來運作政治（Suárez, 1982；轉引自Carreras, 2012: 1453）。另外一個對於民主政治不好的影響是政治局外人當選總統之後，必須面對國會中傳統和制度化政黨的對立，因此會形成行政和立法部門之間的衝突，導致政治不穩定，甚至出現民主崩潰的現象（Carreras, 2012: 1453）。為何政治局外人總統會增加行政和立法部門之間的衝突之原因有三：一、政治局外人的總統是屬於少數總統，必須面對國會既存政黨的反對以及無足夠國會議員的支持可以通過立法；二、政治局外人總統對於協商、妥協和建立聯盟的民主文化較無經驗，他們的政治運作傾向於注重專業技術的途徑，強調快速的結果，對於國會漫長和費力的協商認為是浪費時間；三、政治局外人總統缺乏對於國會互動所需的政治技巧和連結，內閣通常是由其支持網絡（密友），只具有有限的行政經驗的人所組成，通常採取直接訴諸於選民的方式，增加權力個人化的風險（Carreras, 2014: 74-75; Carreras, 2016: 2）。類似的觀點是政治局外人總統候選人當選之後，在面對具有敵意的既存政黨的情況下會迫使他們以非民主的決定來回應，這些決定會進一步弱化政黨的影響以及極化選民的支持（Corrales, 2008: 3）。簡言之，無黨籍總統或是政治局外人總統會讓府會關係變得對立，在對立國會的杯葛和阻撓下，很容易選擇越過國會進行單邊統治。總統制因為雙元正當性的制度特徵很容易出現政治局外人或無黨籍總統與傳統政黨控制國會的對立。然而，半總統制因為議會制的特徵如內閣的組成和國會的信任，因此無黨籍總統與國會的互動關係取決於內閣總理的黨派屬性、國會支持實力以及無黨籍總統與黨派總理的關係。當無黨籍總統與控制國會多數的黨派總理水火不容時，會形成與總統制中無黨籍總統和對立國會的相同情境。當無黨籍總統選擇權力謙讓，將政策全交由黨派總理制定和執行時，則可以順利運作。當無黨籍總統選擇以總統權力如否決權挑戰多數總理時，則必須看否決門檻的高低與否，如果門檻很低，則總統對於國會立法還是有置喙的空間。如果門檻很高，很難通過反否決時，則總統只能表示反對聲音，無法阻撓法案的通過。當無任何政黨獲得國會過半數，且無黨籍總統又選擇組成少數政府，則總統和國會的關係會變得非常不確定，必須視國會中反對勢力的凝聚程度而定。整體而言，半總統制下無黨籍總統、黨派總理和國會可能出現的關係非常的多元，與總統制的運作經驗迥異，值得深入的探究和分析。

　　政治局外人通常會以所謂的反建制的論述來建立其政治支持。反建制的論述將政治的結構分成自己、傳統的政治菁英和人民。他們與傳統的政治菁英是敵對的關係，與人民是和諧的關係，將自己定位成救世的英雄（Andreas, 1996: 293）。這種反建制的論述與民粹主義者將純真的人民與貪污的菁英二元對立的觀點相類似，民粹主義認為民主政治應該展現人民的全意志（general will）（Mudde, 2004: 554）。當人民對於傳統政治菁英施政不滿時，很容易轉移支持政治局外人或是民粹主義者。民粹主義領導者或民粹主義的支持者贏得選舉掌握權力後，對於民主政治會形成挑戰和壓力。因為民粹主義者反對政治多元主義、反對政治制度的中介角色、對於政府制定決策的討論過程缺乏耐心（Urbinati, 1998: 110）。民粹主義對於民主政治最大的威脅是其拒絕承認反對者的民主正當性，同時民粹主義者認為人民的意志是單一的，也是同質性的團體，拒絕接受或是排除不認同民粹主義的反對者（Rummens, 2017: 62）。民粹主義者主張在人民意志之下，個人的憲法權利可以被犧牲，以及民粹主義所產生的領導者是人民意志的化身，所以他們的行動不需要受到限制（Abts and Rummens, 2007: 417）。民粹主義與民主所強調的政治自由和多元包容相衝突，當民粹主義者所支持的政治人物掌握權力之後，很可能會出現以執行人民全意志爲名來抑制自由、鎮壓反對勢力，甚至是出現威權統治。民粹主義者或其政黨一旦執政之後，很容易出現執政失敗的窘境，因爲公共職位的限制會讓其原本強調譁衆取寵的呈現方式不同，同時，當民粹主義政黨也變成他們所攻擊的傳統政黨一樣時，會讓其原本支持者的希望幻滅（Heinisch, 2003: 91）。當民粹主義所領導的政府失去人民的支持，很可能會讓傳統政黨重新回到執政舞台，掌握權力。

　　當政治局外人或民粹主義者當選總統之後，必須面對傳統政治菁英的挑戰或阻撓，很容易形成正當性的競爭。一旦總統和國會升高態勢對抗，幾乎沒有民主的原則可以解決（Linz, 1994: 7）。具有全國民意正當性的總統，會以委任式民主的方式進行統治。委任式民主是指誰贏得總統職位，誰有資格按照其認爲合適的方式來統治，可能的限制只有來自於既有的權力關係和有限的總統任期（O'Donell, 1994: 59-60）。無國會支持或是只有少數支持的總統，會運用憲法權力如行政命令或緊急命令來制定政策，取代國會法律（Carey and Shugart, 1998: 13-14）。傳統菁英或政黨控制的國會也會對於總統的行政命令加以反制，形成權力機關的法律戰爭。舉例來說，俄羅斯無黨籍總統葉爾欽從1994年到1998年通過8,443項行政命令，而俄羅斯國會只有通過822項法律，幾乎有十倍之多（Troxel, 2003: 80-84）。葉爾欽總統廣泛運用憲法權威來反制對立的國會，讓俄羅斯成爲委任式民主的常態國家。民粹主義的總統很容易利用民粹主義選民的正當性來合理化其逾越民主或憲法的統治。支持民粹主義的選民會對於反對民粹主義者之破壞現狀的情形較無法容忍，他們會支持民粹主義的領導者壓制來自其他權力機關的反對者（Singer, 2018: 1757）。結合來看，當民粹主義政黨的總統或是無黨籍的民粹主義總統面臨國會少數的困境時，很容易利用民粹主義選民的正當性來合理化獨裁的統治。當然，無黨籍總統不必然是民粹主義者，他們也可能曾是主流政黨的黨員，以無黨籍身分擔任總統。然而，如果無黨籍總統與國會對立，並利用民粹主義來越過國會進行單邊統治，最終會導致民主崩潰。例如，俄羅斯無黨籍總統葉爾欽以民粹主義的動員方式來對抗共產黨保守勢力，總統的國會支持相當薄弱，國會中常常形成立法僵局，迫使總統只能單邊地通過行政命令來取代國會的法律，府會的嚴重衝突最終導致總統砲轟國會，讓俄羅斯第一共和民主崩潰（Colton and Skach, 2005; March, 2017: 222）。無黨籍的民粹主義總統、總統少數的國會支持以及對立的國會等因素的組合，最終產生民主崩潰的悲劇。

　　政治局外人贏得選舉的現象與政黨瓦解的現象有密切的關聯。當傳統政黨之間的標籤愈來愈模糊、差異愈來愈小、執政表現愈來愈差，會導致人民不再支持傳統政黨，造成政黨體系愈來愈割裂；政治局外人成立新的政黨作爲選舉工具，很容易贏得選舉和造成民主制度的弱化；選民對於新的政黨和政治人物沒有太多可信的資訊，很難對他們課以政治責任（Lupu, 2015: 3）。政黨的失敗，隱含著民主政治的失敗或至少是代議政治的失敗（Mair, 2006:32）。政黨的瓦解讓民主政治的運作變得更脆弱，因爲政治局外人和其政黨競逐政治職位的情況下會增加衝突的可能性，甚至會出現有些政治局外人破壞民主規範和威脅既存利益的結果（Morgan, 2011: 6）。換言之，當政黨或政黨體系瓦解之後，政治局外人會趁機崛起，企圖終結傳統政黨的權力基礎，最後走上獨裁統治的道路。然而，如果政治局外人的政黨只贏得國會中的部分席次，成爲第三勢力，但傳統政黨仍然掌握多數席次的情況下，合縱連橫的複雜性會增加，相對不穩定性也會增加，但民主體制仍然可以維繫。民主維繫與威權鞏固取決於政治局外人的政黨勢力和傳統政黨的支持基礎之間的消長。

陸、結論

　　政黨政治是民主政治運作良莠的核心機制，也是選民參與民主政治的重要平台。然而，政黨運作有時也會失靈，失去其原本的代表或意見匯聚的功能。當政黨無法符合選民的需求或是無法傳遞對於選民的承諾和付託時，很容易失去選民的支持。甚至，原本支持政黨的選民會轉而支持無黨籍候選人，來表達對於政黨的不滿或抗議。在政黨體系較不制度化或是較爲脆弱的國家中，無黨籍的候選人或是政治局外人很有可能領先群倫地贏得總統大選。這樣的經驗和現象，在一些新興民主國家或是先進民主國家都曾經出現過。無黨籍總統當選之後，對於政治體系的運作會出現極大的衝擊，因為無黨籍總統在國會中可能會面臨傳統政黨的杯葛和阻撓。除非無黨籍總統甘願成為虛位元首或是擔任仲裁者的角色，不介入政府的日常運作。然而，不管是虛位元首或是仲裁者的角色，都可能會與總統需要競選連任的期望或目標相互衝突。無黨籍總統在國會中可能會出現特定的政黨奧援。除非國會多數黨願意與無黨籍總統相互配合、合作無間，府會之間的關係才可能會融洽和諧。當總理和國會多數黨另有盤算，想與總統切割，維繫其選民的支持程度時，雙元行政的衝突或是府會的對立將會不可避免或是屢見不鮮。特別是總理想要競選總統職位時，總統和總理的公開衝突可以說是總統選舉的前哨戰，雙方為了爭奪未來總統的職位形成零和的賽局。

　　無黨籍總統的權力運作模式比黨籍總統的權力運作模式更為複雜，因為在無政黨奧援的情況下，任何的政治談判和交易都必須透過無黨籍總統本身與個別政黨或政治人物來進行，同時其也是權變的，必須視不同情況而定。無黨籍總統可以運用總統的資源來交換政治的支持或是安排特定的職位，以利政策的執行。傳統政黨在國會中有一定的政治實力，這些政黨可能會與無黨籍總統交換特定法案或政策的支持，但是他們無法團結一致地或是長期地支持總統的法案和政策。因為政黨的選民或支持基礎與無黨籍總統的選民或支持基礎可能不同，所需要制定的政策也可能會出現不同的立場。這些差異很容易導致無黨籍總統和政黨之間的合作貌合神離，甚至最後出現分道揚鑣的結果。當無黨籍總統在擔任總統之前是國會重要政黨的成員時，則在擔任總統之後可能會得到先前同黨國會議員的支持。如果多數國會議員與總統立場一致，則府會關係會相當融洽或是較少衝突。除了這種少數的情況之外，根據本文的研究，無黨籍總統所面對的政治結構，大多是對立衝突或是僵局頻繁，難以解決。民主國家的總統在採取直選的方式產生之後，除非是國家政治傳統的侷限，否則很難出現虛位化的情況。當總統候選人以無黨籍的身分當選時，其肩負了多數選民的期待，希冀透過法案和政策的執行來兌現選舉的政見。如果國會無法協助無黨籍總統的立法任務或是選票需求時，很容易誘使無黨籍總統行使單邊的立法權力，來滿足其支持者的需求。特別是無黨籍總統以民粹主義式的方式競選，同時以威權方式來破壞民主政治時是過去最糟的設想情況。甚至是在總統權力相對大的國家，民粹主義的總統造成民主崩潰的可能性將會是最高。無黨籍總統和政黨體系之間的權力制衡，以及無黨籍總統和對立總理或國會的衝突模式和程度如何影響民主體制的運作，是一個較少被關注的議題。本文經由四個總理總統制國家的運作經驗說明了無黨籍總統權力運作和政治衝突的高度關聯性。民主體制中，傳統政黨需要改變其運作方式或是採取新的策略來吸引選民的支持，但是揚棄政黨政治的結果會讓政治運作變得更加地不確定或是出現難以化解的政治僵局。無黨籍總統通常誓言改變傳統政黨政治的運作模式，但是他們所產生的問題可能遠比他們能夠解決的問題還要困難許多，值得我們加以深入地反思和探討。

行政和立法、政府與國會是憲法的外觀，實際上是政黨單獨地運作權力。

(Duverger, 1969: 394)

壹、前言

半總統制是結合部分總統制特徵和部分議會制特徵的一種新的憲政體制，其運作方式與總統制或議會制是迥然不同的。[1] 首先，半總統制與總統制或議會制在行政和立法關係的運作上，最大差異是存在著總統、總理和國會的三角關係，而總統制是總統和國會的平衡關係，議會制則是內閣與國會的信任關係。其次，半總統制國家中，總統和國會不是相互獨立的，總統可以解散國會[2] 或是國會可以對於總統所提名的總理和內閣進行不信任投票，所以半總統制結合了總統制和議會制的特徵之後，所展現的輪廓全然異於組成的個別制度。在半總統制的國家中，選舉結果所產生的不同政治動態會影響總統、總理和國會三角權力關係的布局。首先，當總統所屬政黨同時掌握國會

---

[1] Skach（2005a: 348）認為，沒有一個總統制國家結合總統直選和內閣向國會負責這兩項特徵，也沒有一個議會制國家結合這兩項特徵，在抽象的層次上，半總統制是一個不同的分析類別和憲政類型。法國1958年憲法的催生者，也是第五共和的第一位總理Michel Debré（1981: 17）提到其設計法國第五共和憲法的三個理念，總統有實質權力和權威、國會多數支持的內閣來領導行政以及國會對於內閣可以進行控制，並以多數決的方式選舉。從憲政體制的定性和經驗的運作來看，半總統制是一種新的類別的憲政體制。

[2] 有些半總統制國家總統可以直接解散國會如法國，有些國家是被動解散國會，只有當國會通過不信任案之後，總統才可以解散國會如台灣的規定。

多數時，會形成一致政府。總統、總理和國會多數的三角關係可能趨近於直線的關係，如國會多數支持政府所提出的法案以及總理執行總統所偏好的政策，三個機關連成上下從屬的直線。其次，當反對總統的總理掌握國會的多數時，會形成共治政府，由總理負責政府運作，而總統只能表示反對的聲音或否決國會所通過的法案。總理可以行使的行政權力比總統的行政權力還大。最後，當國會無法形成多數時，總統可以選擇組成少數政府，此時少數政府的總理需同時向總統和國會負責。這三種不同的權力安排，可能會產生總統主導、總理主導或是國會主導等不同態樣的憲政運作結果。半總統制多樣的變化性使得傳統運用議會制的分析視野以及總統制的研究框架來適用半總統制時，可能會面臨侷限，因之必須以全新的分析架構運用在這個新的憲政體制之上。對於半總統制的理解應該從不同半總統制國家制度上的比較以及具體運作的內涵作深入的觀察，才能描繪出完整且清晰的憲政圖像。

過去的研究指出，法國半總統制出現所謂的總統化政黨現象如鼓勵政治的個人化、降低意識形態的重要性和政黨組織在競選過程中的邊緣化（Samuels, 2002: 472）。具體而言，在政策形成、人員安排、政策擬定和競選活動方面，政黨必須聽命於總統（Clift, 2005: 225）。法國總統的影響力，除了改變了政黨的權力和組織結構，也強化了國會立法行為的黨紀。法國總統透過其掌握的龐大資源交換國會議員的立法投票支持、國會議員因為支持總統而增加連任的機會，以及政黨補助是國會議員競選資金的重要來源等因素讓執政黨的國會議員在大部分的國會中的記名投票都是依循政黨的決定（Sauger, 2009）。整體而言，法國執政黨的國會議員在大多數的情況下不會倒戈與反對陣營站在同一陣線，基本上還是會支持政府的提案。然而，總統的光環雖然可以讓政黨變成其個人的選舉機器，但是不表示總統的手可以完全伸入國會或是掌控國會的執政黨黨團。總統的立法影響力取決於行政和立法機關的協商機制，以及執政黨議員的自主性。例如，1976年，法國總統季斯卡（Giscard d'Estaing）推動資本所得課稅的法案，最後政黨屬性相同的國會多數經由審議的過程，反對總統所屬意的法案內容（Suleiman, 1980: 103）。換言之，總統化政黨的現象讓政黨受到總統的影響，但不代表國會是總統可以完全操控的地盤或是國會成爲總統的橡皮圖章。如先前所提到，總統和總理還是會面臨到國會掌握關鍵席次的議長或同黨的國會領袖所牽制，而無法遂行其所有的施政意志。總統或總理與黨內其他的政治領袖的關係成爲決定行政和立法關係和諧或衝突的關鍵原因。類似地，在總統制之下，一個政黨控制行政機構，不保證行政機構的資源會被用在增強國會中政黨領袖的支持面向上，民選總統與其自己的政黨或是政黨的部分成員發生衝突是屢見不鮮的；當衝突發生時，總統會將國會議員帶往一個與國會政黨領袖相反的方向，分裂了政黨和聯盟（Carey, 2009: 178）。縱使總統和國會的偏好有重疊的地方，總統制下因爲行政和立法機關的存活是相互獨立的，所以不促進或是不保證總統和國會能夠協力一致行動（Samuels, 2007: 706）。學界常常忽視即使在一致政府的情況下，總統和同黨的國會議員還是可能會分道揚鑣（Samuels and Shugart, 2003: 44）[3]。如果總統制的行政和立法的互動和半總統制的行政和立法的互動模式是近似的話，總統與其國會的政黨領袖同床異夢，甚至是公開衝突，都不是少數的例外，而是會發生的常態。

　　總統制中執政黨國會議員在面臨總統和國會兩位競爭性委託人的雙重壓力之情境下，會影響政黨內部的凝聚力。一項研究指出，當掌握龐大行政資源的總統和國會中執政黨領袖的立場南轅北轍時，執政黨國會議員在立法投票上的凝聚力就會鬆動或是不穩固（Carey, 2007）。在半總統制下，也會出現相同的結構性限制。總統和國會執政黨領袖在特定的議題上有不同的意見，使得執政黨的國會議員分成支持總統的陣營和支持國會領袖的陣營。當然，如果總統兼任黨主席的情況下，可以透過政黨的組織來凝聚國會黨團的支持或是要求遵守嚴格的紀律。換言之，總統透過國會的政黨黨鞭可以控制國會議員的投票支持。然而，這可能只是分析上的理想狀況。實際上，執

3　類似的觀點是，總統制下總統和國會多數即使屬於同一政黨或是總統是政黨名義上的領袖，也無太多意義，假如該政黨缺乏黨紀或同質性時，相關的討論請參閱Carroll與Shugart（2006: 67）。

政黨國會議員可能會聽命於國會議長或是部分的執政黨國會議員可能會因為選區或是選民的壓力，不遵守黨的紀律，維持個人投票的自主性。簡言之，執政黨國會議員的忠誠或反叛涉及到黨政協調機制的良莠以及選舉制度對於國會議員的制約和影響。首先，以黨政協調機制的連結程度來看，議會制的黨政關係最為緊密，而總統制的黨政關係最為鬆散，半總統制的黨政關係則介於中間（Blondel, 2000: 97-99）。其次，單一選區相對多數決的選舉制度比較容易促成國會議員進行個人化的投票傾向，而相對地，比例代表制的選舉制度比較容易強化國會議員遵守政黨投票的紀律（Carey and Shugart, 1995）。結合來看，總統權力、黨政機制和選舉制度三種不同的需求或壓力，會影響半總統制下執政黨國會議員的投票傾向和立法支持。

開啟半總統制研究的法國憲政學者杜弗傑（Duverger）（1980）認為憲法的規則、國會多數的組成、總統與國會多數的關聯性以及國家的特定因素會影響半總統制的權力運作。依循這樣的方向，本文主要的研究在於釐清上述這些因素的組合或安排如何影響半總統制下權力機關的運作。什麼樣的制度特徵或輪廓比較可能產生總統、總理和國會三角關係的衝突，什麼樣的制度特徵或輪廓比較容易維繫總統、總理和國會的三角關係，同時透過1997年修憲後，台灣半總統制運作的實際經驗來說明特定的制度原因如何制約憲政體制運作的結果。本文主要的研究問題是為何一致政府下的總統、總理和國會的關係不是直線的關係，反而成為三角關係？為何特定半總統制國家之制度特徵或安排會形成總統、總理和國會的向心三角關係？為何特定半總統制國家之制度特徵或安排會促成總統、總理和國會的離心三角關係？總統和總理的權力運作如何影響政府和國會的關係？本文的問題意識在於釐清半總統制下獨有的總統、總理和國會的三角關係運作，並透過對於波蘭和台灣個案的比較和分析，搜尋或診斷半總統制或是總統國會制運作的本質性缺陷，以期對於未來台灣修憲時，可以提供一些處方和解決之道。

貳、文獻檢閱

　　過去的研究認爲半總統制的運作結果或態樣會形成所謂的制度擺盪。法國半總統制的運作是一個彈性雙元結構下的混合制，當總統掌握國會多數時，總統的權威凌駕於總理之上，然而當總理控制分立的多數時，其可獨立指揮政府的運作（Sartori, 1997: 124-125）。類似的看法是，法國第五共和的憲法產生了一個安全瓣，讓總統和國會兩個普選產生的正當性可以避免危機和衝突，藉由允許政治體制有時候運作成總統制，有時候運作成議會制（Suleiman, 1994: 151）。易言之，總統和國會多數一致的時候，傾向總統制[4]的運作，總統與國會多數對立的時候，傾向議會制運作。然而，半總統制運作起來像總統制的意涵是指國會雖然由同黨多數所掌控，但是國會卻可以自主運作其民主正當性，無法受到總統的操控；總統還是可以透過政黨的工具或是資源的分配，讓國會可以對總統所支持的法案輕騎過關。國會同黨的議員是支持總統施政或是立法的第一縱隊，還是國會同黨的議員屬於自走砲部隊，有時可以獨立行使其立法職權，不支持政府的提案。這些不同的結果取決於總統如何透過政黨來達成其立法上的影響力以及特定的制度安排如何形塑或是制約國會議員的立法行爲。另外，半總統制運作起來像總統制的觀點是不是只側重總統權力的匯聚，而忽視其他政治制度或黨派因素對於總統和國會複雜的互動關係之影響。總統的政黨具有國會多數，會使其權力的行使面對較少的外部障礙，但總統可以提名和指揮總理，並不表示總統必然可以號令國會的多數。總理和國會多數的關係取決於政黨的黨鞭是不是可以貫徹執政黨的意志，讓國會議員可以服從紀律，支持政府的提案，而不是成爲紀律鬆散或是特立獨行的跑票國會議員。

　　半總統制下總統和總理的關係是委任和代理的關係。半總統制的憲法

4　然而，比較政治學者Shugart（2006: 358）認爲半總統與總統制的差別在於半總統制中，總理可能被國會解職以及總統有解散國會的權力，這兩項特徵不僅區別半總統制和總統制，也可以區別半總統制和議會制。

通常規定總統有提名總理的權力。[5]因此總統是委任人，總理是代理人。然而，這種委任和代理的關係具有高度不確定的性質。因為有些半總統制國家如總統國會制國家，總統在憲法上有免職總理的正式權力（Shugart and Carey, 1992: 24）。有些半總統制國家如總理總統制國家，雖然總統在憲法上沒有免職總理的權力，但是實際運作上總統可以運用非正式的權力來免職總理。例如1968年法國右派總統戴高樂（Charles de Gaulle）免職同黨總理龐畢度（Georges Pompidou）以及總統龐畢度在1972年免職同黨總理戴爾馬（Chaban-Delmas）；1991年法國左派密特朗（François Mitterand）總統免職同黨總理羅卡（Michel Rocard）（Thiébault, 2003: 333）。法國之所以可以形成總統政府（presidential government）凌駕總理政府（prime ministerial govenment）的原因是總統擁有憲法上提名總理以及總統可以解散國會的權力[6]，這兩項權力讓總統可以任命內閣部長、決定政府的政策和隨意地更換總理（Elgie and Machine, 1991: 71）。一些關注法國內閣輪替的研究指出，法國半總統制運作下內閣呈現不穩定的狀態，內閣不穩定的兩項驅動因素是總統掌控內閣的組成和單一政黨或聯盟控制國會多數使得總統不需面臨其他聯盟政黨的牽制，因此法國內閣的部長類似美國總統制下的部長，不是議會制下的部長，法國的總理或內閣很容易成為總統施政不力的避雷針，總統透過更換總理或部長來轉移焦點或是推卸責任，導致內閣常常面臨改組的變動（Grossman, 2009；郝培芝，2013）。法國半總統制內閣不穩定的關鍵因素是總統權力的獨占性以及制度運作的必然結果。

　　本文認為，半總統制下總理職位的揮發性或是延續性取決於總理的政黨權力的大小。當總理同時是國會中執政黨的領袖時或是國會議員同時兼任閣員時，總理可以透過政黨的權力控制國會多數的意志，因此較不容易被總統

5　有些半總統制國家總統提名總理之後，還需經由國會同意之後才能任命，例如俄羅斯；有些半總統制國家的總統可以直接提名總理，不需要經由國會同意，就可以任命如台灣的規定。

6　例如，1962年法國總統戴高樂欲推動總統直選，但是同黨的多數國會議員反對，甚至要提出不信任投票來使當時的總理龐畢度去職，總統戴高樂運用憲法上的國會解散權，讓人民投票決定總統直選的修憲案和產生支持總統的新國會多數，請參閱Elgie與Machine（1991: 70-71）。

恣意免職。當總理不是執政黨的主席或實質領袖，內閣閣員也不具有國會議員身分時，總理較難控制國會的立法，甚至是同黨國會議員對於總統所偏好的政策或是政府支持的法案有所反叛時，總理很容易被牽連成政策推動不力或是成為究責的對象。從另一種角度來看，制度特徵或是政治實踐制約了總理的立法影響力，讓總理面對總統和國會的雙重壓力下，無法施展其政策能力。總統可以選擇撤換總理的方式來回應危機，但是卻不能任意換掉反叛的國會領袖或是國會議員，因此不團結的危機不會因換總理而拆解，執政黨內部強的反對勢力也可能會讓總統的施政陷入泥沼而動彈不得，即使總理可能會先被泥沼淹沒而辭職下台。

　　政黨或聯盟贏得選舉和取得國會的多數之後，並不保證黨內的政治領袖能夠和諧同調。法國半總統制運作的歷史經驗中，執政黨黨內的總統、總理、國會議長或國會領袖常常發生鬩牆的情形。1976年，法國右派總統季斯卡（Giscard d'Estaing）和右派總理巴里（Raymond Barrey）受到國會中同是右派的前總理席哈克（Jacques Chirac）對於政府法案的阻撓和刁難，因為席哈克所屬政黨掌握了國會多數聯盟中的多數席次（Cole, 1993: 56）。在1988年到1992年，同屬左派社會黨（Socialist Party）的國會議長法比尤斯（Laurent Fabius）是抗衡社會黨總統密特朗提名的社會黨總理羅卡的黨內巨頭；在1993年至1995年的共治時期，右派聯盟的國會議長塞甘（Philippe Seguin）對於右派總理巴拉杜（Edouard Balladur）也多所掣肘；同樣是1997年至2002共治的時期，社會黨的國會議長法比尤斯再次上演了制衡同屬社會黨總理喬斯班（Lionel Jospin）的曲目（Lazardeux, 2009: 293-294）。換言之，行政、立法的關係不會因為是同一政黨同時掌控就會琴瑟和鳴，就會毫無雜音。法國半總統制的演化結果讓總統成為政黨的實質領袖，而非單純中立的憲法仲裁者，特別是在2002年之後，修改選舉法規，先舉行總統選舉，接著才國會選舉的選舉時程配套，使得總統所屬政黨因為蜜月選舉的關係，較容易取得國會多數，更加支持並強化總統在政黨內部的支配影響力（Grossman and Sauger, 2009）。例如，法國在2007年總統和國會選舉期程調整後，選出了右派總統薩科吉（Nicolas Sarkozy）以及右派政黨人民運動聯盟（Union pour un Mouvement Populaire, UMP）在國會577席次中占有313席，超過半數的席次，勝選結果強化了總統薩科吉的權威，其透過非正式的G7部長會議[7]來控制內閣的運作[8]，然而好景不常，總統薩科吉在一連串改革失去民心，聲望降到谷底之後，總理的自主性以及執政黨黨內的紛擾兩項原因，導致總統的權力無法施展（Cole, 2012: 317-318）。總統薩科吉和執政黨國會議員的關係最終走上了一段顛簸的道路。大部分執政黨的國會議員基本上在總統薩科吉選上總統之前，就擔任國會議員，執政黨國會議員的選舉命運並不是靠總統的衣尾效應，於是部分執政黨國會議員不支持總統所推行的特定政策，甚至企圖想自立新主如推選總理費雍（François Fillon）或是前總理居貝（Alain Juppé）成為2012年總統選舉的右派總統候選人（Knapp, 2013: 41-42）。

　　從法國半總統制的經驗來看，憲法上強的總統權力，不必然會出現強的總統權威。權力行使的擴大或緊縮隨著正當性基礎的多寡而有所轉換。[9]一位具有高民意基礎的總統，比較能夠施展其理念或政策，微弱的反對聲音不足以成為政策執行的障礙，總統權力因為其民意正當性而擴大其權威。相反地，一位失去民心的總統可能同時會面臨腹背受敵或是後院失火的窘境，因此，權力和資源過度集中於總統個人身上的負面效果是總統必須肩負所有的政治責任，一旦總統失去民意的支持，會形成反向的回饋，縱使其後來想推動立意良善的政策，也難以振衰起弊，力挽狂瀾，甚至要面對槍口向內的執政黨國會議員的開火和掃射。

　　傳統的研究智慧指出，半總統制中不管是總理總統制國家或是總統國會制國家，總統和總理之間高度可能產生衝突，其結果是導致內閣的不穩定

---

[7]　根據法國憲法第9條，總統主持部長會議。然而，總統薩科吉又召集7位部長的非正式會議，破壞政府的集體性責任（Cole, 2012: 317）。

[8]　研究法國憲政體制的學者Suleiman（1980）曾經提到法國第五共和初期，總統同時掌握國會多數時，其屬於總統政府（presidential government），而不是總統和總理的雙元行政，總統是真正的政府領袖，其會繞過總理來控制部長。

[9]　比較政治學者Skach（2005b: 16）提到，單純總統權力的測量不能解釋總統權力隨著時間變化的運作和濫用。換言之，總統權力的運作是動態的過程，而非靜態的指標或分數。

（Sedelius and Ekman, 2010; Sedelius and Mashtaler, 2013）。是哪些因素造成半總統制國家的總統和總理容易發生衝突形成政府的危機，受到半總統研究學者密切的關注。根據一項研究指出，多黨體系、總統和國會非同時性選舉，以及總統對於所屬政黨或是聯盟較沒有影響力等制度安排下，較容易產生總統和總理之間的衝突（Sedelius, 2008）。換言之，總統黨沒有單獨掌握多數的國會席次或是總統必須面對新民意的國會時，總統會與掌握國會關鍵席次的總理發生衝突。從反面推論來看，總統及其政黨如果同時掌握國會多數以及總統和國會是同時選舉時，總統和總理之間的衝突是較不可能出現的。然而，從上述法國半總統制的經驗顯示，即使總統和總理的政黨屬性一致或是同屬一個聯盟，也不能保證總理的任期能夠持續到下一次國會的選舉。因此，半總統制國家，總理任期的高揮發性必須由其他的因素才能解釋。另外，傳統文獻的觀點較可以解釋多黨半總統制國家，而對於兩黨或是兩個聯盟的半總統制國家之分析效度相對較為薄弱。

過去有關半總統制行政結構的研究曾經指出，總統和國會多數一致時，較容易產生階層式的政府；所謂的階層式政府，是指總統運用國會多數的支持和同黨總理的執行配合，形成一個上下的結構，使得政府的決策較集權化（Passarelli, 2010）。[10]階層式政府的運作隱含著總統和總理之間的衝突較不檯面化。然而，總統擁有穩定的國會多數並不保證總統和總理的關係協合一致或是免於衝突。黨派屬性的不同會影響總統和總理之間衝突的可能性。總統和總理來自聯盟中不同的政黨或是黨內不同的派系時，容易出現總統企圖支配總理，而總理力圖反抗總統在行政事務上介入的情形（Baylis, 1996; Protsyk, 2005: 148-149; Skach, 2005b）。[11]另外，一項相關的研究指

---

10 這裡的上下從屬關係是前面所提到的直線關係，主要是指總統、總理和國會多數因為政黨的連結所形成的關係。

11 假如總統和總理是來自不同的政黨或是黨內不同的派系，衝突還是會出現，因為半總統制憲法制度化了行政雙元領袖分工的緊張關係，總統和總理極可能發生衝突；總統和總理個性上的差異可能產生政策的歧異或是在誰應該領導政府的議題上；或是總統對於自己領導風格的特定的信念和總統的正當性可能促成他想完全控制總理，而總理可能抵抗這樣的支配，不斷地宣示其也擁有行政上的權力（Skach, 2005b: 16）。另外，總統和總理之間可能會在憲法上有關行政權

出，半總統制可能出現兩種衝突模式：總統和國會多數支持的總理發生衝突，以及總統和總理聯合起來對抗國會的衝突；當憲法規定只有國會具有倒閣權時，總理有誘因傾向與國會合作，而沒有誘因與總統合作，因此會發生總統和國會多數所支持的總理之間的衝突；當憲法規定總統和國會都有倒閣權時，總理面臨雙重的壓力，因此很可能會出現總統和國會多數支持的總理發生衝突或是總統和總理聯合一起對抗國會的衝突（Protsyk, 2006: 221-222）。

　　換言之，總理總統制和總統國會制的衝突模式是歧異的，總理總統制國家較容易出現總統和總理行政內部之間的衝突，而總統國會制國家較可能會出現總統和總理之間的衝突或是總統與總理一起對抗國會的衝突。[12]然而，以憲法的解散政府權力或是倒閣權來解釋總統和總理，或是行政和立法的衝突可能會面臨一些解釋上的困境。首先，雖然總理總統制的總統在憲法上沒有解職總理的權力，但是實際運作上，總統還是會透過非正式的權力來免職總理（Samuels and Shugart, 2010: 102）。總理即使有國會多數的支持，其有關行政的重大決策還是需要與總統諮商。如果總理擁兵自重，企圖以國會多數的支持來對抗總統時，總統可能會迫使總理辭職下台。其次，解職總理或是倒閣權對於國會來說，是一種核子武器，如果貿然使用，也可能會遭致報復。例如，如果國會通過不信任的投票，總統可能會解散國會，重新選舉。[13]因此，國會的倒閣權，可能只是備而不用，無法發揮實際嚇阻的效

力的界定、行政命令的制定、總統參加內閣會議以及內閣閣員的去留等議題上發生衝突，相關的討論請參閱Protsyk（2005: 143-144）。

[12] 半總統制次類型中總理總統制和總統國會制的制度差異在於總統國會制下，總統和國會都有倒閣權或是所謂的解散政府的權力，相關的討論請參閱Shugart與Carey（1992）、Shugart（2005）。

[13] 例如，我國憲法增修條文第2條第5項規定，總統於立法院通過對行政院院長之不信任案後十日內，經諮詢立法院院長後，得宣告解散立法院。換言之，國會通過對於政府的不信任案時，可能會面臨被解散和重新改選的命運。另外，在西方議會制國家，總理提前去職基本上與黨內或是聯盟內部的壓力有關，與不信任投票無關，請參閱Baylis（2007: 91）。例如，英國保守黨（Conservative Party）在每年國會會期一開始時會進行由保守黨國會議員對於首相續任與否的投票，1990年英國首相柴契爾夫人（Margaret Thatcher）儘管有先前連續領導保守黨兩次贏得大選以及執政長達十一年的光榮紀錄，但是部分的保守黨國會議員認為她無法取得下一次選舉

果。再者，如果總統、總理和國會多數屬於同一政黨或是聯盟時，國會多數行使倒閣權的機會更是微乎其微。[14]

　　相對來說，總統免職總理的權力，宛如空軍飛機上的飛彈按鈕權，其行使之後，不會影響總統任期或存活。亦即，總理必須取得總統的信任，否則總理可能隨時地位不保，必須辭職下台。然而，當總理是國會議員且同時是國會多數黨的政黨領袖時，總理對於總統的議價能力增強。總理等於有反飛彈防空的能力，可以經由國會多數議員所組成的盾牌來防禦總統的攻擊或介入。反面來看，總理非由執政黨國會議員的國會領袖所擔任時，通常其只能聽命於掌握內閣提名權的總統，同時對於國會的立法支持沒有直接的影響力，行政和立法關係之連結較為鬆動或是脆弱。簡言之，總理總統制下的總統和總理之間的策略互動，受到國家特定制度或權力安排的影響。在正常的情況下，總統國會制下的國會與總理總統制下的國會也同樣沒有誘因行使倒閣權或是免職總理。然而，總統在憲法上擁有正式解職總理的權力，且當總統和國會多數有不同意見時，總理會選擇與總統靠攏而與國會多數疏離，因為總理如果失去總統的信任，其職位可能朝不保夕，迫使總理只能選邊站。當然，總理與國會多數的政策意見不同時會使得行政和立法的關係擱淺，最後由國會多數來主導政策的制定。綜合來看，單純從倒閣權或解散政府的角度來分析，皆無法衡量總統、總理和國會複雜的三角關係，特別是總統、總理和國會多數都是同一政黨控制下，為何還是會出現行政和立法機關之間的衝突。因之，我們必須關注憲法規定之外的其他政治制度，分析什麼樣政治制度的配套較容易產生總統和總理的衝突，以及什麼樣的制度安排比較容易促成總統和國會的關係貌合神離。

的勝利，於是在第一輪投票未過半數而需要進入第二輪時，迫使她下台，以延續保守黨的勝選機會（Weller, 1994: 135-136）。從這個事實可以觀察到，雖然英國沒有國會對於內閣行使同意權的制度，但是執政黨黨內對於首相所行使的同意投票，其實質意義等同於同意權的效果。更關鍵的是，英國保守黨的國會議員可以運用投票程序決定其首相的去留，經由這種民主程序讓國會議員對於首相人選可以表達支持或反對。

14 當然，如果半總統制國家的政府是聯合內閣時，可能會因為某些聯盟政黨離開內閣，導致不信任投票的通過，相關的討論請參閱蔡榮祥（2013）。

參、研究架構：半總統制的三角關係

　　首先，半總統制國家因為具有議會制特徵，所以其政府與國會的關係或國會的立法運作可以和議會制國家進行對照和比較。以議會制之濫觴英國為例。在英國，國會立法紀律維繫的主要人物是內閣閣員中的下議院國會領袖（Leader of the House）以及黨鞭（Chief Whip），其透過國會立法程序如逕付表決（guillotine）確保法案的通過以及程序動議（programme motion）來設定法案辯論和通過的時間；當國會議員自行提案時，任何其他的同黨國會議員皆有否決權，甚至黨鞭控制了委員會委員的提名，以此來強化國會議員的紀律或是懲罰不聽話的國會議員（Qvortrup, 2011）。整體來看，英國議會制已經從所謂的國會至上變成內閣至上，國會無法獨立自主地行使其立法職權。半總統制國家葡萄牙的經驗可以與議會制國家英國的經驗進行比較。葡萄牙的政府並無所謂的逕付表決權力，以及政府所提的法案與國會所提的法案可以一起被表決，看哪個法案可以獲得國會過半數同意，以及政府會透過信任投票的程序，將特定的法案宣布成是信任案，以凝聚過半數的支持或總統可以行使否決權來否決國會通過的法案（Conceição-Heldt, 2011）。與英國比較，葡萄牙國家的行政和立法關係較為平衡，國會仍維繫一定程度的自主性，不是橡皮圖章或是無牙齒的老虎。

　　其次，半總統制與總統制的國家都存在總統和國會的關係，因此我們也可以衡度兩種憲政體制下行政和立法的關係以及國會定位的差異性。基本上，美國國會的議程是由國會多數黨所設定的，國會多數黨可以決定委員會的主席、眾議院議長的職位以及各項委員會中的超額席次（Cox and McCubbin, 2005: 26）。另外，美國憲法上對於總統和國會的權力分立的安排，使得總統和國會面臨不同的選舉命運以及出現意識形態上的差異，這些因素使得一致政府下總統和同黨多數控制的國會的互動也會出現緊張關係，例如對於特定的法案持彼此對立的立場（Sinclair, 2006: 239-241）。如果我們把三種憲政體制下的國會擺在同一個天平之上的話，議會制是政府設定國會議程[15]，總統制是國會自行設定議程，而半總統制是政府和國會都可以設定議程。當政府和國會都可以設定議程時，政黨成為行政和立法關係的重要樞紐或是傳送帶。如果總統可以透過政黨如兼任黨主席來控制多數的國會議員時，行政和立法關係的互動會相對平順，但是如果總統透過政黨強行推動國會議員不支持的法案或政策時，國會議員也可能出現反叛的情形。即使是連英國這樣強調黨紀的議會制國家也曾經發生，工黨（Labour Party）內部有122位國會議員反對工黨首相布萊爾（Tony Blair）決定與美國一同出兵伊拉克之政策（Qvortrup, 2011: 91）。換言之，政黨的連結不足以保證行政和立法關係的合作無間，特定政策對於總統或是國會議員選舉命運的影響才是決定團結或是分裂的關鍵因素。

　　一項針對42個議會制國家之研究指出，國會對於選擇政府愈有權力，如具有國會同意權（investiture）時，內閣通常被賦予更強的權力如立法議程的設定可以讓政府法案更容易通過（Cheibub, Martin, and Rasch, 2015）。立法議程的設定是指內閣或政府可以決定哪些提案優先排入議程，當這些提案經由國會多數同意後，便成為法律。為何國會多數的議員願意優先支持政府的提案？比較政治學者Cox（1987）對於英國議會制歷史發展的研究談到，有三個因素可以解釋為何國會議員在政府提案上的投票凝聚力或是團結度較高：第一，一方面，內閣或政府的提案被排定在特定日期的議程中，其討論或通過的機會較大，另一方面，國會議員的提案因為數目眾多，曠日費時，立法效率慢，多數國會議員會以政府之提案為標竿；第二，國會議員對於內閣的職位（portfolios）都存在某種程度的野心，而總理可以運用內閣職位的分配來進行恩寵的分配，因此，想謀求內閣職位的國會議員會依循黨鞭的指示投票，支持政府的提案；第三，當重要的法案無法通過時，國會可能面臨被解散的命運以及國會議員必須重新改選，因此在面臨被解散之前，對於國會議員的最佳策略是支持政府或是政黨的法案，特別是執政黨的國會議員認為解散國會反而可能會使得反對黨贏得選舉。我們可以將

---

15 這裡指涉的是英國西敏寺（Westminister）的模式，不是多黨議會制國家的運作經驗。

議會制國家的經驗引申到半總統制的運作上，觀察國會具有同意權以及內閣閣員兼任國會議員兩項制度特徵是否可以影響政府法案的通過率或是支持度。

　　在這樣的制度脈絡下，總理同時也是國會中的政黨領袖或是國會中最大的黨鞭時，國會多數黨的國會議員反對政府提案的自由度相對較低，總理會成為強權總理。反之，如果國會無法行使同意權或是內閣閣員不能由國會議員兼任，國會多數黨議員的自主性會增強，政府的提案不必然能夠順利過關，或是有些政府的提案，最後所通過的版本是國會多數黨議員所主張的立場或修正的內容。當國會多數黨議員的自主性增強時，會弱化總理的立法影響力，使得總理屬意的重要施政無法推展。特別是總理不具有政黨領袖身分的情況下，無法直接號令同黨的國會議員。另一方面，施政不利的總理很容易成為總統的代罪羔羊，因為其正當性基礎是來自於總統的提名和授權。弱權總理會同時面臨總統和國會的夾擊，進退兩難。東歐國家的經驗顯示，強勢總統主導政府的運作以及強勢國會自主運作立法過程兩項因素交互作用之後，較容易出現弱勢總理的現象（Baylis, 2007: 88-91）。

　　本文主要的論點是具有議會制的特徵如同意權的行使和國會議員兼任閣員的半總統制國家，較容易出現強權總理、總統行政權力之行使受到限制以及府會關係較為和諧的現象；相反地，不具議會制特徵如同意權的行使和國會議員不能兼任閣員的半總統制國家，較容易出現弱權總理、總統行政權力之行使較無限制、立法權力較有自主性以及府會關係容易發生衝突的結果。換言之，半總統制中，具有愈多議會制特徵的國家，總統、總理和國會的三角關係較容易運作，屬於向心三角關係，如圖6-1所示。反之，半總統制中，具有愈少議會制特徵的國家，總統、總理和國會的三角關係反而較困難運作，屬於離心三角關係，如圖6-2所示。[16]呈現這兩個圖的目的在於說明不同三角關係的強烈對比如何造成總統在國會中立法支持凝聚度的差異。

---

16 不管是向心三角關係或是離心三角關係都會出現對應的問題，沒有一種三角關係是毫無運作上的問題。

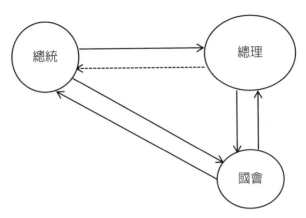

圖6-1　總統、總理和國會之向心三角關係

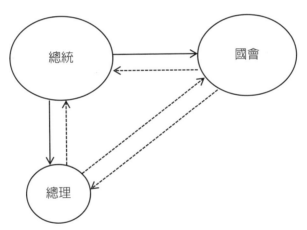

圖6-2　總統、總理和國會之離心三角關係

不同的制度不僅規範著行動者不同的選擇範圍，同時不同的制度也會形塑出不同的運作結果。例如，半總統制下，如果存在著總統提名總理，需要國會同意（investiture）的制度設計的話，總統可能必須衡諸國會中政黨勢力的分布，選擇國會可以接受的總理人選。[17] 政治動態中，如果總統的政

_____

[17] 具有國會同意權的國家是指總理人選需要國會多數的同意，同時表示總統提名人選需要考量國會的意見。如果是完全由國會決定人選，而總統無法任何置喙，則不是本文討論的範圍，因為總統接近於虛位元首，對於實際政治運作無法介入，如奧地利、愛爾蘭等半總統制國家。

黨同時也掌握國會的多數時，對於總理的同意權行使相對地較容易通過。然而，因為同意權的行使需要國會議員的支持，總統所提的總理人選至少不要面臨國會議員的強力反對。如果總統的政黨只掌握相對多數的席次，此時總統所提名的總理人選不僅要獲得總統黨的國會議員之信任，同時其也要取得聯盟政黨國會議員的支持，否則最後可能無法跨越過半數同意的門檻。如果憲政制度規定總統提名總理完全不需要由國會同意時，總統可以單方面決定總理的人選和政府的組成，國會無法行使確認或是同意權。

有關內閣閣員的身分組成之制度規範也會影響總統、總理和國會的三角關係。如果半總統制憲法規定內閣閣員是由國會議員所兼任時，內閣閣員的身分具有單一性，內閣閣員的提案或政策較容易被國會所接受或通過。如果半總統制憲法規定，國會議員不能兼任內閣閣員時，內閣閣員的提案或政策只能依賴同黨國會議員的支持和協助才能順利通過。針對半總統制國家的研究指出，內閣組成中，無黨籍的成員愈多，表示總統對於內閣的影響力愈大（Schleiter and Morgan-Jones, 2010）。然而，從反面的面向來看，無黨籍人士愈多的內閣與國會之間的連結程度要比黨派人士愈多的內閣與國會之間來得弱，因為其是間接與直接的對比。另外，如果國會議員都是內閣閣員時，總理的權力也會因此強化，其可以透過國會紀律如信任案來維繫內閣的集體性和一致性。相對地，如果總理不是由國會議員兼任，同時閣員的任免都是由總統決定時，總理只是同等中的第一人（first among equals），內閣運作中並無任何制度性的機制可以約束內閣成員，甚至內閣成員可能選擇聽命於總統，而不是聽命於總理。

綜合來看，將同意權行使的有無和內閣閣員與國會連結的強弱這兩個指標組合起來，可以得出四種不同的互動模式。這四種模式（離心、脆弱、競爭、向心）主要細微差異在於總統和執政黨國會議員之間連結強弱的程度不同，愈強的連結，總統愈可以控制執政黨國會議員的支持；愈弱的連結，則執政黨國會議員的自主性愈高。第一種向心三角關係模式，國會具有同意權以及內閣閣員同時兼任國會議員時，會出現強權總理，甚至總理可以透過國會中多數的支持基礎來與總統進行權力抗衡。總統和總理之間可能會產生權力的衝突，總統權力的行使會受到制約，如其想要通過屬意的政策，必須與總理協商。雖然總統的權威萎縮，但由於其受到任期的保障，當政策推動失敗或是政府出現危機時，失去國會支持的強權總理也難逃被總統逼迫最後去職的命運。換言之，強權總理也需要肩負政策成敗的責任，總統權力雖然較為限縮，但是任期保障的總統並沒有提前下台的制度規範。這種情形下的國會被總理所控制，總理主導立法議程的設定和立法提案的順利通過，而以犧牲國會的自主性作為代價。圖6-1的實線箭頭是指權力機關之間較不會發生衝突，虛線是指權力機關之間較容易發生衝突。

　　第二種競爭三角關係模式是國會不具有同意權而內閣閣員同時兼任國會議員時，基本上還是會出現強權總理。理論上，國會不具有同意權的情況下，總統可以不提名國會議員擔任內閣總理。但是由於憲政規定或是國家慣例，內閣閣員都是由國會議員兼任的話，總統還是會提名國會中多數黨領袖擔任總理。如果總理所屬政黨掌握國會多數的席次，則此時總理具有強的權力。如果總理所屬政黨只掌握國會相對多數或是少數的席次，總理的權力相對地減弱。從本質來看，國會具有同意權的制度效果基本上是屬於一次性的，讓國會議員對於總統所提名的總理人選可以進行投票來同意任命，不過投完票，人選確定當選之後，效果已經完成，無法延續地影響後來國會議員對於各項法案的立法支持。相對地，內閣閣員同時兼任國會議員的制度效果較大，因為國會中執政黨國會議員的立法支持和紀律會因為這個制度特徵而鞏固或是凝聚。因果推演下，這種模式會出現強權總理，透過其國會議員的身分來強化立法的投票支持，總理真正的角色就是國會黨團的大黨鞭。當然，這種模式下，總統不是純粹的國家元首，其透過憲法的權力賦予，如否決權、解散國會權或是主持內閣會議等規定，可以與總理爭奪行政的主導權。[18]當總統和總理爭奪行政的主導權時，即是所謂的競爭三角關係。另

---

[18] 葡萄牙左派政黨總統桑伯歐（Jorge Sampaio）於2004年12月主動解散由右派掌握多數的國會，主要的原因是左派總統桑伯歐認為右派總理洛佩斯（Pedro Santana Lopes）所領導的政府具有低的支持度，即使國會的民意比總統的民意為較新的選舉結果所產生（Jalali, 2011: 167）。這也是少數幾個共治政府被總統解散國會因而瓦解下台的例子。

外，因為總統的總理提名權不需要經由國會的同意通過，總統通常會選擇與其較能配合的同黨出身的國會議員擔任總理。總統和總理之間的衝突相對會較少。也就是說，競爭的三角關係也可能會層升成類似向心的三角關係。然而，如果是多黨組成內閣的情形下，總理的產生必須與其他政黨合作，相對而言總理因為內閣權力是由多黨共享，比一黨內閣總理的權力相對較弱，當多黨內閣運作出現衝突以及總統和總理分屬不同政黨時，總理較無法透過內閣的權力來與總統抗衡，而總統也可能選擇與內閣其他政黨合縱連橫，企圖削弱總理的實質影響力。這時的競爭三角關係可能會退化成類似脆弱的三角關係。

　　第三種脆弱三角關係模式是國會具有同意權，但是國會議員不能兼任內閣閣員時，總理的權力會形成權變的情形或是產生不確定性。這種模式下，總理的產生是經由國會多數同意通過的，國會中的執政黨議員不管是否全力支持，至少沒有強烈地投下反對票。然而，總理當選之後法案推動的成功與否，與總理是否是執政黨的政黨領袖高度相關。如果總理是執政黨的領袖，雖然其無法直接經由國會議員身分去要求執政黨國會議員的投票紀律，但是透過政黨的機制還是可以進行行政和立法機關之間的協調和折衝，讓法案可以順利通過，甚至是通過行政機關所支持的版本。如果總理是無黨籍人士或總理是非執政黨的領袖時，總理與國會之間協調可能會出現問題，因為國會相對而言較有自主性，總理並沒有重要的武器可以發號施令，讓執政黨國會議員無條件支持總理或行政機關之提案。在這種模式之下，總統的權力行使基本上可以凌駕總理，因為總理無法利用國會的多數來對抗總統。總理如果與總統發生嚴重衝突的結果是總理去職下台，因為總統的民主正當性高於總理的民主正當性，總統會選擇提名新任總理，經由國會投票同意通過。總統和國會之間的關係取決於國會多數的政黨生態。如果國會多數是總統黨所控制，總統擁有最大的立法影響力，如果國會多黨林立，總統有可能面對過半數的反對勢力，其立法影響力相對地萎縮。[19]

---

[19] 例如俄羅斯總統葉爾欽（Boris Yeltsin）與總理普里馬科夫（Yevgeny Primakov）的相互衝突

　　第四種離心三角關係模式是國會不具有同意權，同時國會議員也不能兼任內閣閣員時，會使得總理人選的產生，國會較無法置喙，總理不具備國會議員的身分屬性與國會的連結也較弱之情況下，會形成弱權總理的現象，甚至總理有時會夾在總統和國會之間，遭受到兩個民主的權力機關相互擠壓。當然，在這種情形之下，總統可以透過所謂兼任黨主席的方式，來控制國會黨團的立法支持。總統兼任黨主席不必然可以保證國會立法不受到阻礙，這中間需要考量一個關鍵性的中介變數，就是國會議長的身分屬性，國會議長的立場和態度會讓總統的立法影響充滿著不確定性。[20]如果總統與國會議長本身關係良好，合作無間，執政黨國會議員也會比較容易被說服或是堅定支持政府的提案，如果國會議長與部分執政黨國會議員對於特定的政策出現明顯的反對立場時，此時政府的提案可能被大幅修改，偏離原本的主張，縱使最後這個法案還是有通過，不過細究其內容，應該歸屬於國會自主性的提案。圖6-2權力機關的實線部分表示較不容易發生衝突，虛線的部分表示容易產生衝突。圖6-3呈現半總統制的配套制度、運作模式和國家案例。如果以總理權力行使的強弱程度來區分，向心三角關係模式（納米比亞、波蘭）和競爭三角關係模式（葡萄牙[21]）中總理權力最強，脆弱三角關係模式（俄羅斯、烏克蘭）和離心三角關係模式（台灣、法國）中的總理權力較弱。如果以國會自主性的高低程度來區分的話，脆弱三角關係模式和離心三角關係模式中的國會具有較高的自主性，而競爭三角關係和向心三角關係國會具有較低的自主性。[22]從比較的層次來看，向心三角關係模式和離心三角關係

中，總理普里馬科夫因為有國會中反對總統政黨的支持以及聲望居高不下，功高震主，最後讓俄羅斯總統葉爾欽選擇在被國會彈劾前一天撤換總理，化解其去職危機，相關的討論請參閱吳玉山（2000：102-103）。

20　前面兩種國會議員同時是內閣閣員的情形下，總理在國會的地位等於是大黨鞭，而此時國會議長即使是執政黨黨籍的國會議員，也只能維持主持議事的功能和角色，無法集結部分的執政黨國會議員而成為關鍵力量。

21　雖然葡萄牙沒有同意權的制度設計，然而其憲法規定總統須根據選舉結果，諮詢國會中有席次的政黨之後，提名總理（憲法第187條第1項）。這樣的規定強化了國會政黨對於總統提名總理的建議權，同時也使得總統選擇國會內的政黨領袖擔任總理，較不可能提名國會以外的人士來出任。

22　一項針對拉丁美洲總統制國家的研究指出，當國會無法形成多數或是國會完全放棄對於總

模式的對比，屬於比較方法中的最差異比較法（Przeworski and Teune, 1970: 139）。兩個國家同屬半總統制，但是運作模式和結果出現明顯的差異，在圖6-3中以雙箭頭表示強烈的對比。另外三個箭頭呈現序列的模式，以支持程度的強弱來區分，從向心、競爭、脆弱到離心。

　　以下我們透過半總統制國家波蘭和台灣的對比，來說明國會同意權的有無和內閣閣員的組成方式的不同如何形成不同的總統、總理和國會的三角關係。首先，本文主要比較基礎在於台灣和波蘭在民主轉型初期都是運作總理總統制。然而，台灣在1997年修改憲法，變成總統國會制，而波蘭也同樣在1997年修改憲法後繼續運作總理總統制。以長時間的脈絡來看，最初相同的憲政體制卻產生不同的運作路徑和運作結果。在不同的路徑中，是否存在著一組相對應的原因，造成憲政運作結果的差異是本文方法層次的問題意識。換言之，台灣和波蘭雖然目前分屬於半總統制下不同的次類型[23]，但是兩個國家還是可以進行脈絡化的比較，透過兩個國家的總統、總理和國會的三角關係的對照，解釋兩個國家所產生的憲政結果上的運作差異。其次，從政黨體系的角度來看，兩個半總統制國家最近的國會選舉所產生的有效政黨數都是兩個到三個政黨之間（Laakso and Taggepera, 1976）。政黨體系的相似性可以成爲控制比較的基礎，藉此來分析其他制度的差異如何影響半總統制憲政運作的不同結果。另外，本文的分析框架主要是從政府產生的方式和政府對於國會的立法控制來解釋總統權力運作的變化，與過去強調總統權力的研究迥異，本文認爲只有透過其他配套制度的分析，才能解釋半總統制運作核心——總統、總理和國會的三角關係。過去比較政治學者Shugart與Carey（1992）以憲法上總統是否具有解職總理的權力，將半總統制區分總統國會制和總理總統制兩個次類型，並分析其可能產生的政治效果。他們

統的制衡角色時，國會失去自主性的結果，較可能會造成政治體系運作的失敗（Carroll and Shugart, 2007）。國會保有某種程度的自主性可以促進權力的分立和制衡的論點也可以適用於半總統制的運作上。

[23] 台灣是總統國會制，而波蘭則是屬於總理總統制。兩國之間的憲法規定的差異在於台灣的總統對於行政院院長有免職權，而波蘭總統沒有免職權。有關波蘭總統和台灣總統的角色與憲政運作之比較，請參閱黃秀端（2014）。

的分類屬於總體性的分類架構，在解釋具體的半總統制運作可能會出現侷限[24]。因之，本文認爲應該關注半總統制國家其他的制度配套，這樣才可以更深入地分析半總統制國家總統、總理和國會的三角運作關係，而不只是把焦點放在總統和總理之間的任免關係。

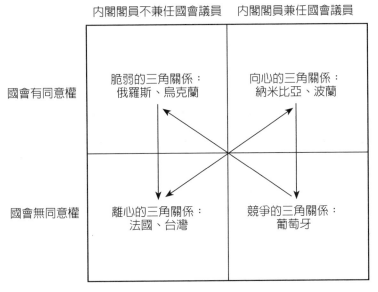

圖6-3　半總統制的配套制度、運作模式與國家案例

肆、波蘭半總統制的運作

　　波蘭半總統制憲政運作的歷史軌跡是從總統和總理的權力分享，轉型過渡到優勢總理的過程。什麼樣制度的配套和政治的實踐讓波蘭這個半總統制國家可以弱化總統的權力以及強化總理及內閣的運作是本節分析的主要焦

---

[24] 有關Shugart與Carey（1992）的總統國會制和總理總統制分類架構之評釋，請參閱吳玉山（2011：20-25）。

點。波蘭在1989年被第三波民主化浪潮所席捲，從共產威權轉型成民主政體，選擇以總理總統制作爲憲政體制。轉型初期適用共產時期憲法的修正條文，總統擁有重要的權力如立法提案權、將國會通過的法案提交憲法法院審查其合憲性以及法案否決權（Sula and Szumigalska, 2013: 107）。波蘭於1992年進行修憲，選擇小憲法（Small Constitution）作爲過渡時期的根本法。1992年波蘭小憲法規定，總統必須在國會第一次會期或是接受內閣總辭後十四天內，提名總理和總理所提出的內閣閣員，並由總理向國會提出施政計畫附帶信任投票的動議，國會必須以絕對多數才能通過信任案（小憲法第57條）。假如絕對多數沒有出現，政府形成和選任總理的責任落在國會身上，國會可以經由絕對多數選出總理，而總統必須接受國會所選出的總理人選（Howard and Brzezinski, 1998: 145）。換言之，總統所提名的總理必須獲得國會絕對多數的同意，如果國會反對總統所提名的總理，必須自行產生絕對多數支持的總理。[25] 這樣的設計讓總統和國會分享了總理人選的決定權。在小憲法時期，內閣名單並不是由總理完全決定，總統可以主導外交部部長、國防部部長和內政部部長的任命（McMenamin, 2008: 123-124）。總括來看，波蘭小憲法運作的時期比較屬於總統和總理共享行政權力的運作類型。另外，從小憲法的一項規定也可以看出權力共享的體現。小憲法規定總統有發布行政命令的權限，但必須經由總理或是相關部會首長的副署（小憲法第45條、第46條）。總理的副署權讓總統可以行使的行政命令權受到限制，特別是當總統和總理分屬於不同的政黨或聯盟時，這個條文最容易被適用和彰顯。

波蘭於1997年修憲，延續部分小憲法總統和總理權力共享的精神，但最終將行政權力移轉至總理職位之上。首先，1997年所通過的憲法規定，總統只能依據國會通過的法律授權制定行政命令，且必須得到總理的副署（憲法第92、93、142及147條）。總統的行政命令權受到國會制定法的限制，如果總理所屬政黨同時掌握國會多數時，總統不能單獨及片面地制定

---

[25] 此種制度設計與德國建設性不信任投票制度一樣，將倒閣的條件設定爲先選出一位新的總理。

行政命令。其次，1997年憲法規定總理主持內閣會議（憲法第147條），只有在特定的事務下，總統才可以主持內閣會議（憲法第141條第1項、第2項）。常態上是由總理主持內閣會議，只有特定事務上，總統才可以主持內閣會議。這個規定與法國半總統制不同，法國半總統制中是由總統主持內閣會議。再者，波蘭1997年的修憲結果，將行政權賦予給總理和內閣，總理可以免職內閣閣員、任命新的繼任者以及改變其責任領域，同時總統無法影響國防部部長、外交部部長和內政部部長的任命案（Wiatr, 2000: 95）。綜合來看，波蘭的新憲法保障總理的行政權力，讓總理可以在行政事務的運作上，擁有較大的決策權。

　　雖然波蘭總統的行政權力行使在憲法上有一定的限制，但不代表波蘭總統完全無權力。波蘭總統擁有總理提名權，波蘭總統應該提名由可以組成內閣的人士擔任總理（憲法第154條）。波蘭政府的組成方式是總統與國會Sejm所有政治勢力的代表諮商，提名總理（President of the Council of Ministers）以及內閣閣員，而總理必須在國會選舉後的十四天之內向國會提出政府的施政計畫，讓國會進行信任投票，如經由全體國會議員一半以上出席，過半數國會議員的支持時，信任案才能通過，政府才可以組成；如果信任案沒有通過，則由國會Sejm以過半數的方式自行選出總理和閣員，如國會仍未選出，則交由總統再次提名總理和閣員，交由國會行使信任投票，如果還是沒有通過，總統可以解散國會，重新選舉（憲法第154條、第155條；Wyrzykowski and Cieleń, 2006: 261-262）。首先，波蘭政府組成雖然是以所謂的信任投票方式產生，而不是直接行使同意權投票（investiture），但從通過的門檻來看，信任投票與國會同意權的行使並無不同，因為兩者都需要國會過半數的支持。其次，波蘭總理的人選是由總統和國會中的政治勢力進行的協商，不管國會中的政黨數目多少，波蘭總統必須與國會政黨領袖協商其總理人選。最後，波蘭總統在第三次無法組成政府的情況下，擁有解散國會的權力。

　　波蘭總統擁有一項被動的立法權如否決權。否決權不是一項主動的權力，而是一項被動的權力，其只能反制國會所通過的法律。1997年憲法第

122條第5項規定，總統可以行使否決權，將法案退回國會重新考慮，當國會超過二分之一的國會議員出席，五分之三的國會議員才能推翻總統的否決。與其他國家如台灣的憲法規定比較，五分之三的門檻比二分之一的門檻高出10%，但仍比美國憲法所規定的國會參眾兩院三分之二的多數可以行使推翻否決的門檻還低。綜觀之，歷經幾次修憲之後，波蘭總統在憲法上的權力被縮減，但是波蘭總統仍然具有重要的權力，可以影響總理或內閣的運作，但是總理在行政的決策上具有較獨立自主的地位和空間。[26]波蘭總統除了擁有否決權之外，也擁有解散國會的權力。例如憲法第98條規定，總統與國會參議院議長和眾議院議長諮商之後，可以縮短參議院和眾議院的任期。總括來看，否決權和解散國會權都是半總統制中的總統制衡國會的憲法武器，特別是解散國會權是專屬於半總統制國家中總統的獨特權力，總統制國家中總統並沒有這項權力。

　　波蘭總統和總理之間的關係雖然在憲法上進行權力的分工以及列舉權力行使的範圍，但實際運作上還是出現雙元行政的衝突。波蘭民主化之後，第一位民選總統由右派的團結工聯（Solidarity）的華勒沙（Lech Wałęsa）擔任。華勒沙從1991年到1995年的總統任期中，所面對的是一個多黨林立的國會，同時與反對聯盟的國會多數所組成的內閣形成共治狀態。總統華勒沙與共治政府的總理例如奧爾謝夫斯基（Jan Olszewski）、帕夫拉克（Walde-mar Pawlak）在總統和總理的權力劃分、經濟政策以及國防部部長的人選等議題上常常出現齟齬，華勒沙總統的強勢作為[27]以及共治總理的反擊所造成

26　波蘭總統權力縮減的部分如總統否決權門檻的下降，從需要超過三分之二降為少於三分之二，以及從原本總統對於國會行使倒閣權之後，可以直接解散國會，修改成國會必須行使建設性不信任投票，亦即國會倒閣的同時，必須另外提出新的替代性內閣。相關的衡量指標所形成的波蘭1997年修憲前和修憲後的總統權力對照表請參閱Shugart與Carey（1992）和McMenamin（2008: 124, Box 8.1）。根據過去的經驗，波蘭總統常常使用否決權來對抗共治的總理，例如總統華勒沙和總統克瓦斯涅夫斯基是使用否決權最多次的總統，總統華勒沙在1990年到1995年，使用過24次的否決權，而總統克瓦斯涅夫斯基在2001年使用19次的否決權，相關的資料請參閱黃秀端（2014：296，表8-7）。

27　在1995年2月，總統Wałęsa以可能解散國會和重新選舉為要脅，迫使共治總理Waldemar Pawlak下台，造成憲政的危機，相關的討論請參閱Michta（1998: 107）。

的憲政衝突和危機，最終讓總統權力的縮減、強化總理和國會的權力等議題成爲1997年波蘭修憲主要的標的（Michta, 1998）。1995年總統大選，總統華勒沙競選失利，總統職位最後是由原屬於民主左派聯盟（Sojusz Lewicy Demokratycznej）中的社會民主黨（Socjaldemokracja Polska），後來成爲無黨籍的克瓦斯涅夫斯基（Aleksander Kwaśniewski）贏得。1997年修憲當時的國會則是由民主左派聯盟和波蘭農民黨（Polish Peasant Party）的聯合控制著多數。在國會多數主導的政治結構所進行的修憲，使得波蘭總統權力相對地被減縮，如取消總統對於國防部部長、外交部部長和內政部部長的任命權，朝向以總理爲行政權力核心的半總統制來運作。

　　波蘭總理行政權力的鞏固得利於另一項波蘭憲政運作的慣例或特徵。波蘭的總理同時兼任國會議員，表6-1是波蘭1997年修憲之後至目前擔任總理的名單，8位總理之中除了貝卡（Marek Belka）不是國會議員之外，其餘7位總理都是兼任國會議員。排除現任總理不算，七任總理平均任期是兩年半。某種程度來看，總理任期的長短可以突顯內閣的穩定度、總統和總理之間合作或衝突程度。另外，在波蘭，政府組成的慣例是內閣成員由國會議員兼任，同時這些內閣成員也是政黨的領袖（Zubek, 2008: 152）。波蘭內閣的成員不必然全部都是國會議員兼任，也可以任用非國會議員擔任閣員，但是重要的內閣成員如果是由國會議員兼任時，總理較容易透過政黨的機制來控制國會立法的投票。[28]如同英國議會制的運作機制，內閣閣員的職位安排成爲後排國會議員的晉升獎勵，讓他們在法案投票上不要偏離政黨或內閣的立場，展現對於政黨的忠誠。在政黨控制國會立法的機制中，波蘭國會的議長通常是由最大執政黨的資深領袖擔任，議長可以管理立法的時間表，加速法案的通過或是延宕法案的審查（Zubek, 2008: 154-155）。換言之，議長是國會的最大黨鞭，總理需要與議長合作來完成立法的任務，順利地讓政府的法案通過。另外一項總理可以運用的國會立法程序是執政黨可以建立特別

---

[28] 本文的波蘭案例雖然不是所有的閣員都是國會議員，但是如果重要的內閣部門都是國會議員兼任，基本上可以與內閣閣員非由國會議員的國家進行對比。

委員會來審查政府的法案，委會員的主席和組成是經由院會多數決通過設立的，特別委員會可以專門處理政府的法案，確保法案是經由支持政府提案的國會議員所審議的（Zubek, 2008: 155）。波蘭半總統制運作的特殊性在於其國會中的多黨體制以及聯合內閣的特性。聯合內閣不保證政府的法案不會被國會議員所修改或是阻擋，主要的反對勢力可能來自於聯合內閣的其他政黨。然而，只要總理可以取得聯合內閣中各政黨的共識時，相關的政府法案不會一直躺在國會中，透過政黨的機制和國會內規的催化，在國會三讀通過並經由總統的簽署，很快地回到總理的桌上，付諸實行。

表6-1　1997年之後波蘭歷任總理、國會屆次、政黨屬性和任職期間

總理	國會議員屆次	政黨屬性	任職期間
Jerzy Buzek	第三屆（1997-2001）	團結工聯選舉行動	3年11個月
Leszek Miller	第四屆（2001-2004）	民主左派聯盟	2年6個月
Marek Belka	非國會議員	民主左派聯盟	1年6個月
K, Marcinkiewicz	第五屆（2005-2007）	法律與正義黨	8個月
Jarosław Kaczyński	第六屆（2007-2011）	法律與正義黨	1年4個月
Donald Tusk	第七屆（2011-2015）	公民論壇	6年10個月
Ewa Kopacz	第七屆國會議長	公民論壇	1年1個月
Beata Szydło	第七屆國會議員	法律與正義黨	現任

資料來源：世界政治家網站（www.worldstatesman.org）以及維基百科（www.wikipedia.org）。

　　共治政府的出現是測試總統和總理權力平衡之最好的石蕊試紙。2007年波蘭國會大選，圖斯克（Donald Tusk）所領導公民論壇（Platforma Obywatelska）贏得國會460席中的209席成為國會最大黨（Szczerbiak, 2008: 424），圖斯克所領導的公民論壇與波蘭人民黨（Polskie Stronnictwo Ludowe）聯合組成過半數的多黨內閣，由圖斯克擔任總理，而總統則是由反對黨──法律與正義黨（Prawo i Sprawiedliwość）的卡辛斯基（Lech Kaczyński）擔任，形成共治運作。在外交議題上，總理和總統常常各吹各

的號或是出現公開衝突的情形。首先，總理圖斯克批評總統卡辛斯基不簽署
歐盟的里斯本條約，而總統表達希望與總理一起參加歐盟會議的立場（BBC
Monitoring Europe, 2008）。其次，總理圖斯克與總統卡辛斯基在外交議題
上如北大西洋公約組織的祕書長選舉上也出現分歧，總理圖斯克支持波蘭
外交部部長西科爾斯基（Radoslaw Sikorski）參選，而總統卡辛斯基卻支持
丹麥前總理拉斯穆森（Anders Rasmussen）競選祕書長（PAP News Agency,
2009）。最後，外交政策上不同調的例子發生在2010年，總理圖斯克希望
在2012年加入歐元行列，而總統卡辛斯基卻認為加入歐元需經由公民複決
（Cienski, 2010）。除了外交議題上，內政議題也是總理和總統公開衝突的
爭執點。首先，整個2008年之中，總統卡辛斯基對於總理圖斯克所通過的
法案動用13次的否決權，其中9次成功維持否決，3次否決被推翻，1次被延
期（Jasiewicz and Jasiewicz-Betkiewicz, 2009: 1077）。其次，2010年總統
卡辛斯基也曾經對於總理圖斯克在內政議題例如年金制度、國家電視和農地
的法案上行使15次的否決權（Cienski, 2010）。然而，與總統卡辛斯基共治
的衝突中，擔任總理的圖斯克認為自己總是占了上風，甚至他宣布無意參選
總統，原因是總統職位並不是最有價值的政治獎品（Bucur and McMenamin,
2014）。波蘭總理對於總統職位的評價可以看出總理權力凌駕於總統權力
的端倪。總理與總統在行政上的衝突中之所以可以勝出的原因在於總理可以
透過國會多數來控制立法。另外，因為波蘭的選舉制度是名單比例代表制，
這種制度會使得政黨控制提名的人選，特別是總理可以透過國會議員的提名
來進行立法投票的動員和強化投票的紀律。特定的選舉制度可以幫助總理凝
聚同黨國會議員的向心力，甚至成為對抗不同黨派總統的第一縱隊。

　　波蘭有強權總理，不代表波蘭總理權力集中，波蘭內閣的大臣對於其部
門的政策擁有主導權。研究指出，形式上波蘭總理決定政府的工作計畫，實
際運作上各部會大臣對於立法議程的內容享有極大程度的控制（Goetz and
Zubek, 2007: 521）。內閣決策的分權化是多黨內閣制度安排的結果，因為
不同政黨掌握不同的部會時，通常會要求自主的裁量空間來決定部門專屬的
政策。總理的角色是統合各部門的政策，提交給國會審議和通過。如果部長

的決策自主性獨立於總理或是總統，顯示波蘭政治權力的結構相當分散或是屬於集體領導，會經由協商方式來決定內閣的大政方針。有些特定的半總統制國家，權力全部集中於總統手裡，優點是不需經由太多協商的過程就可以迅速決策，缺點是權力過度集中，容易引起內閣閣員不願意擔負政策失敗的政治責任或是內閣閣員馬首是瞻，不願意違背總統的意思推動新的政策以及執政黨國會議員因為無決策權力，但又有選舉壓力，只好在國會的法案審議上，表達不滿的聲音或是投票反對政府的提案。

　　總結來看，波蘭半總統制在國會信任投票的制度以及內閣閣員由國會議員兼任這兩項政治制度的配套下，強化和鞏固了總理的權力和地位，同時也限縮了總統權力的行使空間。當然，波蘭總統並不是像內閣制國家中的象徵性元首，其仍擁有被動性的權力如否決權和解散國會權，可以對抗總理和國會。本文認為波蘭半總統制的三角關係，呈現總統與具有國會多數支持的總理之平行相對，甚至出現總理權力凌駕於總統權力之態勢。當然，這樣的半總統制類型還是容易出現總統和總理之間的二元行政衝突，但是強化總理權力之後，政府的施政較不容易受到總統的干涉，國會議員較不容易陣前倒戈，來反對總理或總統是這種制度類型的韌性。波蘭呈現所謂的向心三角關係模式，國會具有同意權以及內閣閣員同時兼任國會議員時，會出現強權總理，甚至總理可以透過國會中多數的支持基礎來與總統進行權力抗衡。總統和總理之間可能會產生權力的衝突，總統權力的行使會受到制約，如其想要通過屬意的政策，必須與總理協商。整體而言，特定的制度運作可能會同時產生正向或反向的回饋，沒有一種制度是全然具有優點，而毫無缺點的。半總統制中不同類型的憲法存在明顯的差異，但是更重要的是半總統制與其他政治制度的配套是否較容易運作或是否會產生衝突才是需要探求答案的關鍵議題。

伍、台灣半總統制的運作

　　台灣的憲政體制在民主轉型過程中，歷經了幾次的結構性變遷。1997年第四次修憲的過程中，修改原本行政院院長由總統提名，經立法院同意任命之的規定（憲法第55條），變成行政院院長由總統任命（憲法增修條文第3條第1項）。換言之，總統任命行政院院長不需要經由國會同意。1997年修憲同時也賦予國會有解散政府的權力和總統擁有被動解散國會的權力。立法院可以提出不信任案，經由全體立法委員二分之一以上贊成，行政院院長應提出辭職，但可以呈請總統解散立法院（具體的規定可以參閱憲法增修條文第3條第2項）。這個規定屬於相互制衡，國會有倒閣權，但總統有解散國會權。1997年修憲使得總統在組閣權或是行政權力的運作方面具有排他性的權威，但同時規定內閣需向國會負責，以及總統可以藉由解散國會來訴諸新的民意。行政院院長和內閣必須同時向總統和國會負責。這個修憲規定改變憲政體制的類型，從原本的總理總統制，變成總統國會制。憲法中，從行政院院長和內閣必須向國會負責以及國會負責法律的制定之精神來看，國會是制衡總統行政權力的重要憲政機關。台灣總統和國會的權力實質分立有點類似美國的總統制，但因為有不信任以及解散國會權的設計，兩者之間還是有本質上的差異。憲政體制的運作與政治動態息息相關。當總統所屬政黨同時控制國會時，經由政黨機制的連結，國會可能成為總統的立法局，負責通過總統屬意的法案。台灣總統除了可以提名行政院院長，還具有國防、外交和國家安全的權限（憲法第36條、第38條和憲法增修條文第2條第4款）。根據司法院大法官會議釋字第627號的解釋理由書，總統於憲法及憲法增修條文所賦予之行政權範圍內，為最高行政首長，負有維護國家安全與國家利益之責任，以及憲法第53條之規定，行政機關為國家最高行政機關兩項憲政規範來看，總統是國防、外交和國家安全方面的最高行政首長，而行政院院長是一般行政權的最高行政首長（黃昭元，1998：194）。簡言之，行政院院長主要是負責內政相關事務，而總統負責國防、外交和國家安全之領域。然而，因為總統是直接民選，擁有民主正當性，行政院院長人選由總統全權決定，因此台灣的總統屬於超級總統或是超級總理，可以主導所有的行政事務。例如，2012年3月，行政院院長陳冲和經濟部部長施顏祥主張外勞的工資與國內勞工的基本工資脫鉤，而勞委會主委王如玄持捍衛本國勞工的立場反對這樣的政策，這項引起內閣內部紛爭的爭議政策，最後由馬總統拍板決定外勞的工資必須符合基本工資，支持勞委會主委的主張（王政寧、李明賢、許俊瑋，2012）。從這項府院不協調的爭議來看，可以突顯內閣集體責任的矛盾以及馬總統主導行政事務的斑斑痕跡。另外，一項針對馬英九總統立法影響力的研究指出，馬總統所表達態度的法案遍及行政院所轄主要政策權領域，超越國家安全有關大政方針的範圍，屬於總統優勢的半總統制（陳宏銘，2012）。馬英九總統因為單獨掌握行政院院長任免權以及國會多數席次，其可以運用制定法律和頒定命令兩種政策執行工具，來擴大總統原本在憲法上所規定的權威。

　　台灣內閣的組成，是由行政院院長提請總統任命之（憲法第56條）。從這個條文來看，行政院院長擁有內閣人事的任命權。但是實際運作上，內閣閣員大都是依循總統的決定，即使部分閣員是由行政院院長推薦，但還是需要總統的肯認。另外，因為憲法第75條規定立法委員不得兼任官吏，台灣的行政院院長和閣員都不是由國會議員兼任，如果立法委員擔任行政院院長或閣員，必須先辭職[29]。綜觀之，從行政院院長和內閣成員都是總統任命權的行使範圍來看，台灣的憲政運作屬於總統優勢（Wu, 2005）。行政院院長是總統的執行長或總統的代理人，向國會負責以及肩負政策的推動和執行。例如，憲法增修條文第3條第2項第1款規定，「行政院有向立法院提出施政方針及施政報告之責。立法委員在開會時，有向行政院院長及行政院各部會首長質詢之權。」關於行政院對於立法院所通過的法案有覆議權，憲法增修條文第3條第2項第2款規定，「行政院對於立法院決議之法律案、預算

---

[29] 我國民主轉型後，歷任行政院院長由立法委員出任的有蕭萬長院長、張俊雄院長和吳敦義院長，他們在擔任行政院院長前先辭去立法委員。

案、條約案，如認爲有窒礙難行時，得經總統之核可，於該決議案送達行政
院十日內，移請立法院覆議。立法院對於行政院移請覆議案，應於送達十五
日內作成決議。如爲休會期間，立法院應於七日內自行集會，並於開議十五
日內作成決議。覆議案逾期未議決者，原決議失效。覆議時，如經全體立法
委員二分之一以上決議維持原案，行政院院長應即接受該決議。」首先，覆
議權的實際運作等同於其他總統制國家或半總統制國家憲法規定的否決權。
從條文的內容來看，覆議案需要總統核可的意涵是指由行政院院長發現國
會的決議窒礙難行時，必須總統同意行使否決才能移請立法院覆議。[30]從撤
銷覆議的門檻如全體立法委員二分之一以上決議來看，不是一個高門檻的設
計。相較於美國兩院的三分之二或是波蘭國會的五分之三，台灣反否決門檻
相對來說較低。一般來說，在總統制或半總統制國家中，反否決門檻較低
時，總統或總理較不願意行使否決權。特別是當國會多數是由敵對政黨所控
制的共治情形下，總統即使行使否決權，也可能徒勞無功，國會過半數的反
對勢力可以推翻否決。然而，低門檻的設計突顯了國會在法案被否決之後，
維持原決議的可能性增強，總統很難運用否決權力來對抗國會的反對意志。
最後，在台灣的半總統制憲法框架下，總統和總理（行政院院長）的關係是
委任和代理的關係，總統可以隨時將其授予代理的權力收回例如撤換總理，
使得台灣的總理在職位的存活上，充滿著不確定性。這種不確定性可能會延
宕政策推動或是出現新人新政的現象。從表6-2，我們可以看出馬總統任內
的行政院院長任期平均是1.55年，相較於前任陳水扁總統的行政院院長任期
爲1.33年[31]，並沒有特別的長，都沒有超過2年。波蘭1997年修憲之後，排
除目前現任的總理不算，7位總理中，每位平均任期是2.54年。波蘭總理的
任期比台灣行政院院長的任期還久，可以突顯在台灣總統國會制下的一致政
府時期，總統和總理關係具有較高的揮發性。另外，馬總統任內的行政院院

---

30 政治學者王業立認爲總統只有被動的核可權，沒有主動的命令權來要求行政院覆議特定的法
　案，相關的討論請參閱王業立（2013）。
31 有關陳水扁總統任內行政院院長的平均任期請參閱蔡榮祥、陳宏銘（2012：147）。

表6-2　馬總統任期中行政院院長、任期和下台原因

馬英九總統第一任期 （2008-2012）	行政院院長	在職期間	下台原因
	劉兆玄	1年3個月	天然災難
	吳敦義	2年4個月	擔任副總統
馬英九總統第二任期 （2012-2016）	陳冲	1年	年金改革
	江宜樺	1年10個月	地方選舉敗選
	毛治國	1年	中央選舉敗選
	張善政	4個月	政黨輪替

資料來源：作者自行整理。

長只有吳敦義院長是立法委員出身，其他5位都不是立法委員。根據一項跨國的研究指出，總理總統制國家中高達三分之二的總理皆有曾經擔任國會議員的立法經驗，而相對地總統國會制國家中只有一半的總理曾經擔任國會議員（Samuels and Shugart, 2014: 9）。總理是不是曾經擔任過國會議員，涉及總理在推動立法的過程中與國會議員的說服和溝通的能力。相較而言，曾經擔任過國會議員的總理，其立法的影響力會較大。馬總統任內的行政院院長與立法院的連結較弱，對於爭議性法案或是執政黨國會議員有反對聲音的法案之立法影響力也相對較弱。

　　從下面兩項法案的歷程，可以說明台灣總統的權力行使如何受到國會自主性的阻撓。2015年9月初，內政部公布修正農業用地興建辦法，規定有農民資格的人才可以興建農舍，辦法的修正需要送立法院備查，然而17位農業區國民黨黨籍立法委員反彈，認為限制過嚴，並將該修正辦法由備查改為審查（周志豪、丘采薇，2015）。由備查改為審查的意義是從原本只需要行政機關頒布就可以執行的行政命令改為法律案的修正，讓國會議員可以監督政策的執行。農業發展條例修正的始末讓一致政府的行政和立法關係出現不一致的矛盾。部分執政黨國會議員認為行政部門的政策執行與其選區利益相互扞格，強力反對該項變革，不僅反映出國會自主性的聲浪，同時也揭露了黨政協調的失靈。無獨有偶，另外一項法案的通過也可以看出黨政協調

失序的狀況。證券交易所得稅的修正案，在馬總統支持課徵證券交易所得稅的立場下推動修法，主要的爭議點在於課稅的比例，然而國民黨立院黨團決議廢除證券交易所得稅，完全推翻總統的提案（鄭婷、周佑正、林河民，2015）。證所稅修正的反轉結果可以看出國會執政黨多數議員不願意為政府的政策背書，可能是因為國會選舉將近，增加人民稅賦會阻礙競選連任，另外的意涵是總統任期將至，國會議員必須將其個別的選舉命運與總統的施政成敗脫鉤，甚至在維持現狀可以增加選票的考量下，犧牲總統的政策。執政黨黨團與總統和行政院之同床異夢除了政策立場不同的原因之外，與國會特定的內部規範如黨團協商有關。

　　國會是法案和政策的集中交易市場，交易的關鍵機制之一是透過所謂的黨團協商會議。[32]根據立法院組織法第33條第1項規定，「每屆立法委員選舉當選席次達3席且席次較多之5個政黨得各組成黨團；席次相同時，以抽籤決定組成之。立法委員依其所屬政黨參加黨團。每一政黨以組成一黨團為限；每一黨團至少須維持3人以上。」以第八屆國會（2012-2016）的黨團生態來看，立法院有國民黨、民進黨、台灣團結聯盟和立院新聯盟。根據過去的國會研究指出，送到黨團協商的議案通常是衝突較高的法案，其中一部分可以在黨團協商中解決，但有一半的法案無法解決，顯然衝突仍大，無法獲得共識（黃秀端、何嵩婷，2007）。黨團協商制度的特性是採共識決，當4個黨團無法取得共識時，更精確地說是5個黨團，包含院長的1人黨團，法案即無法進行院會三讀，通過黨團協商會議的法案內容基本上會包含執政黨和其他三黨的主張。換言之，黨團協商制度的程序中，國會多數黨如國民黨只是四分之一或是五分之一的黨團協商成員，除非其能說服其他反對黨或小

---

[32] 黨團協商制度對於台灣的總統行使的立法影響力會有關鍵性的影響。本文認為這項原因屬於充分原因，國會無同意權和國會議員不能兼任內閣閣員兩項特徵為必要原因，這些原因綜合起來才能分析台灣個案的特殊性。政治學或社會科學研究很少單一原因造成單一結果，許多結果是多重原因所造成，本文討論個案的過程中，會出現個案特殊性的制度安排，藉此來理解個案的複雜脈絡和為何產生特定的結果。換言之，本文因為與其他半總統國家進行比較的緣故，聚焦於一般性的制度性結構因素，而台灣獨特的因素如黨團協商是用來說明更導致離心競爭的原因之一。

黨的支持，否則協商還是會觸礁。[33]黨團協商制度改變了國會選舉席次的政治生態，讓國會議長不僅主持立法議事的程序，同時也支配立法實質內容的通過與否。[34]甚至立法院院長王金平因為長年主持立法院，與國會各政黨領袖進行立法協商，已經成為部分執政黨國會議員的實質領袖。例如，在第八屆64位國民黨黨籍立法委員中，有40席委員力挺王金平院長列2016年國會大選國民黨不分區立委的第一名（魏嘉瑀，2015）。國會黨團協商制度，讓國會議長成為制衡總統權力或行政權力的首席要角。政治運作上，權力內部的制衡力量有時比權力外部的制衡力量更為強大和有效，特別是總統民意基礎低落的時候，國會議長可以借力使力，讓自己反對總統的立場取得正當性來分享總統一部分的政治權力。而個別執政黨國會議員之所以成為總統的叛軍的最主要原因是，當總統或其施政成為其連任的包袱時，必須要適度的切割與立場的區隔，因為如果支持選區選民所反對的執政黨法案或是行政命令，選民很可能在下次國會大選不再投票支持，兩害相權取其輕的情況下，黨紀的維繫不是國會議員考量法案支持與否的必要因素（蔡榮祥、陳宏銘，2012）。因之，執政黨國會議員連任的壓力讓國會議長成為黨內反對聲音的共主，逼使總統透過黨籍撤銷的方式，試圖讓國會議長失去國會議員的資格之後，無法再擔任議長（2013年9月的馬王政爭），總統的如意算盤最後因為法律的程序瑕疵而功敗垂成，議長保住了位置，之後政爭並未完全落幕，甚至導致外部更大的社會運動方式來制衡總統的權力，如2014年3月的太陽花學運。

---

33 然而，邱訪義與鄭元毓（2014）研究發現，國會中多數聯盟藉由程序委員會和立法院院長控制政黨協商之後的院會程序，使得多數黨召集協商的法案比少數黨召集協商的法案更容易通過協商。這種觀點認為多數黨在黨團協商制度中還是可以優勢主導。持平而論，少數黨所召集協商的法案在黨團協商制度中還是有通過的機會，如果沒有黨團協商制度，少數黨所提出的法案，很難完成三讀。另外，協商內容和過程不公開，法案中的拿和給的部分是哪些很難細分和確認，所以很可能最後的定案是各政黨讓步的結果，有時很難歸類為是多數黨所支持的版本。

34 黨團協商制度優劣互見，以協商過程的不公開情形為例，對於主導協商的立法委員而言，外界無法得知協商的經過，自然得以減輕立委的問政壓力，有助於議事快速進行，但對於協助立法的行政人員而言，協商過程未符合公開原則，卻具備推翻委員會審查的效力，對於其專業合法性的質疑，自然使該制度的效益產生爭議，請參閱楊婉瑩、陳采葳（2004：137-138）。

　　1997年修憲取消了行政院院長同意權，立法委員對於行政院院長的人選或是行政院院長的撤換並沒有確認的權力。除非多數立委提出不信任案，否則行政院院長一經總統任命，就可以視事執行，不需經由立委投票。在內閣制國家中，不是每個國家的內閣都需要經由同意權的正式投票，有些內閣制國家並沒有同意權的設計。當然，同意權的行使不代表國會議員可以自行選出總理，但是有國會同意權的行使之設計至少讓總理可以取得國會多數議員的信任。雖然這也會增加國會議員因為有同意權的行使，讓其與行政機關有討價還價的空間，然而沒有同意權的行使，會使得行政院院長較易選擇聽命於總統，較不服膺於國會的多數。除了國會無同意權，行政部門和立法部門會秉持機關本位主義，較少溝通和聯繫。我國行政和立法關係運作的常態是國會議員只能審議法案，較少參與行政部門制定法案的過程。研究國會的學者指出，民意代表在法案制定過程中被邊緣化，只有少數並非具有代表性的立法委員得以事前參與法案擬定，造成議案送到立法院時，立法委員的不悅與反彈（周育仁等，2011：171）。換言之，行政院的法律提案有時並沒有諮詢多數執政黨立法委員的意見，對於重大爭議法案，部分的執政黨立委只能磨刀霍霍，大幅修改行政院提案，讓其通過的結果接近其政策立場或是符合其選舉利益。另外，多數執政黨國會議員是經由單一選區相對多數決的選舉制度所產生，這種制度鼓勵國會議員偏重個人投票傾向，較可能出現違反黨紀的自主性行為（Carey and Shugart, 1995）。

　　整體而言，因為無國會同意權的機制以及國會議員不能兼任內閣閣員這兩項制度的特徵促使總統和國會（府會關係）之間或是行政院院長和國會（院會關係）之間的互動出現雙頭馬車的現象。雙頭馬車同樣馳騁在同黨控制的一致政府時期，例如馬英九總統時期，總統和行政院院長是一台馬車，馬車前面是行政院院長控制韁繩，但是總統在後面運籌帷幄，另一台馬車是由國會議長負責鞭策，裡面坐著一些支持他的執政黨國會議員，執政黨的立院黨鞭可能同時被這兩台馬車拉扯。[35]例如總統與國會多數持不同的政

---

[35] 一位第八屆國民黨黨籍的立法委員提到：如果不照朝野協商的結論投票，會被罰款，可是有時

策立場，國會反而通過總統所反對的法案來孤立總統。一項針對台灣半總統制運作的研究指出，國會（立法院）作為集體的否決者，在設定議題上有後發制人的優勢，有時會不支持總統屬意的法案或政策，甚至通過總統反對的法案（Lin, 2011）。執政黨黨政連結的功能因國會內規之黨團協商制度而被阻斷，國會的黨團無法貫徹總統或行政部門的意志。當總統和行政部門連續受到國會的作梗時，有時只好選擇制定行政命令的方式迂迴繞過國會。[36]當然，國會在大多數的情況下還是會支持政府的提案，但是在特定的爭議性法案或是反對黨透過政黨協商機制所交換的法案所通過的內容，與總統預期的立法結果南轅北轍，讓總統的權力無法在國會施展，真正成為半總統制下的「半總統」，而不是「全總統」。台灣屬於離心三角關係的模式，如前面所提到，離心三角關係模式是國會不具有同意權，同時國會議員也不能兼任內閣閣員時，會使得總理人選的產生，國會較無法置喙，總理不具備國會議員的身分屬性與國會的連結也較弱之情況下，會形成弱權總理的現象，甚至總理有時會夾在總統和國會之間，遭受到兩個民主的權力機關之相互擠壓。

陸、結論：半總統制三角關係的矛盾

　　總統、總理和國會之間的衝突是半總統制結構的本質，甚至這些衝突是永久的（Colton and Skach, 2005: 116）。半總統制三角關係可能會出現兩種

執政黨的黨鞭明顯反對朝野協商的結果，因為這與總統所欲推動的法案或政策相反，其常常進退維谷，一方面要督促同黨國會議員投票支持國會協商結果，一方面黨鞭的法案推動只能一讀、二讀，無法走到三讀的最後一哩路，執政黨黨鞭無力改變國會的內規，最終只有掛冠求去。

[36] 上述受訪的國會議員提到行政機關如何繞過國會執行相關的政策，例如以制定行政命令代替國會中以法律提案之方式。行政命令需要送到立法院備查（陳清雲，2003），但只有少數的行政命令因為有違反、變更或牴觸法律者，或應以法律規定之事項而以命令規定之者，如有國會議員15人以上連署或附議，即交付有關委員會審查（立法院職權行使法第60條）。依據立法院過去的審議情形，審查行政命令是少數，備查行政命令是多數（陳清雲，2004）。與法案審查的程序相較，行政命令的備查較不會受到國會實質性的審議。

矛盾，總統和總理的矛盾以及總統和國會的矛盾。首先，半總統制下，總統和總理之間容易發生衝突的結構性因素是總理權威的自主性、支持政策的不同以及總統想要有完全控制政府的權威（Suleiman, 1980: 118）。半總統制下的總統和總理關係存在著一個矛盾的情結。總統和總理之間必須有權宜之計，當總統欲建立政治上或憲法的優越地位，而選擇免職總理時，總統也必須承認其用人失敗；當總統將重要的權威授予給總理時，總統會冒著失去對於行政機構控制的危險；假如總統給予總理太少的權威，總理也會覺得其受到限制以及可能企圖突破這些限制（Suleiman, 1980: 119）。換言之，總統和總理之間有關權力分配的矛盾會造成弱權總理的結果或是總理對於總統的反彈。其次，半總統制中的總統和國會之間關係與總統制中的總統和國會關係，面臨類似的權力平衡矛盾。半總統制的總理是總統在國會的代理人，除了執行總統的政策，還需要與國會執政黨團溝通，順利通過內閣所制定的草案，當總統和國會各彈不同的曲調時，總理會面對總統和國會的交叉壓力，無法兩邊都討好。例如擁護總統制的學者認為，總統的權力可以彌補立法機關在效率上的不足，但是總統權力的行使必須有所節制，其應該多與國會協商，同時讓國會掌握多數的政黨有不同的聲音以及在立法上保持一定程度的自主性，其可以成為制衡總統權力的一項民主資產，而不是黨政關係失衡的缺點（Carey, 2009）。在某些情況下，半總統制下一黨控制的一致政府時期，其權力的集中程度甚至高於總統制下一致政府的權力集中程度，因為在半總統制下國會不一定成為制衡機關。然而，從權力制衡的角度來看，如果半總統制的國會可以發揮制衡的力量，總統權力的行使會受到抑制，總統的法案或政策推動遭遇到反對聲浪，總統的政治權威僅可以指揮總理，不能指揮國會，這種情形最容易出現在總統第二任期，國會議員無心配合總統的政策或立法指示。

　　半總統制的研究中，總統權力的大小以及總統對於內閣的掌控一直是研究的重要取向。然而，這種研究途徑較無法看到總統權力行使所面對的障礙或是限制。如果從國會和黨政關係的角度來分析，比較容易觀察出總統權力是不是濫用、總統是不是會繞過國會以及總統權力是不是受到制衡。民主國家的國會，通常都具有一定程度的自主性，不可能對於總統或政府的提案照單全收或甘願成為橡皮圖章。即使總統透過政黨的機制如兼任黨主席或指揮國會黨鞭的方式，也不一定能夠取得國會的全力支持或配合。半總統制下總統、總理和國會的三角關係要能夠順利運作必須要有制度和行為的配套，總統是否將權力分享給國會的議長或是執政黨國會議員，將是半總統制中總統權力順利運作的先決條件。如果總統只在意總理的權力是否逾越或只關注政策執行的最後成果，而一再地忽略國會的聲音和權力的話，很難期待總理會有好的施政表現。當總統的代理人無法有好的施政表現時，總統這個委託人還是要負責所有的成敗。總統選擇更換總理的方式並沒有解決真正的問題，因為新的總理同樣面對著舊的結構性問題。從執政黨國會議員的角度來看，歷經激烈的相對多數決的國會選舉，如果只能當舉手部隊，不能對於法案表達自主的意見或是對於人事任命置喙的話，其比英國議會制下執政黨國會議員的權力還要小。診斷完台灣的半總統制經驗之後，我們可以得出一個結論，權力的適度分享可以建立權威，權力的過度集中，反而容易失去權威。

第七章　結語：過去的成果和未來的展望

　　本書第二章和第三章的焦點是以總統國會制為主，探討其與民主崩潰和憲政衝突之間的關係。本書第四章和第五章的焦點是以總理總統制為主，探討其在多黨體制和無黨籍總統的情況下如何運作，以及可能產生的憲政衝突為何。第六章主要是透過脈絡化比較分析的方法，來比較總統國會制國家台灣和總理總統制國家波蘭之間的運作差異，藉此來解釋半總統制可能出現的多種態樣的總統、總理和國會三角關係和政治影響。過去比較憲政制度的研究大多集中於靜態的憲法文本分析，在新制度主義的指引之下，目前比較憲政工程的研究強調是動態過程的分析，關注重要的政治行動者如總統、總理和國會在半總統制下的互動、合作和衝突，以及總統和總理的權力運作如何影響民主體制的運作。

　　本書第二章、第三章、第五章和第六章曾經出版在國內的學術期刊，第四章曾經發表在2019年第十屆半總統制與民主的學術研討會。集結這些文章出版成專書的目的在於讓對於半總統制研究有興趣的學者可以有系統性地爬梳筆者過去所累積的研究成果，同時也達成筆者拋磚引玉的初衷。國內對於半總統制的研究可以說是蓬勃發展和蒸蒸日上，目前已成立一個半總統制研究的學群，在中央研究院政治學研究所吳玉山院士的帶領下，每年舉辦半總統制與民主學術研討會，同時每兩年組成團隊參加國際政治學會（IPSA）發表有關半總統制的英文文章。希冀這本專書可以成為半總統制研究的路徑圖，讓更多想投入這個研究領域的學者和研究生一起加入這個比較憲政工程的團隊。

　　方法層次上，本書各章節主要是運用比較方法、類型建構和因果機制的質化方法，透過這些分析來釐清半總統制和民主政治或憲政運作之間的關聯性。本書所用的類型建構，主要是透過兩個二元變數互動之後所產生的四種結果進行討論；這四個不同類型所產生的結果可以進行排序比較。從方法論的角度來看，這是屬於中間層次個案的比較，基本上至少可以涵蓋四個國家的個案以上。另外，在因果機制的推論上，第三章有關多黨總理總統制的政府運作基本上是採取演繹法和歸納法，先經由理論演繹，再經由經驗資料的歸納，來解釋多黨總理總統制可能產生的運作困境。這些研究方法可以深度地分析個案的脈絡化條件，解釋因果之間的機制和評估可能的政治影響或民主運作。比較研究的哲學基礎在於找出不同國家的相同模式或是相同國家的不同模式，這樣的途徑可以發現重要的一般化研究成果，解決單一個案可能產生的過度推論。

　　我國是半總統制的國家，更精確地說是屬於總統國會制的次類型，因為總統可以任免行政院院長以及具有被動解散國會的權力。總體而言，台灣總統國會制結合兩黨制的政黨體系運作起來，並沒有導致民主崩潰，與總統國會制較容易形成民主崩潰的命題互相矛盾。雖然台灣的民主並沒有出現崩潰，並不代表台灣總統國會制的憲政運作沒有產生問題，過去的經驗中曾經發生少數政府、總統和行政院院長之間的衝突、總統和國會之間的對抗等問題。這些問題並非台灣所獨有，也曾經出現在其他的半總統制國家之中。換言之，唯有透過比較，才知道自身國家所產生的問題，同時可以引介其他半總統制國家的良善經驗作為改革的借鏡。半總統制的研究是一個可以結合國際和國內憲政發展的領域。一個國家的憲政運作與其民主或威權的發展息息相關，也是重中之重的研究議題，值得長期深入的觀察和分析。

　　半總統制的研究除了牽涉到憲法本文的規定之外，同時也會與總統權力、政黨體系、選舉制度、內閣運作、國會立法、社會支持等領域相關聯。換言之，半總統制的研究是制度、權力機構和行動者的動態研究。半總統制因為其是結合部分議會制和部分總統制特徵的憲政體制，因此可以從議會制的研究和總統制的研究得到一些啟發，轉而運用到半總統制的研究上。然而，半總統制有一些獨特性，例如總統、總理和國會的三角關係，這是議會制和總統制所沒有的特徵，也是未來可以繼續深耕的研究主題和範疇領域。

另外，半總統制與多黨體系的關係、半總統制與民粹主義領袖的關係、半總統制總統和總理的權力平衡關係、半總統制的總統權力運作等，皆是未來可以繼續挖掘和深耕的關鍵議題。最後，憲政體制攸關一個民主國家運作的良莠或成敗，是政治學研究的重中之重，希冀這本書可以激起更多的研究浪潮，讓半總統制的研究可以澎湃洶湧，源遠流長。

參考文獻

一、中文部分

王政寧、李明賢、許俊瑋，2012，〈府院：本外勞薪資不脫鉤〉，《中國時報》，3月22日，版A1。

王業立，2013，〈會計法爭議／覆議滅火──憲政潘朵拉〉，《聯合報》，6月8日，版A23。

立法院網站，2016，http://www.ly.gov.tw/03_leg/0302_report/stat/statParty-Group.action，檢索日期：2016年1月24日。

吳玉山，2000，〈俄羅斯轉型1992~1993：一個政治經濟學的分析〉，台北：五南。

吳玉山，2002，〈半總統制下的內閣組成與政治穩定：比較俄羅斯、波蘭與中華民國〉，《俄羅斯研究》第2期，頁229-265。

吳玉山，2007，〈顏色革命的許諾和侷限〉，《臺灣民主季刊》第4卷第2期，頁67-112。

吳玉山，2011，〈半總統制：全球發展與研究議程〉，《政治科學論叢》第47期，頁1-32。

吳玉山，2017，〈半總統制權力三角的邏輯〉，沈有忠、吳玉山（編），《半總統制下的權力三角：總統──國會──內閣》，台北：五南，頁1-21。

吳東野，1996，〈「半總統制」政府體系的理論與實際〉，《問題與研究》第35卷第8期，頁37-49。

李玉珍，1998，〈俄羅斯府會之爭的探討〉，《問題與研究》第37卷第2期，頁55-68。

李鳳玉、黃建實，2015，〈總統兼任黨主席對政府法案通過的影響〉，《政治科學論叢》第64期，頁85-136。

李鳳玉、藍夢荷，2011，〈一致政府下的內閣穩定：比較2008年總統大選之後的俄羅斯與台灣〉，《政治科學論叢》第47期，頁107-142。

沈有忠，2009，《威瑪憲政變奏曲：半總統制憲法的生命史》，台北：五南。

沈有忠，2010，〈半總統制的崩潰、延續與轉型：威瑪共和與芬蘭的憲政比較〉，《問題與研究》第49卷第2期，頁99-130。

沈有忠，2011，〈半總統制下行政體系二元化之內涵〉，《政治科學論叢》第47期，頁33-64。

沈有忠，2012，〈半總統制「權力總統化」之比較研究〉，《臺灣民主季刊》第9卷第4期，頁1-36。

周志豪、丘采薇，2015，〈農舍農有、藍委砲聲隆隆、民進黨內也有歧見〉，《中國時報》，9月15日，版A9。

周育仁，2005，〈建構多數政府的憲政基礎〉，《國家發展研究》第5卷第1期，頁43-66。

周育仁，2006，〈新內閣之困境與挑戰〉，《臺灣民主季刊》第3卷第1期，頁105-110。

周育仁、吳秦雯、劉有恆、劉嘉薇，2011，〈強化行政與立法部門溝通協調機制之研究〉，《行政院研究考核委員會委託報告》。

林繼文，2006，〈政府體制、選舉制度與政黨體系：一個配套論的分析〉，《選舉研究》第13卷第2期，頁1-42。

邱訪義、鄭元毓，2014，〈立法院黨團協商：少數霸凌多數抑或是多數主場優勢〉，《政治科學論叢》第62期，頁155-194。

茅毅編譯，2016，〈朴槿惠彈劾案通過，南韓動盪〉，《自由時報》，http://news.ltn.com.tw/news/focus/paper/1060266，檢索日期：2016年12月23日。

郝培芝，2010，〈法國半總統制的演化：法國2008年修憲的憲政影響分析〉，《選舉研究》第13卷第2期，頁1-42。

郝培芝，2013，〈半總統制的演化：總統化與內閣不穩定〉，《問題與研究》第52卷第1期，頁101-141。

張芳華，2015，〈制度因素與非制度因素對民主崩潰的影響：46個半總統制國家的經驗研究〉，《政治科學論叢》第66期，頁111-146。

張峻豪，2011，〈左右共治的類型研究〉，《東吳政治學報》第29卷第4期，頁72-115。

盛杏湲，2003，〈立法機關與行政機關在立法過程中的影響力〉，《台灣政治學刊》第7卷第2期，頁51-105。

陳宏銘，2007，〈「少數政府」下總統的權力運作與突圍策略：台灣半總統制經驗的探討〉，《中華行政學報》第4期，頁157-182。

陳宏銘，2009，〈台灣半總統制下的黨政關係〉，《政治科學論叢》第41期，頁1-56。

陳宏銘，2012，〈半總統制下總統的法案推動與立法影響力：馬英九總統執政時期的研究〉，《東吳政治學報》第30卷第2期，頁1-70。

陳宏銘，2016a，〈總統的政策權與決策機制：半總統制的跨國分析〉，《問題與研究》第55卷第2期，頁125-156。

陳宏銘，2016b，〈半總統制下總統是否兼任黨主席與其黨政關係型態：比較視野下的馬英九總統任期經驗〉，《臺灣民主季刊》第13卷第4期，頁1-42。

陳宏銘、蔡榮祥，2008，〈選舉時程對政府組成型態的牽引力：半總統制經驗的探討〉，《東吳政治學報》第26卷第2期，頁117-180。

陳淳文，2012，〈行政保留之比較研究：以半總統制之行政命令權為中心〉，《中研院法學期刊》第10期，頁1-80。

陳清雲，2003，〈論各機關應送交立法院之行政命令〉，《法令月刊》第54卷第6期，頁18-30。

陳清雲，2004，〈論立法院審查行政命令之改進〉，《法令月刊》第55卷第1期，頁16-37。

黃秀端，2003，〈少數政府在國會的困境〉，《台灣政治學刊》第7卷第2

期，頁1-46。

黃秀端，2014，〈半總統制中總統的角色與憲政運作〉，《轉型中的行政與立法關係》，台北：五南，頁271-303。

黃秀端、何嵩婷，2007，〈黨團協商與國會立法：第五屆立法院的分析〉，《政治科學論叢》第34期，頁1-44。

黃昭元，1998，〈九七修憲後我國中央政府體制評估〉，《臺大法學論叢》第27卷第2期，頁183-216。

楊婉瑩、陳采薇，2004，〈國會改革風潮下黨團協商制度之轉變與評估〉，《東吳政治學報》第19期，頁111-150。

蔡榮祥，2013，〈多黨總理總統制民主的政府類型與憲政運作的衝突──以斯洛維尼亞、斯洛伐克、克羅埃西亞、立陶宛爲例〉，《東吳政治學報》第31卷第3期，頁65-116。

蔡榮祥，2018，〈總統和國會的權力平衡與憲政衝突：以總統國會制國家秘魯、俄羅斯、喬治亞和葡萄牙爲例〉，《政治學報》第66期，頁65-101。

蔡榮祥、石鵬翔，2011，〈總理總統制與政治穩定：以烏克蘭和羅馬尼亞爲例〉，《政治科學論叢》第47期，頁65-106。

蔡榮祥、陳宏銘，2012，〈總統國會制的一致政府與憲政運作：以馬英九總統第一任期爲例〉，《東吳政治學報》第30卷第4期，頁121-176。

鄭媁、周佑正、林河民，2015，〈大逆轉！藍黨團決議廢證所稅、下周一朝野協商　最快下周二可三讀、將維持課證交稅千分之三，賴士葆：大家各自解讀，認爲廢掉就廢掉〉，《聯合報》，11月14日，版A5。

蕭國忠，2007，〈德國民主化的經驗：制度性與非制度性因素之分析〉，《問題與研究》第46卷第1期，頁63-99。

魏嘉瑀，2015，〈40藍委挺王，列不分區首位〉，《中國時報》，11月13日，版A5。

蘇子喬、王業立，2012，〈總統與國會選制影響政黨體系的跨國分析〉，《問題與研究》第51卷第4期，頁35-65。

二、英文部分

Abts, Koen and Stefan Rummens. 2007. "Populism versus Democracy." *Political Studies* 55(2): 405-424.

Alberts, Susan. 2009. "How Constitutions Constrain." *Comparative Politics* 41(2): 127-143.

Aldrich, John H. and David W. Rohde. 2000. "The Consequences of Party Organization in the House: The Role of the Majority and Minority Parties in Conditional Party Government." in Jon R Bond and Richard Fleishe, eds., *Polarized Politics: Congress and the President in a Partisan Era*. Washington, D.C.: CQ Press, pp. 31-72.

Amorim Neto, Octavio. 2002. "Presidential Cabinets, Electoral Cycles, and Coalition Discipline in Brazil." in Scott Morgenstern and Benito Nacif. eds., *Legislative Politics in Latin America*. Cambridge: Cambridge University Press, pp. 48-78.

Amorim Neto, Octavio and Kaare Strøm. 2006. "Breaking the Parliamentary Chain of Delegation: Presidents and Non-partisan Cabinet Members in European Democracies." *British Journal of Political Science* 36(4): 619-643.

Amorim Neto, Octavio and Marina Costa Lobo. 2009. "Portugal's Semi-presidentialism (re)considered: An Assessment of the President's Role in the Policy Process, 1976-2006." *European Journal of Political Research* 48(2): 234-255, 241-243.

Andrews, Josephine T. 2002. *When Majorities Fail: The Russian Parliament, 1990-1993*. Cambridge: Cambridge University Press.

Arktur. 2006. "New Cabinet of Ministers of Ukraine is Formed." in http://www.hotels-ru.biz/en/faq/48-ukraine/97-new-cabinet-of-ministers-of-ukraine-is-formed.html, accessed on 23 May 2013.

Arnold, Christian, David Doyle, and Nina Wisehomeier. 2017. "Presidents, Policy Compromise and Legislative Success." *The Journal of Politics* 79(2):

380-395.

Arter, David. 1981. "Kekkonen's Finland: Enlightened Despotism or Consensual Democarcy?." *West European Politics* 4(3): 219-234.

Barr, Robert R. 2009. "Populist, Outsiders and Anti-establishment Politics." *Party Politics* 15(1): 29-48.

Bartolj, Jaka. 2007. "A Presidential No-Show." in http://www.sloveniatimes.com/a-presidential-no-show, accessed on 16 March 2013.

Baylis, Thomas A. 1996. "Presidents versus Prime Ministers: Shaping Executive Authority in Eastern Europe." *World Politics* 48(3): 297-323.

Baylis, Thomas A. 2007. "Embattled Executives: Prime Ministerial Weakness in East Central Europe." *Communist and Post-Communist Studies* 40(1): 81-106.

BBC Monitoring Europe. 2008. "Polish Premier Says President's Position on EU Summits 'dangerous'." 16 October 2008 in http://www.lexisnexis.com.autorpa.lib.ccu.edu.tw/ap/academic/?lang=zh, accessed on 20 Janurary 2016.

BBC News. 2018. "Bulgaria President Radev Vetoes Anti-Corruption Bill." 2 January 2018 in https://www.bbc.com/news/world-europe-42545381, accessed on 4 January 2019.

Beach, Berek and Rasmus Brun Pederson. 2013. *Process-Tracing Methods*. Ann Arbor: The University of Michigan Press.

Bennett, Andrew. 2010. "Process Tracing and Causal Inference." in *Rethinking Social Inquiry: Diverse Tools, Shared Standards*, 2nd eds., Henry E. Brady and David Collier, Lanham, MD. Rowman, and Littlefield, pp. 207-219.

Bennett, Andrew and Jeffrey T. Checkel. 2015. *Process Tracing: From Metaphor to Analytic Tool*. Cambridge: Cambridge University Press.

Bergman, Torbjorn. 1993. "Formation Rules and Minority Governments." *European Journal of Political Research* 23(1): 55-66.

Bernhard, Michel. 2005. *Institutions and the Fate of Democracy: Germany and*

Poland in The Twentieth Century. Pittsburgh: University of Pittsburgh Press.

Berntzen, Einar and Tor-Einar Holvik Skinlo. 2010. "Peru and the Fujimori Presidential Breakdown in 2000: *Continuismo* Gone Bad." in Llanos, Mariana and Leiv Marsteintredet, eds., *Presidential Breakdowns in Latin America: Causes and Outcomes of Executive Instability in Developing Democracies*. London: Palgrave Macmillan Press, pp. 196-211.

Birch, Sarah. 2008. "Ukraine Presidential Power, Veto Strategies and Democratization." in Robert Elgie and Sophia Moestrup, eds., *Semi-presidentialism in Central and Eastern Europe*. Manchester: University of Manchester Press, pp. 219-238.

Blondel, Jean. 2000. "A Framework for the Empirical Analysis of Government-Supporting Party Relationships." in Jean Blondel and Maurizio Cotta, eds., *The Nature of Party Government: A Comparative European Perspective*. London: Palgrave Press, pp. 96-115.

Blondel, Jean. 2012. "'Presidentialism' in the Ex-Soviet Union." *Japanese Journal of Political Science* 13(1): 1-36.

Boban, Davor. "'Minimalist' Concepts of Semi-presidentialism: Are Ukraine and Slovenia Semi-presidential States." *Politička Misao* 69(5): 155-177.

Brett, Daniel. 2016. "Romania's Local Elections: Why Has the 'Old Guard' Done So Well?." *LSE European Politics and Policy Blog*, 15 June 2016 in http://eprints.lse.ac.uk/70471/1/blogs.lse.ac.uk-Romanias%20local%20elections%20Why%20has%20the%20old%20guard%20done%20so%20well.pdf, accessed on 9 January 2019.

Browne, Eric C, John P. Frendreis, and Dennis W. Gleiber. 1984. "An Events Approach to the Problem of Cabinet Stability." *Comparative Political Studies* 17(2): 167-197.

Bruneau, Thomas C. and Alex Macleod. 1986. *Politics in Contemporary Portugal: Parties and the Consolidation of Democracy*. Colorado: Lynne Rienner

Publishers.

Bucur, Cristina and Iain McMenamin. 2014. "Poland: Presidentialization in A Young Democracy." in Passarelli, Gianluca, ed., *The Presidentialization of Political Parties, Organizations and Leaders.* Palgrave Macmillan Press, pp. 107-123.

Cameron, Charles. M. 2009. "The Presidential Veto." in William Howell and George C. Edwards III., eds., *The Oxford Handbook of the American Presidency.* Oxford: Oxford University Press, pp. 362-382.

Carey, John M. 2003. "Legislatures and Political Accountability." *Revista: Harvard Review of Latin America* 2(1): 32-34.

Carey, John M. 2007. "Competing Principals, Political Institutions, and Party Unity in Legislative Voting." *American Journal of Political Science* 51(1): 92-107.

Carey, John M. 2009. "What Kind of Strong President?." in Andrew Ellis, J. Jesus Orozco Henriquez, and Daniel Zovatto, eds., *Como hacer que funcione el sistema prsidencial/Making Presidentialism Work.* Mexico City: Instituto de Invstigaciones Juridicas and International Institute for Electoral and Democracy Assistance, pp. 173-190.

Carey, John M. and Matthew S. Shugart. 1995. "Incentives to Cultivate a Personal Veto: A Ranking Ordering of Electoral Formulas." *Electoral Studies* 14(4): 417-439.

Carey, John M. and Matthew S. Shugart. 1998. *Executive Decree Authority.* Cambridge: Cambridge University Press.

Carreras, Miguel. 2012. "The Rise of Outsiders in Latin America, 1980-2010: A Institutionalist Perspective." *Comparative Political Studies* 45(12): 1451-1482.

Carreras, Miguel. 2014. "Outsiders and Executive-Legislative Conflict in Latin America." *Latin American Politics and Society* 56(3): 70-92.

Carreras, Miguel. 2016. "Institutions, Government Performance and the Rise of Political Newcomers." *European Journal of Political Research* 56(2): 364-380.

Carrier, Martin. 2016. Executive Politics in *Semi-presidential Regimes: Power Distribution and Conflicts between Presidents and Prime Ministers.* Rowman & Littlefield Press.

Carroll, Royce and Matthew S. Shugart. 2007. "Neo-Madisonian Theory and Latin American Institutions." in Gerardo L. Munck, ed., *Regimes and Democracy in Latin America: Theories and Methods.* Oxford: Oxford University Press, pp. 50-101.

Chaisty, Paul. 2008. "The Legislative Effects of Presidential Partisan Powers in Post-Communist Russia." *Government and Opposition* 43(3): 424-453.

Chaisty, Paul and Timothy J. Power. 2019. "Flying Solo: Explaining Single-party Cabinets under Minority Government." *European Journal of Political Research* 58(1): 163-183.

Chaisty, Paul, Nic Cheeseman, and Timothy J. Power. 2014. "Rethinking the 'Presidentialism Debate': Conceptualizing Coalitional Politics in Cross-Regional Perspective." *Democratization* 21(1): 71-94.

Chandler, Andrea. 2001. "Presidential Veto Power in Post-Communist Russia, 1994-1998." *Canadian Journal of Political Science* 34(3): 487-516.

Cheibub, José Antonio. 2002. "Minority Government, Deadlock Situations, and the Survival of Presidential Democracies." *Comparative Political Studies* 35(3): 284-312.

Cheibub, José Antonio. 2007. *Presidentialism, Parliamentarism, and Democracy.* Cambridge: Cambridge University Press.

Cheibub, José Antonio, Adam Przeworski, and Sebastian M. Saiegh. 2004. "Government Coalitions and Legislative Success under Presidentialism and Parliamentarism." *British Journal of Political Science* 34(4): 565-587.

Cheibub, José Antonio, Shane Martin, and Bjørn Erik Rasch. 2015. "Government Selection and Executive Powers: Constitutional Design in Parliamentary Democracies." *West European Politics* 38(5): 969-996.

Cienski, Jan. 2010. "Polish President, Prime minister at Loggerheads." 31 May 2010 in http://www.globalpost.com/dispatch/poland/090127/polish-president-prime-minister-at-loggerheads, accessed on 20 January 2016.

Clark, William A. 2011. "Boxing Russia: Executive-Legislative Powers and the Categorization of Russia's Regime Type." *Demokratizatsiya* 19(1): 5-22.

Clift, Ben. 2005. "Dyarchic Presidentialization in a Presidentialized Polity: The French Fifth Republic." in Thomas Poguntke and Paul Webb, eds., *The Presidentialization of Politics: A Comparative Study of Modern Democracies*. New York: Oxford University Press, pp. 221-245.

Cole, Alistair. 1993. "The Presidential Party and the Fifth Republic." *West European Politics* 16(2): 49-66.

Cole, Alistair. 2012. "The Fast Presidency? Nicolas Sarkozy and the Political Institutions of the Fifth Republic." *Contemporary French and Francophone Studies* 16(3): 311-321.

Collier, David, Jody Laporte, and Jason Seawright. 2008. "Typologies: Forming Concepts and Creating Categorical Variables." in Janet M. Box-Steffensmeier, Henry Brady, and David Collier, eds., *The Oxford Handbook of Political Methodology*. Oxford: Oxford University Press, pp. 152-173.

Colomer, Josep and Gabriel Negretto. 2005. "Can Presidentialism Work like Parliamentarism." *Government and Opposition* 40(1): 60-89.

Colton, Timothy J. and Cindy Skach. 2005. "A Fresh Look at Semi-presidentialism: The Russian Predicament." *Journal of Democracy* 16(3): 114-126.

Conceição-Heldt Eugénia da. 2011. "Portugal: Limited Government and the Influential Role of Parliament." in Bjørn Erik Rasch and George Tsebelis, eds., *The Role of Governments in Legislative Agenda Setting*. New York: Routledge Press, pp. 184-200.

Corrales, Javier. 2002. *Presidents without Parties: the Politics of Economic Reform in Argentina and Venezuela in the 1990s*. Pennsylvania: The Pennsylvania State University Press.

Corrales, Javier. 2008. "Latin America's Neocaudillismo: Ex-Presidents and Newcomers Running for President...and Winning." *Latin American Politics and Society* 50(3): 1-35.

Cotta, Maurizio. 2000. "Defining Party and Government." in Jean Blondel and Maurizio Cotta, eds., *The Nature of Party Government: A Comparative European Perspective*. London: Palgrave Macmillan, pp. 56-95.

Cox, Gary. 1987. *The Efficient Secret: The Cabinet and the Development of Political Parties in Victorian England*. Cambridge: Cambridge University Press.

Cox, Gary W. and Mathew D. McCubbins. 2005. *Setting the Agenda: Responsible Party Government in the U.S. House of Representatives*. New York: Cambridge University Press.

Cox, Gary W. and Scott Morgenstern. 2001. "Latin American's Reactive Assemblies and Proactive Presidents." *Comparative Politics* 33(2): 171-189.

Croatian TV, Text of Report. 2000. "Croatian President Puts Forward His Objections to Draft Constitution." *HRT1 TV, Zagreb, in Serbo-Croat* 1730 gmt 18, October 2000.

D'Anieri, Paul. 2003. "Leonid Kuchma and the Personalization of the Ukrainian Presidency." *Problems of Post-Communism* 50(5): 58-65.

D'Anieri, Paul. 2007. *Understanding Ukrainian Politics*. New York: M.E. Sharpe, Inc. Press.

Dalton, Russell J. and Martin P. Wattenberg. 2000. *Parties without Partisans: Political Change in Advanced Industrial Democracies*. Oxford: Oxford University Press.

Dalton, Russell J., David M. Farrell, and Ian McAllister. 2011. *Political Parties and Democratic Linkage: How Parties Organize Democracy.* Oxford: Oxford University Press.

Debré, Michel. 1981 . "The Constitution of 1958, Its Raison D'être and How it Evolved." in Willam G. Andrews and Stanley Hoffmann, eds., *The Fifth Republic at Twenty.* Albany: State University of New York Press, pp. 11-24.

Deschovwer, Kris. 1996. "Political Parties and Democracy: A Mutual Murder?." *European Journal of Political Research* 29(3): 263-278.

Deutsche, Welle. 2018. "Bulgarian Parliament Overrides President's Veto of Co-ruption Bill." in https://www.dw.com/en/bulgarian-parliament-overrides-presidents-veto-of-corruption-bill/a-42131650, accessed on 9 January 2019.

DFWatch Staff. 2013. "Georgian Leaders Meeting to Solve Gridlock." in http://dfwatch.net/georgian-leaders-meeting-to-solve-gridlock-18528-18420, accessed on 8 January 2017.

Diamond, Larry and Richard Gunther. 2001. *Political Parties and Democracy.* Baltimore: The Johns Hopkins University Press.

Dodd, Lawrence C. 1976. *Coalitions in Parliamentary Government.* New Jersey: Princeton University Press.

Duverger, Maurice. 1969. *Political Parties: Their Organization and Activity in The Modern State.* London: Lowe and Brydone.

Duverger, Maurice. 1980. "A New Political System Model: Semi-Presidential Government." *European Journal of Political Research* 8(2): 165-187.

East European Constitutional Review (EECR). 2001a. 'Lithuania Update.' 10(1): 31-34.

East European Constitutional Review (EECR). 2001b. 'Lithuania Update.' 10(2-3), http://www1.law.nyu.edu/eecr/vol10num2_3/constitutionwatch/lithuania.html, accessed on 4 March, 2013.

Elgie, Robert. 2002. "La Cohabitation de longue durée: Studying the 1997-

2002 Experience." *Modern & Contemporary France* 10(3): 297-311.

Elgie, Robert. 2010. "Semi-presidentialism, Cohabitation and the Collapse of Electoral Democracies." *Government and Opposition* 45(1): 29-49.

Elgie, Robert. 2011. *Semi-presidentialism: Sub-Types and Democratic Performance*. Oxford: Oxford University Press.

Elgie, Robert. 2017. *Political Leadership: A Pragmatic Institutional Approach*. London: Palgrave Macmillan.

Elgie, Robert. 2019. "An Intellectual History of the Concepts of Premier-Presidentialism and President-Parliamentarism." *Political Studies Review*, in https://doi.org/10.1177/1478929919864770, accessed on 31 December 2019.

Elgie, Robert and Howard Machin. 1991. "France: The Limits to Prime-ministerial Government in a Semi-presidential System." *West European Politics* 14(2): 62-78.

Elgie, Robert and Iain McMenamin. 2011. "Explaining the Onset of Cohabitation under Semi-presidentialism." *Political Studies* 59(3): 616-635.

Elgie, Robert and Moshe Maor. 1992. "Accounting for the Survival of Minority Governments: An Examination of the French Case: from 1988 to 1991." *West European Politics* 15(3): 57-74.

Elgie, Robert and Petra Schleiter. 2011. "Variation in the Durability of Semi-presidential Democracies." in Robert Elgie, Sophia Moestrup, and Yu-shan, Wu, eds., *Semi-presidentialism and Democracy*. London: Palgrave Macmillan, pp. 42-60.

Elgie, Robert and Iain McMenamin. 2011. "Explaining the Onset of Cohabitation under Semi-presidentialism." *Political Studies* 59(3): 616-635.

Elgie, Robert and Sophia Moestrup. 2008. *Semi-presidentialism in Central and Eastern Europe*. Manchester: Manchester University Press.

Elgie, Robert and Sophia Moestrup. 2016. "Semi-presidentialism in Democracies, Quasi-democracies and Autocracies." in Robert Elgie and Soohia Moestrup, eds., *Semi-presidentialism in Caucasus and Central Asia*. London: Palgrave Macmillan, pp. 1-28.

EURACTIV. 2017. "Romanian President Blocks Draft Corruption Law." 18 Janurary 2017 in https://www.euractiv.com/section/justice-home-affairs/news/romanian-president-blocks-draft-corruption-law/, accessed on 9 January 2019.

Fink-Hafner, Danica. 2005. "Slovenia." *European Journal of Political Research* 44: 1179-1187.

Fink-Hafner, Danica. 2006. "Slovenia." *European Journal of Political Research* 45: 1260-1265.

Fink-Hafner, Danica. 2007. "Slovenia," *European Journal of Political Research* 46: 1107-1113.

Fish, Steven. 2000. "When More is Less: Superexecutive Power and Underdevelopment in Russia." in Victoria E. Bonnell and George W. Breslauer, eds., *Russia in the New Century: Stability or Disorder?*. Boulder: Westview Press, pp. 15-34.

Flikke, Geir. 2008. "Pacts, Parties and Elite Struggle: Ukraine's Troubled Post-Orange Transition." *Europe-Asia Studies* 60(3): 375-396.

Francesco, Cavatorta and Robert Elgie. 2010. "The Impact of Semi-presidentialism on Governance in the Palestinian Authority." *Parliamentary Affairs* 63(1): 22-40.

Freedom House. 2005. https://freedomhouse.org/report/freedom-world/2005/russia, accessed on 13 February 2018.

Fuller, L. 2012. "Georgian Parliament Majority Moves To Curtail President's Power." in http://www.rferl.org/a/georgia-parliament-moves-to-limit-some-presidential-powers-but-not-others/24812219.html, accessed on 30 December 2012.

Gallagher, Tom and Viorel Andrievici. 2008. "Romania: Political Irresponsibility without Constitutional Safequards." in Robert Elgie and Sophia Moestrup, eds., *Semi-presidentialism in Central and Eastern Europe*. Manchester and New York: Manchester University Press, pp. 138-158.

George, Alexander L. and Andrew Bennett. 2005. *Case Studies and Theory Development in the Social Sciences*. Cambridge: The MIT Press.

Goertz, Gary. 2017. *Multimethod Research, Causal Mechanism, and Case Studies*. New Jersey: Princeton University Press.

Goetz, Klaus H. and Radoslaw Zubek. 2007. "Government, Parliament and Law-making in Poland." *The Journal of Legislative Studies* 13(4): 517-538.

Goldman, Minton F. *Slovakia since Independence: A Struggle for Democracy*. CT: Praeger Press.

Greif, Avner and David D. Laitin. 2004. "A Theory of Endogenous Institutional Change." *American Political Science Review* 98(4): 633-652.

Grossman, Emiliamo. 2009. "The President's Choice? Government and Cabinet Turnover under the Fifth Republic." *West European Politics* 32(2): 268-286.

Grossman, Emiliamo and Nicolas Sauger. 2009. "The End of Ambiguity? Presidents versus Parties or the Four Phases of the Fifth Republic." *West European Politics* 32(2): 423-437.

Gurov, Boris and Emilia Zankina. 2013. "Populism and the Constitution of Political Charisma: Post-Transition Politics in Bulgaria." *Problems of Post-Communism* 60(1): 3-17.

Hanson, Stephen E. and Jeffrey S. Kopstein. 1997. "The Weimar/Russia Comparison." *Post-Soviet Affairs* 13(3): 252-283.

Haspel, Moshe, Thomas F. Remington, and Steven S. Smith. 2006. "Lawmaking and Decree Making in the Russian Federation: Time, Space, and Rules in Russian National Policymaking." *Post-Soviet Affairs* 22(3): 249-275.

Heinisch, Reinhard. 2003. "Success in Opposition-Failure in Government: Explaining the Performance of Right-Wing Populist Parties in Public Offices."

West European Politics 26(3): 91-130.

Herron, Erik. 2008. "The Parliamentary Election in Ukraine, September 2007." *Electoral Studies* 27(3): 551-533.

Hesli, Vicki L. 2007. "The 2006 Parliamentary Elections in Ukraine." *Electoral Studies* 26(2): 507-533.

Hloušek, Vít. 2013. "Heads of State in Parliamentary Democracies: The Temptation to Accure Personal Power." in Vít Hloušek, ed., *Presidents above Parties? Presidents in Central and Eastern Europe, Their Formal Competencies and Informal Power*. Brno: Masaryk University Press/International Institute of Political Science, pp. 19-29.

Holubov, Oleksandr. 2016. "The Yatsenyuk Chronicles: How Ukraine's Prime Minister Survived." Carnegie Moscow Center. 18 Feburary 2016 in https://carnegie.ru/commentary/62818, accessed on 10 January 2019.

Howard, A. E. Dick and Mark F. Brzezinski. 1998. in Richard F. Staar, ed., *Transition to Democracy in Poland*. New York: St. Martin's Press, pp. 133-161.

Huskey, Eugene. 2001. "Legislative-Executive Relations in the Yeltsin Era." in Archie Brown, ed., *Contemporary Russian Politics: A Reader*. London: Oxford University Press, pp. 121-130.

Interfax-Ukraine. 2014. "Five Political Forces Sign Coalition Agreement." in https://en.interfax.com.ua/news/general/235649.html, accessed on 10 January 2019.

International Parliament Union. 1994. "Slovakia Parliamentary Chamber: Narodna Rada Slovenskej Republiky." in http://www.ipu.org/parline-e/reports/arc/2285_94.htm, accessed on 20 March 2013.

International Parliament Union. 2000a. "Croatia Parliamentary Chamber: Zastupnicki Dom." in http://www.ipu.org/parline-e/reports/arc/2077_00.htm, accessed on 20 March 2013.

International Parliament Union. 2000b. "Lithuania Parliamentary Chamber: Seimas." in http://www.ipu.org/parline-e/reports/arc/2189_00.htm, accessed on 20 March 2013.

International Parliament Union. 2004. "Slovenia Parliamentary Chamber: Drzavni Zbor (National Assembly)." in http://www.ipu.org/parline-e/reports/arc/2287_04.htm, accessed on 20 March 2013.

International Parliament Union. 2006. "Ukrainian Parliamentary Chamber: Verkhovna Rada." in http://www.ipu.org/parline-e/reports/arc/2331_06.htm, accessed on 30 March 2013.

Inter-parliamentary Union. 2016. http://www.ipu.org/parline-e/reports/arc/2331_06.htm, accessed on 18 March 2016.

Jalali, Carlos. 2011. "The President is Not a Passenger: Portugal's Evolving Semi-presidentialism." in Robert Elgie, Sophia Moestrup, and Yu-shan, Wu, eds., *Semi-presidentialism and Democracy*. London: Palgrave Macmillan, pp. 156-173.

Jankauskas, Algimantas. 2003. *Lithuanian Political Science Yearbook 2002*, Institute of International Relations and Political Science, Vilnius University.

Jasiewicz, Krzysztof and Agnieszka Jasiewicz-Betkiewicz. 2009. "Poland." *European Journal of Political Research* 48: 1073-1079.

Kasapovič, Mirjana. 2003. "Coalition Governments in Croatia: First Experience 2000-2003." *Politička Misao* 40(5): 52-67.

Kasapovič, Mirjana. 2008. "Semi-presidentialism in Croatia." in Robert Elgie and Sophia Moestrup, eds., *Semi-presidentialism in Central and Eastern Europe*. Manchester: Manchester University Press, pp. 51-64.

Keith Krehbiel. 1998. *Pivotal Politics: A Theory of U.S. Lawmaking*. Chicago and London: The University of Chicago Press.

Kenny, Charles D. 1998. "Outsider and Anti-party Politicians in Power: New Conceptual Strategies and Empirical Evidence from Peru." *Party Politics*

4(1): 57-75.

Kenny, Charles D. 2004. *Fujimori's Coup and the Breakdown of Democracy in Latin America*. Indiana: University of Notre Dame Press.

Knapp, Andrew. 2013. "A Paradoxical Presidency: Nicolas Sarkozy, 2007-2012." *Parliamentary Affairs* 66(1): 33-51.

Köker, Philip. 2017. *Presidentialism Activism and Veto Power in Central and Eastern Europe*. London: Palgrave Macmillan.

Kolarova, Rumyana and Maria Spirova. 2017. "Bulgaria." *European Journal of Political Research Political Data Yearbook* 56(1): 36-43.

Koseva, Denitsa. 2018. "President Radev Emerges as Bulgaria's New Saviour." Bne Intellinews, in http://www.intellinews.com/president-radev-emerges-as-bulgaria-s-new-saviour-150849/, accessed on 4 January 2019.

Krasimirov, Angel. 2018. "Bulgarian Parliament Withdraws Privatization Law Amendments after President's Veto." *Channel NewsAsia*, in https://www.channelnewsasia.com/news/world/bulgarian-parliament-withdraws-privatisa-tion-law-amendments-after-president-s-veto-10566370, accessed on 4 January 2019.

Krupavičius, Algis. 2002. "Lithuania, Political Data Yearbook." *European Journal of Political Research* 41(7-8): 1015-1027.

Krupavičius, Algis. 2008. "Semi-presidentialism in Lithuania: Origins, Development and Challenges." in Robert Elgie and Sophia Moestrup, eds., *Semi-presidentialism in Central and Eastern Europe*. Manchester: Manchester University Press, pp. 65-84.

Kudelia, Serhiy. 2018. "Presidental Activism and Government Termination in Dual-executive Ukraine." *Post-Soviet Affairs* 34(4): 246-261.

Kuzio, Taras, 2005a. "The Opposition's Road to Success." *Journal of Democracy* 16(2): 117-130.

Kuzio, Taras. 2005b. "From Kuchma to Yushenko: Ukriane's 2004 Presidential

Elections and the Orange Revolution." *Problems of Post-Communism* 52(2): 29-44.

Kuzio, Taras. 2006. "The Orange Revolution at the Crossroads." *Demokratizatsiya* 14(4): 477-493.

Kuzio, Taras. 2007. "Oligarchs, Tapes and Oranges: 'Kuchmagate' to the Orange Revolution." *Journal of Communist Studies and Transitional Politics* 23(1): 30-56.

Laakso, Markku and Rein Taagepera. 1979. "The 'Effective' Number of Parties: A Measure with Application to West Europe." *Comparative Political Studies* 12(1): 3-27.

Laver, Michael and Kenneth A. Shepsle. 1996. *Making and Breaking Governments: Cabinets and Legislatures in Parliamentary Democracies*. New York: Cambridge University Press.

Lazardeux, Sébastien G. 2009. "The French National Assembly's Oversight of the Executive: Changing Role, Partisanship and Intra-Majority Conflict." *West European Politics* 32(2): 287-309.

Lepsius, M. Rainer. 1978. "From Fragmented Party Democracy to Government by Emergence Decree and National Socialist Takeover: Germany." in Juan J. Linz and Alfred Stepan, eds., *The Breakdown of Democratic Regimes: Europe*. Baltimore: John Hopkins University Press, pp. 34-79.

Levitsky, Steven and Maxwell A. Cameron. 2003. "Democracy without Parties? Political Parties and Regime Change in Fujimori's Peru." *Latin American Politics and Society* 45(3): 1-33.

Levitt, B. 2012. *Power in the Balance: Presidents, Parties and Legislatures in Peru and beyond*. Indiana: University of Notre Dame Press.

LexisNexis. http://www.lexisnexis.com.autorpa.lib.ccu.edu.tw/ap/academic/?lang=zh, accessed on 20 January 2016.

Lijphart, Arend. 1971. "Comparative Politics and the Comparative Method."

American Political Science Review 65(3): 682-693.

Lin, Jih-wen. 2011. "A Veto Player Theory of Policymaking in Semi-presidential Regimes: The Case of Taiwan's Ma Ying-jeou Presidency." *Journal of East Asian Studies* 11(3): 407-435.

Linz, Juan J. 1978. *The Breakdown of Democratic Regime: Crisis, Breakdown, and Reequilibration*. Baltimore: The Johns Hopkins University Press.

Linz, Juan J. 1994. "Presidential Democracy or Parliamentary Democracy: Does It Make a Difference?." in Juan J. Linz and Arturo Valenzuela, eds., *The Failure of Presidential Democracy: The Case of Latin America*. Baltimore: The Johns Hopkins University Press, pp. 3-78.

Linz, Juan J. 1997. "Introduction: Some Thoughts on Presidentialism in Postcommunist Europe." in Rays Taras, ed., *Postcommunist Presidents*: Cambridge: Cambridge University Press, pp. 1-14.

Linz, Juan J. 2002. "Parties in Contemporary Democracies: Problems and Paradoxes." in Richard Gunther, José Ramón Montero, and Juan J. Linz, eds., *Political Parties: Old Concepts and New Challenges*. Oxford: Oxford University Press, pp. 291-317.

Llanos, Mariana and Leiv Marsteintredet. 2010. *Presidential Breakdowns in Latin America: Causes and Outcomes of Executive Instability in Developing Democracies*. London: Palgrave Macmillan.

Lobo, Marina Costa. 2005. "The Presidentialization of Portuguese Democracy?." in Thomas Poguntke and Paul Webb, eds., *The Presidentialization of Politics: A Comparative Study of Modern Democracies,* pp. 269-288.

Locke, Richard and Kathleen, Thelen. 1995. "Apples and Oranges Revisited: Contextualized Comparisons and the Study of Comparative Labor Politics." *Politics and Society,* 23(3): 337-367.

Lupu, Noam. 2015. *Party Brands in Crisis: Partisanship, Brand Dilution and the Breakdown of Political Parties in Latin America*. New York: Cambridge

University Press.

Macleod, Alex. 2014. "The Parties and the Consolidation of Democracy in Portugal: the Emergence of A Dominant Two-party System." in Diane Ethier, ed., *Democratic Transition and Consolidation in Southern Europe*, Latin America and Southeast Asia, London: Palgrave Macmillan, pp. 155-172.

Madison, James. 2003. "No. 51: The Structure of the Government Must Furnish the Proper Checks and Balances between the Different Departments." in Clinton Rossiter, ed., *The Federalist Papers*, New York: Signet Classics, c1961, pp. 317-322.

Mahoney, James and Kathleen Thelen. 2010. *Explaining Institutional Change: Ambiguity, Agency, and Power.* Cambridge: Cambridge University Press.

Mainwaring, Scott. 1993. "Presidentialism, Multipartism, and Democracy." *Comparative Political Studies* 26(2): 198-228.

Mainwaring, Scott and Matthew S. Shugart. 1997. "Conclusion: Presidentialism and The Party System." in Scott Mainwaring and Matthew S. Shugart, eds., *Presidentialism and Democracy in Latin America,* pp. 394-439.

Mair, Peter. 2006. "Ruling the Void? The Hollowing of Western Democracy." *New Left Review* 42(11-12): 25-61.

Malová, Darina. 2001. "Slovakia: From the Ambiguous Constitution to the Dominance of Informal Rules." in Jan Zielonka, ed., *Democratic Consolidation in Eastern Europe.* Oxford: Oxford University Press, pp. 347-377.

Manuel, Paul Christopher. 1996. *The Challenges of Democratic Consolidation in Portugal: Political, Economic, and Military Issues, 1976-1991*. Greenwood Publishing Group Press.

March, Luke. 2017. "Populism in the Post-Soviet States." in Cristóbal Rovira Kaltwasser, Paul Taggart, Paulina Ochoa Espejo, and Pierre Ostiguy, eds., *The Oxford Handbook of Populism*. Oxford: Oxford University Press, pp. 214-231.

Marson, James. 2016. "Ukraine's Poroshenko Trying to Push Out Prime Minister Yatsenyuk." *The Wall Street Journal*, 3 March 2016 in https://www.wsj.com/articles/ukraines-poroshenko-trying-to-push-out-prime-minister-yatsenyuk-1458756305, accessed on 9 January 2019.

Martin, Lanny and Georg Vanberg. 2011. *Parliaments and Coalitions: The Role of Legislative Institutions in Multiparty Governance*. Oxford: Oxford University Press.

Matsuzato, Kimitaka and Liutauras Gudžinska. 2006. "An Eternally Unfinished Parliamentary Regime? Semipresidentialism as a Prism to View Lithuanian Politics." *Acta Slavica Iaponica, Tomus* 23: 146-170.

Mauceri, Philip. 1997. "Return of the Caudillo: Autocratic Democracy in Peru." *Third World Quarterly* 18(5): 899-911.

Mauceri, Philip. 2006. "An Authoritarian Presidency: How and Why Did Presidential Power Run Amok in Fujimori's Peru?." in Julio F. Carrión, ed., *The Fujimori Legacy: The Rise of Electoral Authoritarianism in Peru*. Pennsylvania: The Pennsylvania State University Press, pp. 39-60.

McClintock, Cynthia. 1993. "Peru's Fujimori: A Caudillo Derails Democracy." *Current History* 92(572): 112-119.

McClintock, Cynthia. 1994. "Presidents, Messiahs, and Constitutional Breakdowns in Peru." in Juan J. Linz and Arturo Valenzuela, eds., *The Failure of Presidential Democracy*. Baltimore and London: The Johns Hopkins University Press, pp. 360-395.

McFaul, Michael. 2001. *Russia's Unfinished Revolution: Political Change from Gorbachev to Putin*. Ithaca: Cornell University Press.

McMenamin, Iain. 2008. "Semi-presidentialism and Democratization in Poland." in Robert Elgie and Sophia Moestrup, eds., *Semi-presidentialism in Central and Eastern Europe*. Manchester: Manchester University Press, pp. 120-137.

Michta, Andrew A. 1998. "The Presidential-parliamentary System." in Richard F. Staar, ed., *Transition to Democracy in Poland*. New York: St. Martin's Press, pp. 93-132.

Minakov, Mikhail. 2016. "A Decisive Turn? Risks for Ukrainian Democracy after Euromaidan." Regional Insight, *Carnegie Endowment for International Peace*.

Morgan, Jana. 2011. *Bankrupt Representation and Party System Collapse*. Pennsylvania: The Pennsylvania State University.

Morgan, Jana. 2018. "Deterioration and Polarization of Party Politics in Venezuela." in Scott Mainwaring, ed., *Party Systems in Latin America: Institutionalization, Decay, and Collapse*. Cambridge: Cambridge University Press, pp. 291-325.

Morón, Eduardo and Cynthia Sanborn. 2006. *The Pitfalls of Policymaking in Peru: Actors, Institutions and Rules of the Game*. Inter-American Development Bank, Latin American Research Network, Working paper# R-511(April).

Mudde, Cas. 2004. "The Populist Zeitgeist." *Government and Opposition* 39(4): 541-563.

Mudde, Cas and Cristóbal Rovia Kaltwasser. 2018. "Studying Populism in Comparative Perspective: Reflections on the Contemporary and Future Research Agenda." *Comparative Political Studies* 51(3): 1667-1693.

Mueller, Sean. 2014. "The Parliamentary and Executive Elections in the Republic of Georgia, 2012." *Electoral Studies* 34(June): 342-346.

Müller,Wolfgang C and Kaare Strøm. 2000. *Coalition Governments in Western Europe*. Oxford: Oxford University Press.

Müller,Wolfgang C and Kaare Strøm. 2008. "Coalition Agreements and Cabinet Governance." in Kaare Strøm, Wolfgang C. Müller, and Torbjorn Bergman, eds., *Cabinets and Coalition Bargaining: The Democratic Life Cycle in Western Europe*. Oxford: Oxford University Press, pp. 159-199.

Nakashidze, Malkhaz. 2016. "Semi-presidentialism in Georgia." in Robert El-gie and Sophia Moestrup, eds., *Semi-presidentialism in the Caucasus and Central Asia*. London: Palgrave Macmillan, pp. 119-142.

Needler, Martin. 1959. "The Theory of the Weimar Presidency." *The Review of Politics* 21(4): 692-698.

Negretto, Gabriel L. 2006. "Minority Presidents and Democratic Performance in Latin America." *Latin American Politics and Society* 48(3): 63-92.

Nohlen, Dieter and Philip Stöver. 2010. *Elections in Europe: A Data Handbook*. Nomos Verlagsgesellschaft.

Nohlen, Dieter. 2005. *Elections in the Americas: A Data Handbook: Volume 2, South America*. Oxford: Oxford University Press.

O'Donell, Guillermo A. 1994. "Delegative Democracy." *Journal of Democracy* 5(1): 55-69.

Opello, Walter C. Jr. 1985. *Portugal's Political Development: A Comparative Approach*. Boulder and London: Westview Press.

Ostrow, Joel M. 1998. "Procedural Breakdown and Deadlock in the Russia State Duma: the Problems of an Unlinked Dual-Channel Institutional De-sign." *Europe-Asia Studies* 50(5): 793-816.

PAP News Agency. 2009. "Polish President, Premier at Adds over New NATO Head." Warsaw, in English 1421 gmt, 04/05, 2009.

Parish, Scott. 1998. "Presidential Decree Authority in Russia, 1991-95." in John M. Carey and Matthew S. Shugart, eds., *Executive Decree Authority*. Cambridge: Cambridge University Press, pp. 62-103.

Pasquino, Gianfranco. 1997. "Semi-presidentialism: A Political Model at Work." *European Journal of Political Research* 31(1): 128-137.

Passarelli, Gianluca. 2010. "The Government in Two Semi-presidential Sys-tems: France and Portugal in a Comparative Perspective." *French Politics* 8(4): 402-428.

Pereira, Carlos and Marcus André Melo. 2012. "The Surprising Success of Multi-party Presidentialism." *Journal of Democracy* 23(3): 156-170.

Pérez-Liñán, Aníbal. 2005. "Democratization and Constitutional Crises in Presidential Regimes: Towards Congressional Supremacy?." *Comparative Political Studies* 38(1): 51-74.

Pérez-Liñán, Aníbal. 2007. *Presidential Impeachment and the New Political Instability in Latin America.* New York: Cambridge University Press.

Peruvian general election, 1990. 2017. in *Wikipedia*: https://en.wikipedia.org/wiki/Peruvian_general_election,_1990, accessed on 20 January 2017.

Pleše, Mladen. 2003. "Račan Facing Decisions He Cannot Carry Out." Nacional (391), in http://www.nacional.hr/en/clanak/18214/racan-facing-decisions-he-cannot-carry-out, accessed on 18 March 2013.

Poguntke, Thomas. 1996. "Anti-party Sentiment-Conceptual Thoughts and Empirical Evidence: Explorations into a Minefield." *European Journal of Political Research* 29(3): 319-344.

Poguntke, Thomas and Susan E. Scarrow. 1996. "The Politics of Anti-party Sentiment: Introduction 1." *European Journal of Political Research* 29(3): 257-262.

Portuguese legislative election, 1976. 2017. in *Wikipedia*: https://en.wikipedia.org/wiki/Portuguese_legislative_election,_1976, accessed on 31 January 2017.

Pridham, Geoffrey. 2002. "Coalition Behavior in New Democracies of Central and Eastern Europe: The Case of Slovakia." *Journal of Communist Studies and Transition Politics* 18(2): 75-102.

Protsyk, Oleh. 2005. "Politics of Intraexecutive Conflict in Semi-presidential Regimes: Constitutional Norms and Cabinet Formation Outcomes." *East European Politics and Societies* 19(2): 135-160.

Protsyk, Oleh. 2006. "Intra-Executive Competition between President and

Prime Minister: Patterns of Institutional Conflict and Cooperation under Semi-Presidentialism." *Political Studies* 56(2): 219-244.

Przeworski, Adam and Henry Teune. 1970. *The logic of Comparative Social Inquiry*. New York: Wiley Press.

Qvortrup, Mads H. 2011. "United Kingdom: Extreme Institutional Dominance by the Executive...Most of the Time." in Bjørn Erik Rasch and George Tsebelis, eds., *The Role of Governments in Legislative Agenda Setting*. New York: Routledge Press, pp. 78-94.

Raunio, Tapio and Thomas Sedelius. 2017. "Shifting Power-Centers of Semi-presidentialism: Exploring Executive Coordination in Lithuania." *Government and Opposition*, doi:10.1017/gov.2017.31.

Raycheva, Lilia and Dorbinka Peicheva. 2017. "Populism in Bulgaria between Politicization of Media and Mediatization of Politics." *Mediatization Studies* 1: 69-81.

Reddaway, Peter and Dmitri Glinski. 2010. *The Tragedy of Russia's Reform: Market Bolshevism against Democracy*. Washington, D.C.: United States Institute of Peace Press.

Remington, Thomas F. 2000. "The Evolution of Executive-Legislative Relations in Russia since 1993." *Slavic Review* 59(3): 499-520.

Remington, Thomas F. 2001. "Parliamentary Politics in Russia." in Stephen White, Alex Pravda and Zvi Gitelman, eds., *Developments in Russian Politics 5*. London: Palgrave Press, pp. 42-60.

Remington, Thomas F. 2001. *The Russian Parliament: Institutional Evolution in a Transitional Regime, 1989-1990*. New Haven: Yale University Press.

Remington, Thomas F. 2007. "The Russian Federal Assembly, 1994-2004." *The Journal of Legislative Studies* 13(1): 121-141.

Remington, Thomas F. 2010. "Presidents and Parties: Leadership and Institutional-Building in Post-Communist Russia." in Julie Newton and William

Thompson, eds., *Institutions, Ideas and Leadership in Russian Politics*. London: Palgrave Macmillan Press, pp. 22-42.

Remington, Thomas F. 2014. *Presidential Decrees in Russia: A Comparative Perspective*. Cambridge: Cambridge University Press.

Remington, Thomas F, Steven S. Smith, and Moshe Haspel. 1998. "Decrees Laws and Inter-Branch Relations in the Russian Federation." *Post-Soviet Affairs* 14(4): 287-322.

Remington, Thomas F, Steven S. Smith, D. Roderick Kiewiet, and Moshe Haspel. 1994. "Transitional Institutions and Parliamentary Alignments in Russia, 1990-1993." in Thomas F. Remington, ed., *Parliaments in Transition: The New Legislative Politics in the Former USSR and Eastern Europe* Boulder: Westview Press, pp. 159-180.

RFE/RL (Radio Free Europe/Radio Liberty). 2007. "Ukraine's Parliament Overrides Veto of Cabinet Law." RFE/RL, 12 January 2007 in https://www.rferl.org/a/1073975.html, accessed on 25 November 2018.

RFE/RL (Radio Free Europe/Radio Liberty). 2013. "Georgian Parliament Amends Constitution Curbs Presidential Powers." in http://www.rferl.org/a/georgia-constitution-amendments-president/24938549.html, accessed on 17 January 2017.

RFE/RL (Radio Free Europe/Radio Liberty). 2014. "Ukrainian Parliament Rejects PM's Resignation." in https://www.rferl.org/a/ukraine-rejects-yatsenyuk-resignation/25476441.html, 2014/07/31, accessed on 9 January 2019.

RFE/RL (Radio Free Europe/Radio Liberty). 2015. "Ukrainian Deputy Attacks Yatsenyuk as Brawl Breaks Out in Parliament." 11 December 2015 in https://www.rferl.org/a/ukraine-deputy-attacks-yatsenyuk-as-brawls-break-out-in-parliament/27421211.html, accessed on 9 January 2019.

RFE/RL (Radio Free Europe/Radio Liberty). 2016. "Ukraine PM Yatshenyuk Survives No-Confidence Vote in Par-liament." 26 December 2016 in https://

www.rferl.org/a/ukraine-poroshenko-yatsenyuk-shokhin-resign/27555646. html, 2016/2/16, accessed on 9 January 2019.

Rummens, Stefan. 2017. "Populism As A Threat To Liberal Democracy." in Cristóbal Rovira Kaltwasser, Paul Taggart, Paulina Ochoa Espejo, and Pierre Ostiguy, eds., *The Oxford Handbook of Populism*. Oxford: Oxford University Press, pp. 554-570.

Ryabov, Adrei. 2004. "Legislative-Executive Relations." in Michael McFaul, Nikolai Petrov, and Andrei Ryabov, eds., *Between Dictatorship and Democracy*. Washington D.C.: Carnegie Endowment for International Peace, pp. 83-104

Rybár, Marek. 2006. "Old Parties and New: Changing Patterns of Party Politics in Slovakia." in Susanne Jungerstam-mulders ed., *Post-Communist EU Member States: Parties and Party Systems*. Ashgate Publishing, pp. 147-175.

Saiegh, Sebastian M. 2015. "Executive-Legislative Relations." in Ruben Ruiz Rufino and Jennifer Gandhi, eds., *Routledge Handbook of Comparative Political Institutions*. London: Routledge, pp. 162-180.

Samuels, David J. 2002. "Presidentialized Parties: The Separation of Powers and Party Organization and Behavior." *Comparative Political Studies* 35(4): 461-483.

Samuels, David J. 2007. "Separation of Powers." in Carles Boix and Susan Stokes, eds., *The Handbook of Comparative Politics*. London: Oxford University Press, pp. 703-726.

Samuels David J. and Matthew S. Shugart. 2003. "Presidentialism, Elections and Representation." *Journal of Theoretical Politics* 15(1): 33-60.

Samuels, David J. and Matthew S. Shugart. 2010. *Presidents, Parties, and Prime Ministers: How the Separation of Powers Affects Party Organization and Behavior*. Cambridge: Cambridge University Press.

Samuels, David J. and Matthew S. Shugart. 2014. "Party 'capacity' in New Democracies: How Executive Format Affects the Recruitment of Presidents and Prime Ministers." *Democratization* 21(1): 137-160.

Sartori, Giovanni. 1997. *Comparative Constitutional Engineering: An Inquiry into Structures, Incentives and Outcomes*. New York: New York University Press.

Sauger, Nicolas. 2009. "Party Discipline and Coalition Management in the French Parliament." *West European Politics* 32(2): 310-326.

Scarrow, Susan. 1996. "Politicians against Parties: Anti-party Arguments at Weans for Change in Germany." *European Journal of Political Research* 29(3): 297-317.

Schattschneider, Elmer Eric. 1942. *Party Government*. Westport: Greenwood Press.

Schattschneider, Elmer Eric. 1964. *Political Parties and Democracy*. New York: Holt, Rinehart and Winston Press.

Schleiter, Petra. and Edward Morgan-Jones. 2009. "Constitutional Power and Competing Risks: Monarchs, Presidents, Prime Ministers, and the Termination of East and West European Cabinets." *American Political Science Review* 103(3): 496-512.

Schleiter, Petra and Edward Morgan-Jones. 2010. "Who's in Charge? Presidents, Assemblies, and the Political Control of Semipresidential Cabinets." *Comparative Political Studies* 43(11): 1415-1441.

Sedelius, Thomas. 2008. *The Tug-of-War between Presidents and Prime Ministers: Semi-presidentialism in Central and Eastern Europe*. VDM Verlag Dr. Müller Press.

Sedelius, Thomas and Joakim Ekman. 2010. "Intra-executive Conflict and Cabinet Instability: Effects of Semi-presidentialism in Central and Eastern Europe." *Government and Opposition* 45(4): 505-530.

Sedelius, Thomas and Jonas Linde. 2018. "Unravelling Semi-presidentialism:

Democracy and Government Performance in Four Distinct Regime Types." *Democratization* 25(1): 136-157.

Sedelius, Thomas and Olga Mashtaler. 2013. "Two Decades of Semi-presidentialism: Issues of Intra-executive Conflict in Central and Eastern Europe 1991-2001." *East European Politics* 29(2): 109-134.

Shevel, Oxana. 2015. "The Parliamentary Elections in Ukraine, October 2014." *Electoral Studies* 39: 153-177

Shugart, Matthew S. 1995. "The Electoral Cycle and Institutional Sources of Divided Presidential Government." *American Political Science Review* 89(2): 327-343.

Shugart, Matthew S. 1998. "The Inverse Relationship between Party Strength and Executive Strength: A Theory of Politicians' Constitutional Choices." *British Journal of Political Science* 28(1): 1-29.

Shugart, Matthew S. 2005. "Semi-presidential Systems: Dual Executive and Mixed Authority Patterns." *French Politics* 3(3): 323-351.

Shugart, Matthew S. 2006. "Comparative Executive-legislative Relations." in R. A. W. Rhodes, Sarah A. Blinder, and Berta Rochman, eds., *The Oxford Handbook of Political Institutions*. Oxford: Oxford University Press, pp. 344-365.

Shugart, Matthew S. and John M. Carey. 1992. *Presidents and Assemblies: Constitutional Design and Electoral Dynamics*. Cambridge: Cambridge University Press.

Sinclair, Barbara. 2006. *Party Wars: Polarization and the Politics of National Policy Making*. Oklahoma: University of Oklahoma Press.

Singer, Matthew. 2018. "Delegating Away Democracy and Policy Successes Can Undermine Democratic Legitimacy." *Comparative Political Studies* 51(13): 1754-1788.

Skach, Cindy. 2005a. "Constitutional Origins of Dictatorship and Democracy." *Comparative Political Economy* 16(4): 347-368.

Skach, Cindy. 2005b. *Borrowing Constitutional Designs: Constitutional Law in Weimar Germany and the French Fifth Republic.* New Jersey: Princeton University Press.

Slider, Darrell. 1990. "The Soviet Union." *Electoral Studies* 9(4): 295-302.

Slovenia News Agency. 2007. "Slovene Leaders Disagree over Foreign Policy, Central Ban." *BBC Monitoring Europe-Political, Supplied by BBC Worldwide Monitoring*, 18 February 2007.

Sophia Globe. 2018. "Bulgarian President Radev Vetoes Privatisation Act Amendments." 24 July 2018 in https://sofiaglobe.com/2018/07/24/bulgarian-president-radev-vetoes-privatisation-act-amendments/, accessed on 4 January 2019.

Spirova, Maria. 2018. "Bulgaria: Political Development and Data for 2017." *European Journal of Political Research Political Data Yearbook* 57(1): 37-44.

Stan, Lavinia. 2013. "Romania." *European Journal of Political Research* 52(1): 196-207.

Stan, Lavinia and Razvan Zaharia. 2016. "Romania." *European Journal of Political Research Political Data Yearbook* 55(1): 224-230.

Stan, Lavinia and Razvan Zaharia. 2017. "Romania." *European Journal of Political Research Political Data Yearbook* 56(1): 229-236.

Stepan, Alfred and Cindy Skach. 1994. "Presidentialism and Parliamentarism in Comparative Perspective." in Juan J. Linz and Arturo Valenzuela, eds., *The Failure of Presidential Democracy: the case of Latin America.* Baltimore: The Johns Hopkins University Press, pp. 119-136.

Streacnska, Adriana. 1994. "Parliament Ousts Meciar in No-confidence Vote." Associated Press. http://www.apnewsarchive.com/1994/Parliament-Ousts-Meciar-In-No-Confidence-Vote/id-6efbbe1d56a4245f05866771209e41df, accessed on 8 March, 2013.

Strøm, Kaare. 1990. *Minority Government and Majority Rule*. Cambridge: Cambridge University Press.

Strøm, Kaare and Stephen Swindle. 2002. "Strategic Parliamentary Dissolution." *American Political Science Review* 96(3): 575-591.

Suárez, Waldino Cleto. 1982. "El poder ejecutivo en América Latina: su capacidad operativa bajo regímenes presidencialistas de gobierno (The Executive Power in Latin America: Its Operative Capacity under Presidential Systems of Government)." *Revista de Estudios Políticos* 29: 109-144.

Sula, Piotr and Agnieszka Szumigalska. 2013. "The Guardian of the Chandelier or a Powerful Statesman? The Historical, Cultural and Legislative Determinants of the Political Role of the President of Poland." in Vít Hloušek. et al., *Presidents above Parties? Presidents in Central and Eastern Europe, Their Formal Competencies and Informal Power*, Masaryk University, International Institute of Political Science Press, pp. 101-120.

Suleiman, Ezra N. 1980. "Presidential Government in France." in Richard Rose and Ezra N. Suleiman, eds., *Presidents and Prime Ministers*. Washington, D.C.: American Enterprise Institute for Public Policy Research, pp. 94-138.

Suleiman, Ezra N. 1994. "Presidentialism and Political Stability in France." in Juan J. Linz and Arturo Valenzuela, eds., *The Failure of Presidential Democracy*: Baltimore and London: The Johns Hopkins University Press, pp. 137-162.

Svolik, Milan. 2008. "Authoritarian Reversals and Democratic Consolidation." *American Political Science Review* 102(2): 153-168.

Sydorchuk, Oleksii. 2014. "The Impact of Semi-presidentialism on Democratic Consolidation in Poland and Ukraine." *Demokratizatsiya* 22(1): 117-144.

Szczerbiak, Aleks. 2008. "The Birth of a Bipolar Party System or a Referendum on a Polarizing Government? The October 2007 Polish Parliamentary Election." *Journal of Communist Studies and Transition Politics* 24(3): 415-443.

Talat-Kelpša, Laimonas. 2001. "The Presidency and Democratic Consolidation in Lithuania." *Journal of Baltic Studies* 32(2): 156-169.

Tanaka, Martín. 2005. "Peru 1980-2000: Chronile of a Death Foretold? Determinism, Political Decisions, and Open Outcomes." in Frances Hagopian and Scott P. Mainwaring, eds., *The Third Wave of Democratization in Latin America: Advances and Setbacks*. New York: Cambridge University Press, pp. 261-288.

Tarrow, Sindey. 2010. "The Strategy of Paired Comparison: Toward a Theory of Practice." *Comparative Political Studies* 43(2): 230-259.

Tavits, Margit. 2008. *Presidents with Prime Ministers: Do Direct Elections Matter?* Oxford: Oxford University Press.

Taylor, Lewis. 2008. "From Fujimori to Toledo: The 2001 Elections and the Vicissitudes of Democratic Government in Peru." *Government and Opposition* 40(4): 565-596.

Thiébault, Jean-Louis. 2003. "Delegation and Accountability in the Fifth Republic." in Kaare Strøm, Wolfgang C. Müller, and Torbjörn Bergman, eds., *Delegation and Accountability in Parliamentary Democracies*. New York: Oxford University Press, pp. 325-346.

Thomas Sedelius and Jonas Linde. 2018. "Unravelling Semi-presidentialism: Democracy and Government Performance in Four Distinct Regime Types." *Democratization* 25(1): 136-157.

Torcal, Mariano, Richard Gunther, and José Ramón Montero. 2002. "Anti-Party Sentiments in Southern Europe." in Richard Gunther, José Ramón Montero, and Juan J. Linz, eds., *Political Parties: Old Concepts and New Challenges*. Oxford: Oxford University Press, pp. 257-290.

Tracevskis, Rokas M. 2001. "Paulauskas Asks Paksas To Leave." *The Baltic Times*, https://www.baltictimes.com/news/articles/5100/, accessed on 18 December 2018.

Troxel, Tiffany A. 2003. *Parliamentary Power in Russia, 1994-2001*. London: Palgrave Macmillian.

Tsebelis, George. 2002. *Veto Players: How Political Institutions Work*. New Jersey: Princeton University Press.

Urbinati, Nadia. 1998. "Democracy and Populism." *Constellation* 5(11): 110-124.

Valenzuela, Arturo. 1994. "Party Politics and the Crisis of Presidentialism in Chile." in Juan Linz and Arturo Valenzuela, eds., *The Failure of Presidential Democracy*. Baltimore: The Johns Hopkins University Press, pp. 165-224.

Valenzuela, Arturo. 1998. "The Crisis of Presidentialism in Latin America." in Scott Mainwaring and Arturo Valenzuela, eds., *Politics, Society, and Democracy*. Boulder: Westview Press, pp. 121-139.

Web-Portal of Ukrainian Government. 2006 "President Viktor Yushchenko vetoes 47 'populist' bills in March 2006." in http://old.kmu.gov.ua/kmu/control/en/publish/printable_article?art_id=33937469, accessed on 17 January 2017.

Wegren, Stephen K. 1997. "Land Reform and the Land Market in Russia: Operation, Constraints and Prospects." *Europe-Asia Studies* 49(6): 959-987.

Weller, Patrick. 1994. "Party Rules and the Dismissal of Prime Minister: Comparative Perspectives from Britain, Canada and Australia." *Parliamentary Affairs* 47(1): 133-143.

Weyland, Kurt. 2006. "The Rise and Decline of Fujimori's Neo-populist Leadership." in Julio F. Carrión, ed., *The Fujimori Legacy: The Rise of Electoral Authoritarianism in Peru*. Pennsylvania: The Pennsylvania State University Press, pp. 13-38.

White, Stephen. 1997. "Russia." in Ray Taras, ed., *Post-communist Presidents*. Cambridge: Cambridge University Press, pp. 38-66.

Wiatr, Jerzy J. 2000. "President in the Polish Parliamentary Democracy."

Politička Misao 37(5): 89-98.

Wikipedia. 2013a. http://en.wikipedia.org/wiki/Finnish_parliamentary_election,_1958, accessed on 30 April 2013.

Wikipedia. 2013b. http://en.wikipedia.org/wiki/Main_Page, accessed on 6 March 2013.

Willerton, John P. and Martin Carrier. 2005. "Jospin, Political Cohabitation and Left Governance." *French Politics, Culture and Society* 23(2): 43-70.

Wilson, Andrew. 1999. "Ukraine." in Robert Elgie, ed., *Semi-presidentialism in Europe*. Oxford: Oxford University Press, pp. 260-280.

Worldstatesmen. 2013. http://www.worldstatesmen.org/, accessed on 5 March 2013.

Worldstatesman. 2018. www.worldstatesman.com, accessed on 1 October 2018.

Worldstatesmen. 2018. "Bulgaria." http://www.worldstatesmen.org/Bulgaria.html, accessed on 3 January 2019.

Wu, Yu-shan. 1998. "Semi-presidentialism or Imperial-Presidentialism? A Comparison between Constitutional Reforms in the ROC and the Russian Federation." Paper delivered at the 1998 Annual Meeting of the American Political Science Association, Boston.

Wu, Yu-shan. 2000. "The ROC's Semi-presidentialism at Work: Unstable Compromise, not Cohabitation." *Issues and Studies* 36(5): 1-40.

Wu, Yu-shan. 2005. "Appointing the Prime Minister under Incongruence: Taiwan in Comparison with France and Russia." *Taiwan Journal of Democracy* 1(1): 103-132.

Wu, Yu-shan and Tsai, Jung-hsiang. 2011. "Taiwan: Democratic Consolidation under President-Parliamentarism." in Robert Elgie, Sophia Moestrup, and Wu, Yu-shan, eds., *Semi-presidentialism and Democracy*. London: Palgrave Macmillan, pp. 174-191.

Wyrzykowski, Mirosław and Agnieszka Cieleń. 2006. "Presidential Elements in

Government: Poland-semi-presidentialism or 'rationalised parliamentarian-ism'?." *European Constitutional Law Review* 2(2): 253-267.

Zifcak, Spencer. 1995. "The Battle over Presidential Power in Slovakia." *East European Constitutional Review* 4(Summer): 61-65.

Zubeck, Radoslaw. 2008. "Parties, Rules and Government Legislative Control in Central Europe: The Case of Poland." *Communist and Post-Communist Studies* 41(2): 147-161.

國家圖書館出版品預行編目資料

比較憲政工程：半總統制的次類型——總統
國會制和總理總統制的憲政運作／蔡榮祥著.
-- 初版. -- 臺北市：五南，2020.06
　　面；　公分
　ISBN 978-957-763-949-3（平裝）

1.政治制度　2.比較研究

572　　　　　　　　　　109003399

1PBC

比較憲政工程：半總統制
的次類型——總統國會制和
總理總統制的憲政運作

作　　者 — 蔡榮祥（368.6）

發 行 人 — 楊榮川

總 經 理 — 楊士清

總 編 輯 — 楊秀麗

副總編輯 — 劉靜芬

責任編輯 — 黃郁婷、呂伊真、吳肇恩

封面設計 — 姚孝慈

出 版 者 — 五南圖書出版股份有限公司

地　　址：106台北市大安區和平東路二段339號4樓

電　　話：(02)2705-5066　　傳　　真：(02)2706-6100

網　　址：http://www.wunan.com.tw

電子郵件：wunan@wunan.com.tw

劃撥帳號：01068953

戶　　名：五南圖書出版股份有限公司

法律顧問　林勝安律師事務所　林勝安律師

出版日期　2020年6月初版一刷

定　　價　新臺幣380元